現代ブラジル論

―― 危機の実相と対応力

堀坂浩太郎・子安昭子・竹下幸治郎／共著
Kotaro Horisaka　Akiko Koyasu　Kojiro Takeshita

Sophia University Press
上智大学出版

はじめに

「この国はどこに向かっているのであろうか」

二〇一八年一〇月二八日に行われた大統領選挙の決選投票で、陸軍大尉の前歴を持つ社会自由党（PSL）のジャイル・ボルソナーロ下院議員（六三歳）が第三八代ブラジル大統領に選出された。四年間の任期最終年である二〇二二年は、この国が宗主国ポルトガルから独立（一八二二年九月七日）して二〇〇周年の記念すべき祝いの年となる。

しかしながら、この選挙結果を前にして、ブラジル国民の大多数はもとより、内外の多くの人の頭をよぎるのは冒頭の「この国はどこに向かっているのであろうか」ではないであろうか。長年ブラジルを研究対象としてきた本書の三人の書き手にとっても、この点はまさに共通の思いとするところである。

振り返ってみれば、二一世紀に入ってからのおよそ二〇年間は、あたかも相反する「二つのブラジル*」を見るかのごとくであった。

ゼロ年代最初の約一〇年間は〝新興国の雄〟として、国内総生産（GDP）の規模で一時は英国をしのぐまでに上りつめた。今世紀初めまでブラジルを苦しめてきた債務危機・ハイパーインフレ・低成長の経済危機の三重苦から離脱し、所得再分配政策が奏功して中間層が増え、植民地時代からの格差社会に是正の燭光を見い出したかのようであった。労働運動出身で中道左派政党・労働者党（PT）のルーラ・ダ・シルバ大統領の聞く人を魅了してやまない率直でヒューマンな語り口も助けとなり、国際場裏での存在感も増し、一四年のサッカー・ワールドカップ（W杯）、そしてそのわずか二年後のリオデジャネイロ・オリンピック・パラリンピックの連続招致に結びついたのである（以上「一つ目のブラジル」）。

ところが、リーマンショック三年後の一一年からは、この状況は一変し、大混乱のブラジルを目の当たりにすることになる。世界経済変調への対応に失敗し、低成長に陥り、挙句の果ては一九三〇年代の恐慌以来初めてといわれた二年連続のマイナス成長を記録する。ルーラ大統領の後をついだ同党の、ブラジル初の女性大統領ジルマ・ルセフは財政立て直しに行き詰まり、国民怨嗟のなか、弾劾裁判で退場させられた。副大統領から昇格した後継大統領ミシェル・テメル（ブラジル民主運動党PMDB）も危機下で国民を一本にまとめる〝救国内閣〟の誕生とはならなかった。政治に対する国民の不信感があまりにも強かったためだ。ほぼ時を同じくして、捜査当局の手によってブラジル国営石油会社ペトロブラスを中心とする史上最大の疑獄事件「ラバジャット」(*Lava Jato*) が発覚し、解明が進むにしたがって、政界・社会上層部に巣くう積弊の膨大な汚職構造が白日のもとにさらされた。不況下、急速に悪化する治安もあって、国民の口からは、自国の進路と生活の先行きに不安を訴える声が聞かれるようになったのも不思議ではない(以上「二つ目のブラジル」)。

このような時点で実施されたのが、一八年一〇月選挙である。選出されたのは正副大統領のほか、連邦議会の上院議員(三分の二改選)および下院議員、州知事および州議会議員の総勢一六八二のポストである。これらの選挙は四年ごとに同日で実施されることが制度的に決まっており、文字どおりの「総選挙」といえるが、今回の一八年選挙は、国民の関心も高く(ボイコットも含め)、結果としては、政治のカードを一気に切り直し、リシャッフルさせるものとなった。

もつれにもつれた選挙戦の過程では、大衆におもねるポピュリズムや、軍を後ろ盾にした権威主義体制への復帰の可能性が全く聞かれなかったわけではない。しかし、世界で四番目の規模を誇る有権者一億四七三〇万人による選挙が大過なく実施され、八五年の民主化、そしてその後制定された八八年憲法に則る民主体制の継続が維持されたことの意味は大きい。対立候補の労働者党（ＰＴ）アダジ元サンパウロ市長を決選投票で下したボルソナーロ大統領の勝因としては、主としてＰＴ政権下での汚職の蔓延や経済失政による景気の悪化によってＰＴへの忌避観が強まるなかで、ソーシャル・メディアを有効に使った選挙戦術が奏功した結果ではなかったのか。

選挙戦では政策論争が少なかっただけに、二八年間下院議員として国政の場に参加していたとはいえ、行政に携わった経験を全く持たない新大統領が、これから国民の負託にどう応えるのか未知数の部分が少なくない。今回は、下院議員の五二％、上院改選議席の八七％が入れ替わり、政治を担ってきた主要政党が軒並み議席を落としている。政界のリシャッフルによって、ブラジル政治に新風を吹き込む可能性も生まれてくる。

新政権は、一九年年明けとともにスタートしたが、ブラジルが壮大な国家建設の実験途上にあることには変わりがない。もはや単純に二一世紀ゼロ年代の「一つ目のブラジル」に戻ることは不可能であろうし、戻れば済むというものではないであろう。危機をたっぷりと経験した「二つ目のブラジル」をしっかりと見つめ直し、政治的にも、経済的にも、国際的なポジションのうえでも、その経験を昇華させ、次のステージに上る糧として高めていくことがなければ、二億人の国民は納得しないのではないか。

こう考えると、政治面ではとりわけ、政策遂行上のコンセンサス形成のメカニズムおよびコンプライアンス（法令順守）の面で大きく前進させ、政府内はもとより三権間、中央・地方間、市民生活、そして企業とあらゆる分野でガバナンス（統治）を強化しなければなるまい。立法・行政・司法の三権分立が一段と強まるなかで国民合意の落としどころをどこに置くのか、政党改革を含め試行錯誤が続く。コンプライアンスでは、一連の汚職事件ラバジャットを教訓とした上層階層の意識改革が不可欠である。

経済面では、資源への依存度を下げるとともに、低インフレ下での一人当たりのGDP額が持続的に増加するための基盤づくりを迫られている。財政改革もその一つだ。さらに、産業面でも従来と異なる取り組み、具体的にはイノベーションなどによって新たな成長の軸をつくる、ないし既存産業の競争力強化を図ることが求められる。

国際的には、ルーラ政権期の「第三世界の盟主」的意識を抑え、一体化が進む世界を念頭においた〝中庸〟な独自スタンスを高めていくことを志す必要がある。地域外交の基盤であるメルコスール（南米南部共同市場）を重視しつつも、遅ればせながら、先進国クラブといわれる経済協力開発機構（ＯＥＣＤ）加盟に動き出したのは、この兆候であろう。

本書は、このような関心を念頭において、現在進行形で変化し続けるブラジルの動静を追い、一八年一〇月総選挙の結果をみて脱稿したものである。タイトルに現代を冠し「現代ブラジル論」としたのも、ブラジルの流動的な状況を現時点で可能な限り整理しておき、今後の展開を理解するための素地をつくっておきたいとの思いからである。

本書は四部で構成し、第Ⅰ部の「今を読み解く」は、二〇一八年一〇月選挙に至る「二つ目のブラジル」を中心に、「政治」「経済・ビジネス」「国際関係」の三つの側面から実相をまとめたものである。第Ⅱ部の「民主化後の制度設計」は、「二つ目のブラジル」に至る過程を理解するために、一九八五年の民主化以降、およそ四半世紀の間にブラジルが設計し採用した諸制度を概観したもので、同じく「政治」「経済・ビジネス」「国際関係」の観点から整理した。つづく第Ⅲ部の「歴史・地誌・人と社会」は、この多様な国を理解するうえで必要と思われる要点をまとめた。そして最後の第Ⅳ部「独立二〇〇周年（二〇二二年）に向けて」は、まさしく「はじめに」の冒頭で掲げた疑問、すなわち「この国はどこに向かっているのであろうか」への執筆者三人による試論的な見解である。

刊行に当たっては、それぞれ担当個所（巻末の執筆者紹介に記載）を決めて執筆したのち、それぞれの章を三人で検討し修正を加えた。したがって、誤謬があるとすれば三人の共同責任ということになる。読者の率直なご指摘をいただきたいところである。

最後に、情勢が現在進行形で変化するなか出版企画を取り上げていただいた上智大学出版企画編集委員会および出版事務局、柔軟に編集作業を進め印刷製本に当たったぎょうせいのスタッフ一同に感謝の意を申し上げる。

堀坂浩太郎
子安　昭子
竹下幸治郎

＊　ブラジルを語る際に、従来、「二つのブラジル」「複数形のブラジル」といった表現がしばしば使われてきた。国内にみられる歴史的・文化的な地域の発展度の違いや顕著な地域格差を指してのことであるが、ここで用いた「二つのブラジル」はあくまでも二一世紀ゼロ年代と一〇年代にみられた際立った状態の違いを指してのことである。

〈凡　例〉

本文中、丸かっこ内の外国語表記のうち斜体はポルトガル語、標準体は英語。人名、地名、外国語用語等のカタカナ表記は慣用的な表記に準じた。

巻末の参考文献は、日本で入手可能な邦語文献とし、外国語の重要な参照文献については文中ないしは章末尾の注記で記すこととした。新書の性格上、読みやすさを優先し、参照文献の情報は重要なもののみとし、逐次記載することはしなかった。

本文中登場する人物の肩書はその文脈のなかでのもので、本書出版時点では異なっているものがある。

■現代ブラジル論――危機の実相と対応力〈目次〉

目次

目　次

第Ⅰ部　今を読み解く

第1章　政　治

1　民主化後最悪の政治危機に

失墜した「変革の旗手」ルーラ大統領

今世紀を象徴するブラジルの政治家を一人、本書刊行の時点（二〇一九年年初）で挙げるとすれば、それは間違いなく、ルイス・イナシオ・ルーラ・ダ・シルバ（Luiz Inácio Lula da Silva）、通称ルーラ元大統領であろう。

二一世紀ゼロ年代の初め、米ゴールドマン・サックスが、ブラジルのBに、ロシア、インド、中国のアルファベットの頭文字・三文字を結びつけて、今世紀における世界の成長株としてBRICs[*1]の〝肩書〟をこの国に付与した。その後、同国内外の人々に新興国時代の到来を確信させたのが、ほかならないルーラ元大統領であった。二〇〇三年一月から一〇年一二月までの二期、計八年間に及んだ政権期の年平均実質成長率は、リーマンショックの余波があった〇九年のマイナス〇・一％を織り込んでも年率四％を記録した。

ドルの購買力平価で換算した国民一人当たりの実質所得も、この間に二六%増え、貧富の度合いを示すジニ係数（所得分配の不平等度を示す指標。値は〇と一の間をとり、一に近づくにしたがい不平等度が増す。〇・五を超えればかなりひどい不平等状態にある）は、〇・五八三（〇三年）から〇・五三一（一一年）へと改善の兆しをみせた。

七〇〇億《ドル》台（〇三年）だった輸出が三倍近い二〇〇〇億《ドル》（一〇年）の大台を突破し、〇五年には、一九八〇年代の債務危機以来救済を受けてきた国際通貨基金（ＩＭＦ）からの借り入れを完済している。翌〇六年には、油種はともかく量のうえでは石油の自給化を達成し、さらにリオデジャネイロ沖で油田としては深海に属す岩塩層下のプレソルト（ポルトガル語ではプレサル）の鉱区発見が相次いだ。

ルーラ大統領自身もまた、ブラジルの変身を象徴するパーソナリティだった。七歳のとき、兄弟とともに子沢山（総数八人）だった母親に連れられ、旱魃と極貧に見舞われたブラジル北東部からサンパウロに逃げ出した内国移民の一人である（一九五〇年代半ば）。靴磨きやオフィス・ボーイなどで生計を立てながら職業訓練学校で旋盤工の資格をとり、同国有数の工業地帯であったサンパウロＡＢＣ地区の労働組合幹部に上りつめていく。まだ軍政時代（一九六四〜八五年）のことである。賃上げ交渉で手腕を発揮する一方、民主化扇動のかどで拘禁もされたが、八〇年には労働者党（PT）の結成を主導している。

民主化後最初の総選挙（一九八六年）で下院議員に全国最高得票で選出されたものの、大統領選挙では三回連続（八九年、九四年、九八年）敗退する。最初は国家再建党（PRN）の若手のダークフォース、フェルナンド・コロル大統領（Fernando Collor de Mello）に、つづく二回は、経済安定の立役者であった社会学者でブラジル社会民主党（PSDB）のエンリケ・カルドーゾ大統領（Fernando Henrique Cardoso）にである。四度目の挑戦となった二〇〇二年、決選投票で六一％の高得票を得て第三五代の大統領に選出され、四年後の〇六年選挙で再選される。

二〇〇二年には、労働運動の旗手であったルーラ大統領の政府首班就任を控え、市場は怯え、為替レートは一時、一ドル四レアル直前まで急落した。しかし、前政権からの政策を踏襲するとの情報が流れるにしたがって市場は安定を取り戻し、成長軌道に乗せていく。政権担当となると、状況をしっかりと観察したうえで見事なまでにプラグマティックな方向転換を敢行するその姿勢は、「ルーラのメタモルフォーゼ（変身）」といわれたものである。

ブラジル変身の立役者ともいうべきルーラ元大統領は、大統領就任から一五年後の一八年一月二四日、南部ポルトアレグレ市の連邦高等裁判所によって禁固一二年一か月の刑期が言い渡された。国営石油会社ペトロブラスへの便宜供与の見返りとして大手ゼネコン（OAS社）から入手した三層の豪華マンションが収賄と資金洗浄に問われたもので、前年七月の第一審の判決（禁固九年六か月）を上回る刑期となった。ルーラ側は無罪を主張し、最高裁に人身保護を訴えるなど訴訟を繰り返したがいずれも却下され、およそ二か月後の一八年四月七日、ブラジル南部クリチバ市の連邦警察本部に収監された。

ルーラは、軍政下の一九六八年以降、刑に処された最初の大統領経験者で、七二歳であった。最後まで、大統領選への再出馬に意欲をみせていたが、候補者の被選挙権資格を事前チェックする「フィッシャ・リンパ」（クリーン・レコード）制度によってその途も閉ざされた。ちなみに「フィッシャ・リンパ」はルーラ政権期、国民発議で国会（連邦議会）に上程され、ルーラの署名によって成立した民主化進展を象徴する法令の一つであった。

文民政権復帰三〇余年に

自国を新興国の雄にまで浮上させ、類いまれな指導者として国内外で注目されたパーソナリティ、ルーラの失墜は、ブラジル人を困惑と同時に諦観の境地に追い込んだのは間違いない。公判の当日、連邦高裁の周辺には労働組合員を中心に約三万のルーラ支持者が集まり「不当裁判だ」と抗議の声を上げたが、もはや全国規模の大衆運動にはならなかった。「ルーラは政治の世界では終わった」（一八年一月三一日付け『イストエ』誌論説）との冷めた見方がマスコミの大勢を占めたのである。と同時に、「大統領経験者さえ有罪となる」民主ブラジルの新局面を物語る一幕ともなった。ウォーターゲート事件で辞任に追い込まれた一九七四年の米ニクソン大統領や、ロッキード事件で逮捕・有罪とされた七六年の田中角栄首相が思い出される。ブラジル人にとっても記憶にしっかりと刻み込まれた忘れることができない、歴史的一場面となったのは間違いないところだ。

ブラジルは本書発行の二〇一九年年初で、一九八五年三月一五日の民主化から三四年を迎える。歴史の詳細な足跡は第Ⅲ部の「歴史・地誌・人と社会」に譲るが、二一年の長期にわたった軍事政権（軍政）から文民政権にバトンタッチされた「民主化」、そしてその流れを受けて八八年に制定された「民主憲法」、さらに九〇年代の「市場経済」の導入によって、制度的に大きく変わった。

一六世紀から始まる植民地時代、一八〇八年から七〇年近くに及んだ君主政時代（この間、二二年九月に独立）、八九年の共和政成立から二〇世紀三〇年までの大土地所有者（ファゼンデイロ）層をベースとした寡頭制時代、個人独裁色の強かった一五年間のヴァルガス大統領時代（三〇〜四五年）、つづく大統領個人のカリスマ性や指導力が強く発揮された戦後のいわゆる「ポピュリズムの時代」、そして二一年間の軍政――いずれも図式的にいえば、トップ・ダウンで事が運ぶ時代であった。それを可能にしたのが、植民地時代以来、貧富の格差が大きな社会のなかで個人の意識のなかに、しっかりと造り上げられてきた家父長制である。

ブラジル社会に根づいてきたトップ・ダウンの仕組みに疑問を呈し、国民の手に政治決定権を移そうとしたのが、一九八五年以降の一連の動きである。本書の著者をはじめ、ブラジルをウオッチする多くの論者が、「新時代」「新しいブラジル」「テイクオフするブラジル」といった表現でこの変化を捉えたのもこうした時代の変遷を読み取ってのことである。社会の仕組みを変え、それを動かす原理を変える試みという点に焦点を当てれば、「体制転換」という用語を使っても、あながち間違いでない歴史的事象であったといえる。

民政七代の大統領

民主化から三〇年余、二〇一八年末までで七人の大統領（政権）が誕生している（図表1－1）。このうち最初の三人の大統領は、就任の経緯や在任期間が短かったことなどから、移行期の政権といえる。サルネイ（José Sarney）大統領は、本命の大統領候補が就任の前日に病に倒れた結果、副大統領から昇格する。文民へのバトンタッチを念頭において実施された軍政最後の大統領選挙（一九八五年一月一五日）は、選挙人団（上下両院議員プラス各州議会与党の代表）による間接選挙で実施され、大統領に選出されたのは野党ブラジル民主運動（ＭＤＢ）出身のタンクレード・ネーヴェス（Tancredo Neves）であった。その本命が就任直前に倒れる異常な事態に、一時は、民主化ご破算のうわささえ流れる政権スタートであったが、八八年に軍政下の六七年憲法（およびその改訂版の六九年憲法）を全面的に書き換え、民主憲法を発布させた功績は大きい。

民政第二代のコロル大統領は、民政移管後最初の国民による直接投票で選出された政府首班であった。新世代の新鋭政治家（当時四〇歳）として三五〇〇万票を得票して当選を果たしたものの、自ら立ち上げた新興政党、国家再建党（ＰＲＮ）の基盤の弱さに加え、取り巻きの汚職の責任を問われて弾劾裁判にかけられ、判決直前に辞任する。第三代のフランコ大統領（Itamar Franco、ブラジルでの通称はイタマール）は、その後継として副大統領から昇格し、コロル政権の残余二年間を担った。いずれも短期政権ではあったが、コロル政権下では関税の大幅引き下げ・貿易障壁の軽減など市場開放に踏み切り、フランコ政権下ではハイパー（超高）インフレを終わらせた「レアル計画」が断行されている。

第四代のカルドーゾ大統領から第六代のルセフ大統領（Dilma Vana Rousseff）までは、連続

図表1－1　民主化後の大統領（氏名下の注記は出自と所属政党）

大統領名	任期		政権の特徴
サルネイ大統領 ・ブラジル民主運動党 PMDB ・出自：政治家	1985.3～ 1990.3		本命（タンクレード・ネーヴェス大統領）の死去による副大統領からの昇格 1988年に「民主憲法」発布
コロル大統領 ・国家再建党 PRN ・出自：政治家	1990.3～ 1992.12		直接選挙で選出されたが弾劾判決前に辞任 預金凍結などインフレ対策（コロル計画）、輸入関税大幅引き下げなど市場開放を断行
フランコ大統領 ・国家再建党 PRN ・出自：政治家	1992.12～ 1994.12		副大統領からの昇格 通貨安定の「レアル計画」を実施
カルドーゾ大統領 ・ブラジル社会民主党 PSDB ・出自：社会学者	1995.1～ 2002.12 （2期）		経済自由化、金融改革、財政責任法の制定 為替変動相場制の実施 条件付き現金給付の貧困対策開始 メルコスールの発足
ルーラ大統領 ・労働者党 PT ・出自：労組リーダー	2003.1～ 2010.12 （2期）		経済安定化政策の継承 条件付き現金給付の拡大 底辺層の所得引き上げ 外交の裾野拡大 サッカーW杯、リオ五輪招致
ルセフ大統領 ・労働者党 PT ・出自：テクノクラート、ブラジル初の女性大統領、ブルガリア系二世	2011.1～ 2016.5 （2期目1年半で弾劾公判開始による停職） 2016.8末失職		ルーラ路線の継承・底辺層の底上げ リーマンショック後の世界経済の変調への対処・国内産業保護への傾斜 サッカーW杯、リオ・オリンピック・パラリンピックの開催 議会の承認抜きに財政赤字操作（弾劾）
テメル大統領 ・ブラジル民主運動党 PMDB ・出自：政治家、レバノン系	2016.5～ 大統領代行 2016.8～ 2018.12		ルセフ政権第1期から副大統領 15年から大統領と路線対立 中道左派から中道右派へ政権の軌道修正

注：写真はブラジル大統領府。

二期まで政権担当を認める憲法規定に則り、一期四年[*2]の任期を終えたところでいずれも過半数を上回る得票で再選され、民主政が安定期に入ったと目された（ただし、後述するようにルセフ大統領は二期二年目に弾劾裁判にて解任される）。

フランコ政権の財務相として「レアル計画」の立案を指揮したカルドーゾ大統領（ブラジル社会民主党ＰＳＤＢ）のもとで、九〇年代末、東南アジアからロシアへと波及した通貨危機の余波を乗り切り、外国為替の変動相場制・インフレ目標の設定・基礎的財政収支（プライマリー・バランス）の黒字堅持の三本の柱からなる経済安定のための政策指針が策定された。それが後継政権にも引き継がれていくことになる。ルセフ政権第一期前半までは、ほぼこの路線で、経済はおおむね順調に推移していると観察されていたのである。

社会政策の面でも、新たな試みがみられ、一定の成果を出している。社会学者として国際的にもよく知られたカルドーゾ大統領の手によって、貧困・極貧層をターゲットにおいた児童労働根絶、就学率の引き上げ、妊婦への栄養補給を意図した条件付き現金給付プログラム（ＣＣＴ—conditional cash transfer）等が導入された。つづく労働者党の二政権（ルーラ、ルセフ両政権）によってＣＣＴを統合した「ボルサ・ファミリア」（*Bolsa Família*）の創設・拡充および一九九〇年代から始まっていた教育制度や国民皆保険を保証する公的医療制度（保健医療統一システム SUS）および年金の拡充、インフレ指数を上回る最低賃金の引き上げ、低所得者層を対象とした廉価な住宅供給が推進された。貧困の連鎖を断ち切ることを意図したもので、所得格差の指数ジニ係数の改善にもつながったが、コストを担保し得るのか財政面での懸念が常につきまとう諸施策でもあった。

カルドーゾからルーラにつながる計一六年は、対外関係の面でも姿を大きく変えた。国土面積・人口いずれも世界で五番目、かつ南米の五割を占める地域大国ではあるものの、国際場裏では比較的目立たないロー・プロファイルな存在であったブラジルである。とりわけ二〇世紀後半は国内開発とその後始末ともいうべく対外債務危機からの脱却に追われたが、内政の安定と経済の回復を背景に積極外交に転じたのがこの時期に当たる。その具体的な進展は第3章に譲るが、カルドーゾ政権は、地域外交に加え先進国を念頭におきグローバル化著しい国際社会への参入を企図し、つづくルーラ政権ではIBSA（インド・ブラジル・南アフリカ）対話フォーラムや南アフリカを加えたBRICSよる新興国連携、アフリカや中東を意識した南南外交を展開した。二〇一四年のサッカーW杯、一六年のリオデジャネイロ・オリンピック・パラリンピックは、その国際的な存在を文字どおりプレイアップする場だったのである。

基調の変化

順調に推移していたかにみえたブラジル政治が変調をきたしたのが、ルセフ政権第一期後半に入った直後の二〇一三年六月である。この様相は、世論調査の結果からもはっきりとみて取れる。

図表1‐2は、ブラジルを代表する調査機関の一つが実施した世論調査から、政権に対する評価がポジティブ（「最良 *ótimo*」と「良 *bom*」）と答えた数値を合計しその推移をみたものである（回答の選択肢はこのほか「ふつう *regular*」「悪い *ruim*」「最悪 *péssimo*」からなる）。ルーラ政権第一期末からルセフ政権第一期前半までの六年間は、海外メディアも注目する高水準の支持率であった。それが、二〇一三年六月に入ると一気に急落する。表中の太字部分である。サッカー・ワールドカップ（W杯）の前年、その前哨戦といわれるコンフェデレーションズカップ（コンフェデ杯）ブラジル開催直前のことであった。

サンパウロのバス料金引き上げ、しかもわずか二〇センターボ、日本円にして九円弱の値上げが導火線だった。抗議デモが全国各地に飛び火し、その後一年近く、民衆によるデモがブラジル各地で吹き荒れた。ただ、アラブの春や金融資本主義に反発する米ウォールストリート占拠のような政治性はむしろ少なく、積もり積もった〝もやもや〟の爆発といった様相を呈した

図表1－2　政権に対するプラス評価の推移
（政権評価が最良 ótimo と良 bom の合計：％）

政　権		発足最初	半年後	1年後	1年半後	2年後	2年半後	3年後	3年半後
カルドーゾ	Ⅰ期	41	40	41	38	51	38	38	40
	Ⅱ期	22	17	20	20	26	22	28	24
ルーラ	Ⅰ期	51	43	34	38	39	29	38	49
	Ⅱ期	49	48	58	69	64	69	75	77
ルセフ	Ⅰ期	56	51	56	62	63	**37**	**36**	**38**
	Ⅱ期	**12**	**10**	**10**	発足最初	半年後	1年後	1年半後	2年後
テメル					**13**	**13**	**5**	**6**	**4**

注　：「発足最初」は政権発足後最初に実施された世論調査結果。その後はほぼ6か月前後の間隔で筆者が抽出した調査結果の数値。数値には±２％程度の誤差ありとされる。
出所：世論調査機関 CNI-IBOPE のホームページより堀坂作成。

のである。

ブラジルといえばサッカーが思い浮かぶ。自他ともに認める熱狂的なサッカー国である。W杯の全大会に出場してきた世界唯一の国であり、最多の優勝五回を遂げている。「サッカーで優勝すれば全てOK」といった空気もあり、この国民感情を強権の軍政さえフル活用した。しかし、このときばかりは、「W杯よりも学校・病院を」と訴えるプラカードが街頭を埋めたのである。

経済は浮揚し世界で注目される存在になったものの、その充足感は今ひとつ得られない。制度上いろいろ手が加えられたものの物事がうまく機能しない。皆保険や皆年金、就学率向上で基本的な権利は手に入れたものの質が伴わない。情報公開や電子政府によって情報量は増えたが、政治家、公務員、警

図表1－3　放火されたバス台数（全国）

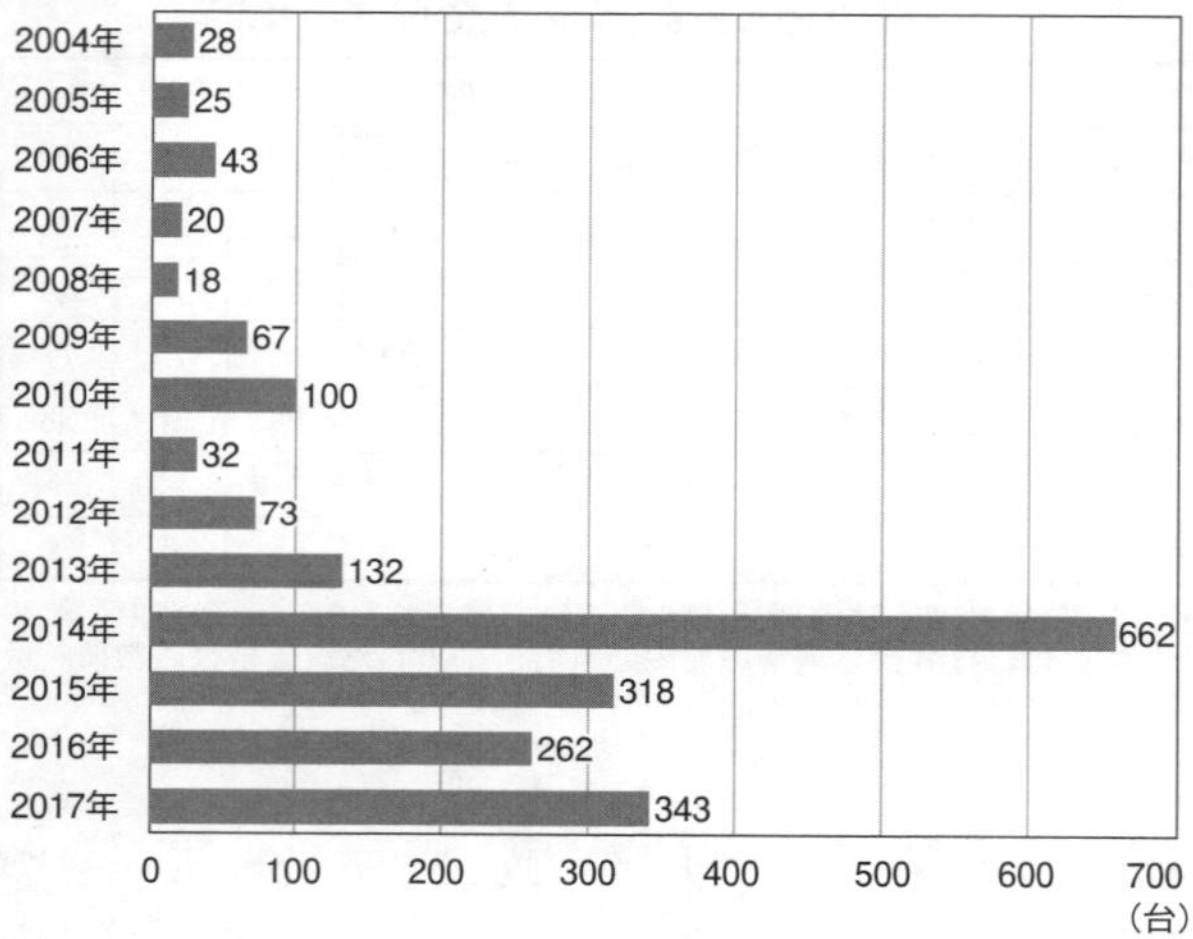

注　：2017年は12月４日まで。
出所：Drive Premium 2017年12月21日第２版。原資料は全国都市交通企業協会（NTU）。

察の腐敗は一向に後を絶たない。こういった閉塞感が一気に噴き出したのではなかったのか。その不満のはけ口の一つとなったのが、こともあろうに、日頃通勤通学に使うバスへの過激グループによる放火であった（図表1－3参照）。

異常な雰囲気が余韻を残すなか翌一四年は、年央にサッカーW杯が開催され、ブラジルは準決勝で宿敵ドイツに七対一の大敗を喫する。しかも経済は、世界金融危機の余波もありゼロ成長近辺で低迷する。ルセフ政権第一期の年平均実質成長率は二％台にとどまり、一人当たりの国民総所得も年一万二七三〇ドル（一三年、世界銀行統計。一七年は八六〇〇ドル）で頭打ち、完全に「中所得国の罠[*3]」に陥った形であった。

こうしたなかで一〇月には、民政移管後七回目の総選挙を迎えた。再選を目指すルセフ大統領の前に立ちはだかったのは、カルドーゾ元大統領の所属政党・ブラジル社会民主党（PSDB）の上院議員アエシオ・ネーヴェスと、アマゾン出身の黒人女性で環境相を務めたことのあるマリナ・シルバであった。第一回投票（五日）の得票率はそれぞれ四一・六％、三三・六％、二一・三％で、同月末（二六日）に行われた上位二者による決選投票で二、三位連合がまとまればルセフ大統領は敗退の瀬戸際にあった。結果は、五四五〇万票を得票して勝つには勝ったが、得票率は五一・六％、対立候補ネーヴェスとの差わずか三四五万票余りの辛勝だった。

サッカーW杯さなかの党大会で候補者を選び、しかも有力候補の一人（ブラジル社会党PSBのカンポス候補）が搭乗航空機の墜落事故で死去するといった突発事故が起こるなかで展開した劇的な選挙戦であったが、結局ここで争われたのは、民主化後のブラジルを支えてきた二つの思潮だった。すなわち「新自由主義が強まるなか国際競争力を重視して輸入代替工業化を放棄し構造改革を推し進めた思潮」①と、「八八年憲法を拠り所に所得底辺層や女性、老人、黒人、先住民といった社会のマージナルな層を取り込むことで国民経済のパイを大きくしていこうとする思潮」（②）の争いである。

前者①の代表格はブラジル社会民主党（PSDB）のカルドーゾ大統領であり、後者②の代表格は労働者党（PT）のルーラ大統領であった。今世紀初め、政権がカルドーゾ大統領からルーラ大統領に引き継がれ、①の思潮から②の思潮へと流れを巧みにつなぐことによって、成長する新興国ブラジルが演じられたのだが、一四年選挙ではこの二つの思潮がモロにぶつかったのである。

大統領弾劾による政権交代

二〇一四年選挙から二年後、南米初の五輪を成功させたリオデジャネイロ・オリンピック閉幕一〇日後の八月三一日水曜日、ルセフ大統領は上院本会議を法廷とする弾劾裁判で解任される。パラリンピック開幕まで余すところ一週間、世界最大、そして南米初のスポーツの祭典真最中に首都ブラジリアでは熾烈な政治劇が演じられたのである。

コパカバーナ海岸や高さ三〇メートルのキリスト像が街を見下ろすコルコバードの丘といった景観では世界三大美港として知られながらも、治安の悪さや準備不足が懸念されたリオ大会である。しかし始まってみれば、時代を反映して難民チームが登場するなど創意と工夫にあふれた大会となり、W杯で屈辱を喫したサッカーでは決勝戦でドイツを下してブラジルは雪辱を果たした。同国の獲得メダル数は金銀銅合わせて一九個の史上最多。フィナーレのアトラクションでは、多民族社会ブラジルを万華鏡のように映し出すパフォーマンスが冴え、この国の形成に一翼を担った日系社会への敬意も表された。

スーパーマリオブラザーズのマリオに扮した安倍晋三首相がフィールドの中央に突然現れて、世界の意表をつき、次の開催地・東京都の小池百合子知事が五輪旗を受け取る、日本人にとっても記憶に残る閉会式となったが、そこにはルセフ大統領の姿はなかった。

その熱気も冷めやらない直後、ブラジリアで下された弾劾の主たる理由は、予算の遣り繰りに窮した政府が、社会保障事業などの窓口となっている政府系金融機関へ支出すべき資金を留め置き、事実上、議会の承認を得ぬままに借り入れを発生させたというもの。予算制度の厳格なところを突いた法律家グループの提訴がきっかけとなった。その論拠とされたのが、カルドーゾ政権下の二〇〇〇年に成立した財政責任法（*Lei de Responsabilidade Fiscal*）である。

一九八〇年代、海外から借り入れた借金（債務）が返済不能となり、深刻な信用不安に陥った対外債務危機の反省から財政の肥大化回避を意図した法律で、中央政府（連邦）のみならず、地方の（連邦区の首都ブラジリアを含む）州および基礎自治体（ポルトガル語でムニシピオ、

municipio）にも厳格な均衡財政を義務づけた。財政金融規律に反した場合、各政府首班には被選挙権停止を含めた罰則・罰金を科している。経済安定のための政策指針の一つとされ、黒字を堅持してきた基礎的財政収支（プライマリー・バランス）が一四年以降は赤字に転じる背景でもあった。

財政の遣り繰り失敗に加え、次節で取り上げる汚職事件・ラバジャットや国営石油会社ペトロブラスの米国での事業失敗なども、ルセフ大統領への不信感を増幅させる要因として働いた。リオ五輪前年の一五年一二月初め、下院のエドアルド・クーニャ議長が弾劾提訴を受理し、その後九か月、下院による弾劾是非の審議（一六年四月一七日決定）→上院による弾劾法廷の設置（五月一二日）→最高裁判所長官を裁判長とする上院本会議による判決（八月三一日）へと進んだ。いずれの採決も成立要件は議席数の三分の二（下院三四二票、上院五四票）以上で、下院の審議是非決定では賛成三六七票（反対一三七票）、上院の判決は六一票（反対二〇票）で成立した。ただ上院の弾劾裁判では、ルセフ大統領の公民権剥奪については、三六人の議員が反対に回り賛成票（四二票）が三分の二に達せず、以後の政治活動を認める弾劾裁判としては異例の結末となった。

弾劾法廷設置が決まった五月一二日にルセフ大統領は一八〇日の停職処分となり、ミシェル・テメル（Michel Temer）副大統領が暫定大統領に昇格、直ちに組閣に着手するなど、事実上、テメル政権の発足となった。さらに、これに先立ち、議会での弾劾審議が本格化する直前の三月末、テメル副大統領が所属し与党連合の重要な一角をなしてきたブラジル民主運動党（ＰＭＤＢ）が与党連合から離脱する。中道左派の与党・労働者党（ＰＴ）を見限った形で、ブラジル政治の重心はこれを契機として中道左派から中道右派へと、また政策路線としては、前項で述べた②から①へと再び地殻変動を始めることになる。

2　政治環境を劣化させた汚職事件

史上最大の汚職事件ラバジャット

民主化後のブラジル政治が変調をきたし始めた正にこのとき、同国の司法関係者が異口同音に「史上最大」と言う汚職事件・ラバジャット（*Lava Jato*）が勃発する。捜査の第一弾が首都ブラジリアのガソリン・スタンドを使った資金洗浄であったため、高速洗浄機（カーウォシュ）のポルトガル語に当たる「ラバジャット」が捜査当局のコードネームとされたが、この捜査が導火線となって次々と発覚する疑獄事件全体の総称としても「ラバジャット」が使われるようになる。

ブラジルの捜査当局は、規模の大きな一斉捜査に入ると、その都度、第何フェーズ（*fase*）といった形で番号をつけ、捜査の特徴からコードネームをつける習慣がある。日本語に訳せば、捜査第何弾と呼んだ方がぴったりするが、例えば、首謀者のスイス口座が判明した捜査第一〇弾のコードネームは「何たる国よ」（*Que país é esse*）であり、政界ルート解明につながった捜査第一九弾はイタリア・オペラからとった「誰も寝てはならない」（*Nessun dorma*）といった具合である。

ラバジャットは、二〇一四年三月一七日、資金洗浄の内偵を続けてきた連邦警察が捜査員約四〇〇人を投入して、首都ブラジリアのほか六州で一斉捜査を敢行、資金洗浄、横領、不正外貨送金などの容疑で一八人を逮捕したときに始まる。その後一八年九月までで、図表1－4のように五四弾を数える大規模捜査が行われた。その過程で浮かび上がってきたのは、ブラジルを代表する最大企業・国営石油会社ペトロブラスや大手ゼネコンが軒並み絡んだ構造汚職の実態であった。賄賂や政治資金を求めて大規模事業に群がる政治家や政党の姿、それらの利権を取り持ち暗躍するフィクサーやロビイストの存在も白日のもとにさらされた。

ラバジャット捜査開始後四年を経た時点で連邦検察庁がとりまとめた捜査実績によると、告

図表1－4　汚職捜査ラバジャットの進展

捜査段階	捜査のポイント
2014年 第1～7弾	3月：　為替業者の資金洗浄捜査開始（17日） 3月：　ペトロブラス元役員（精製担当）逮捕（20日） 4～8月：ペトロブラス関連捜査 11月：　建設大手の一斉捜査、ペトロブラス元役員（サービス部門担当）逮捕
2015年 第8～21弾	1月：　ペトロブラス元役員（国際担当）逮捕 2～5月：与党PTへのスイス経由含め資金ルート解明 6月：　大手ゼネコンのカルテル捜査 7月：　モナコ隠し口座捜査、原発エレトロヌクレアル捜査 8月：　ルーラ政権官房長官捜査 9月：　与党連合PMDBへの資金ルート解明 11月：　ペトロブラス国内外製油所・測量船捜査 11～12月：ルーラ大統領周辺・下院議長家宅捜査
2016年 第22～37弾	1月：　パナマ経由の資金洗浄捜査 2～3月：与党選挙広報担当逮捕、ルーラ大統領不明資金解明 3月：　ポルトガルの捜査協力で逃亡被疑者逮捕、ゼネコン大手オーデブレヒトの賄賂管理部門特定 4～7月：ペトロブラスを巡る不正資金捜査（パナマ文書絡み） 8月：　大手ゼネコンのカルテル追加捜査 9～11月：採油プラットフォーム、オフショア金融取引、石化事業を巡る贈収賄、元官房長官・元リオデジャネイロ州知事逮捕
2017年 第38～47弾	2～5月：ペトロブラス関連の追加捜査、パナマ文書絡みでベニンでの石油開発疑惑 7月：　ペトロブラス元総裁逮捕 8月：　ペトロブラスと外資の不正取引、石化子会社ペトロキサ捜査 11月：　ペトロブラス輸送子会社トランスペトロ役員逮捕
2018年 第48～54弾	2月：　国道通行料金水増し疑惑捜査 3月：　アマゾンの大型水力発電所ベロ・モンチ贈収賄捜査、トランスペトロの継続捜査 9月：　リスボンにてポルトガル当局と金融会社の合同捜査

出所：ブラジル連邦検察の資料等から筆者作成。

発総数は一〇六件、容疑者は延べ四六一人に上る。うち起訴に至ったのは第一審段階で一六〇人、第二審段階で七七人であった。[*4]

ブラジルの中枢を蝕む腐敗の構造

ラバジャットは、なお捜査継続中であるし、公判を考えれば、今後何年もブラジル政治に影を落としていくのは間違いない。同国の犯罪史上はもちろんのこと、政治史上でも、時代を画す大事件である。その特徴を現時点でまとめておくと、次のようになる。

第一に、連邦レベルの警察・検察・裁判所からなる司法が一丸となって取り組み、民主主義を担保する制度として国民の厚い信頼を勝ち得ていることが挙げられる。捜査の第一線に立っているのは南部パラナ州の州都クリチバ市に置かれている連邦検察の特捜班である。ラバジャット第一弾の資金洗浄捜査がここから始まったことによる。連邦警察の特捜班とタッグを組み、全国の捜査網を動かして事件の解明に当たっている。

公判の第一審は同じくパラナ州に置かれている汚職専門の連邦第一三法廷が専門的に当たり、第二審は最南部リオグランデドスル州州都ポルトアレグレに置かれている第四連邦地方裁判所が担当する。不逮捕特権を有する現職の議員が多数関係しているため、その審理に当たる最高裁の出番も多く、かつ事件の複雑性・新規性から最高裁による司法判断が重要になっている。憲法第九三条によって公判の全面公開が規定されているため、審理過程が逐次テレビ中継されている点も、国民の強い関心を引きつける要因だ。

第二に、捜査手法の革新が顕著にみられることである。裁判所が捜査当局の被疑者に関わる通信、金融、税務等の情報開示要求に前向きに応じる姿勢に転じたことに加え、被疑者との司法取引、外国捜査当局との司法協力の取り付けが格段に増えた。ラバジャット捜査四年間の司法取引は前出の検察庁のまとめで一八七件を数え、国庫に回収見込みの資金は、企業に対する課徴金減免制度（リーニエンシー）を利用したものも含め、総額一一〇億レアル（一レアル三〇円として三六〇〇億円）に上る。さらに国外で不正蓄財された資金の回収は一三億レアル（三九〇億円）が見込まれ、捜査過程で行った外国機関への要請案件は五〇か国、延べ三九五件に達したという。こうした捜査手法の革新をもたらした背景として指摘されているのは、捜査首脳陣の大幅な若返りであり、その中心に欧米の大学院で捜査手法を学んだ留学経験組の存在がある。

第三の点は、捜査の過程でまず浮かび上がったのが、国営石油会社ペトロブラスを〝えじき〟にした構造汚職である。ラバジャット捜査第二弾で逮捕された精製担当元役員（ロベルト・コスタ）の供述から、事業費を水増しし、裏金オペレーターを介して請負・納入業者から政党へと資金供与の流れがつくられていた。精製担当役員は主として進歩党（ＰＰ）に、サービス部門担当役員は労働者党（ＰＴ）に、国際担当役員はブラジル民主運動党（ＰＭＤＢ）にと分担する形で腐敗ルートが構造化され、各過程で一〜五％の相場観で賄賂が頻繁に発生、不正蓄財に回されたという。[*5] 当然のことながら脱税や不正送金が横行し、口利き、共謀、カルテル、不適切な政治任用、行政の不誠実、そして政党資金の二重帳簿がはびこることとなった。

さらに第四に、構造汚職はペトロブラスだけにとどまらなかったことである。刑罰の軽減を条件とした被疑者との司法取引が功を奏し、次から次へと新たな疑惑が浮かび上がってくる。精製、油田開発、輸送といったペトロブラス付帯の事業だけでなく、ゼネコン大手や原発、アマゾンの水力発電、貯蓄銀行、さらにはリオデジャネイロ州の州事業へと捜査の輪は拡大の一途をたどった。ラバジャットに刺激され、年金基金、財務省税収行政審議会（ＣＡＲＦ）、国立経済社会開発銀行（ＢＮＤＥＳ）、サンパウロ都市圏鉄道公社（ＣＰＴＭ）など手付かずであった汚職事件の解明も進む。タックス・ヘイブン（租税回避地）における機密取引の実態が明らかにされたパナマ文書の露呈や、ゼネコン最大手オーデブレヒト社との司法取引によって米州・アフリカ一一か国における裏金工作の実態を明らかにした米司法省の発表（いずれも二〇一六年）もあり、国際的な広がりをもつ事件となった。

第五に指摘すべきは、前述のルーラ元大統領をはじめ、ブラジル政治・経済を代表するパーソナリティに捜査の手が及んだことである。そのなかでも特に注目される被告だけでも、ルーラ政権下の官房長官ジョゼ・ジルセウ、同財務相アントニオ・パロッシ、下院議長エドアルド・クーニャ、元ブラジル社会民主党（ＰＳＤＢ）党首アエシオ・ネーヴェス、リオデジャネイロ州元知事セルジオ・カブラルなど大物がずらりと並ぶ。ルセフ後継のテメル大統領にも嫌疑がかかっている。

産業界でもオーデブレヒトの総帥マルセロ・オーデブレヒト、不正の露呈を逃れようと司法取引を画策して逆に逮捕された世界最大手の食肉会社ＪＢＳのトップ、ジョエズレイ・バチスタ兄弟、新興の石油事業家に上り詰めた実業家エイケ・バチスタなど、関わる人物は枚挙にいとまがない。正に、ブラジルのエスタブリッシュメントそのものが問われているといっても過言ではない。

メンサロンの記憶が消えないうちに

しかしラバジャットは、実は、ブラジル国民に「またか」との思いを強く抱かせる事件でもあったのである。性格こそ異にするものの、ラバジャットが表面化する二年前、同国にとって史上初といえる、もう一つの汚職事件で政界が揺れに揺れたばかりであったからだ。日本語に訳せば、大型の月極手当とでもなろうか、政権（労働者党）側が議案を通過させるために与野党議員に配った裏金・メンサロン（*mensalão*）が贈収賄と公金横領罪に問われたのである。

事件は二〇〇五年六月、雑誌報道で発覚し、ルーラ政権の第一期、〇三年から〇四年にかけて、政府案支持票を確保するため当時の官房長官ジョゼ・ジルセウおよび与党党首らがメンサロンを見返りに票のとりまとめを図ったというもの。議会調査で裏づけられ、国会の名誉を棄損したとしてジルセウら政治家二人の議員資格が剥奪され、〇六年には検察が告発するに至った。連邦議員をはじめ政府高官の犯罪については、原審を最高裁に置くとした憲法一〇二条にもとづき最高裁が審理を担当し、一二年八月から一二月までの四か月半、五三回を数えた公判で、政治家、秘書、政府系金融機関や広告代理店、投資会社の役員など二五人が公金横領、贈収賄、資金洗浄、不正操作などで有罪に処された。

「メンサロン」によって、法の執行を巡りブラジル社会は大きく変化した。それまでは報道によって嫌疑が濃厚であったとしても、有力者には司直の手がなかなか及ばず、仮に逮捕されても公判は延々とかかり、その挙句、時効に持ち込まれ、エリート層の事件はうやむやにされてしまうのが落ちといった受け止め方が国民の間では常識であった。ブラジル史上初となった黒人の最高裁長官バルボーザ（Joaquim Barbosa）のもとで下された判決は、こうした風潮に一定の区切りをつけ、ラバジャット捜査の基盤をつくったといえよう。メンサロンで有罪とされた元官房長官ジルセウがラバジャットで再び逮捕・告発されるなど、ラバジャットは国民に闇の深さを実感させるものとなった。

クローニー・キャピタリズムとの闘い

連邦特捜班の第一線で指揮する検察官デルタン・ダラグノルは、ラバジャットを、その著書*6で、フィリピンやインドネシアでも問題とされた「クローニー・キャピタリズム」の典型とみる。権力を取り巻く連中（クローニー）が社会的な役割を無視して仲間内で権益をむさぼる構図をなし、ブラジルがつくり上げようとしてきた民主主義を棄損し、インフォーマル経済をはびこらせ、社会にシニシズムを蔓延させるリスクをはらむ。「大金を奪うものは（教育や健康、労働の機会などを奪うことで）何百万の人を殺害している」のも同然だと彼は言う。

もっともこうした犯罪は、二一世紀に入ってからの経済拡大に伴う現象ばかりとはいえない。残念なことにブラジルの歴史には汚職がつきものであった。世界のなかで最悪の部類といわれる格差社会であることに加え、パトロン＝クライアントと呼ばれる階層間の互酬関係が植民地時代からはびこってきた。その結果、個人はもとより、ビジネス社会でもジェイチーニョ（仲間内で便宜を図ること）が処世術とさえみなされてきたところがある。民主化による情報公開や議員活動の活発化、市民運動の勃興などでコンプライアンス（法令順守）の改善が期待されてきたところであり、その時代変革の急先鋒と目されてきたのが労働者党（PT）政権であった。にもかかわらず、改善されるどころか、メンサロンやラバジャットによって旧弊をよみがえらせただけでなく、深海油田（プレソルト）の発見といった大事業の進展が相次いだこともあり、「かつてない規模」で汚職構造の深掘りが進んだともいえる。

事態の深刻化に伴い「反面教師」としてブラジルで話題に上るのが、一九九〇年代初め、イタリアのミラノ検察庁がマフィアも絡む政財界の腐敗を徹底的にあばいた事件マニー・プリーテ（Mani Pulite、日本語で「清廉な手」）の結末である。現職閣僚のほか五人の首相経験者を含め四五二〇人が捜査線上に浮かび、逮捕拘禁された者およそ八〇〇人。イタリア政治を担ってきたキリスト教民主党や社会党など既成政党の分裂や解党に至ったが、その結果、直後に行われた総選挙で勝利し政権の中枢に躍り出たのがメディアの帝王、右派のベルルスコーニであった。これによってもたらされたのが刑事訴訟法の骨抜きであり、利権体質のさらなる進展で、結果として、今日のイタリアの停滞をもたらしたというのがブラジルの見立てである。

「民主主義を強化するなかで法治体制を進展させ構造汚職に対決するか、それとも責任を放棄し汚職を許して以前の状態に逆戻りするのか、ブラジルは瀬戸際にある」[*7]。前出の連邦第一三法廷の判事セルジオ・モロ（ボルソナーロ政権で初代法務相に就任）は、危機感をつのらせる。

汚職が国民にとって目に余るものとなったのは、ラテンアメリカの世論調査機関ラティノバロメトロによる調査結果（図表1－5）にも端的に表れている。ブラジルが抱える問題として、これまでは「保健・医療」や「教育」がトップの座を占めることが多かったが、メンサロンが吹き荒れた二〇〇五年から〇七年および一五年以降は「汚職」が最上位に位置する。一七年の数値（三一％）は、調査対象一八か国中断トツで、二位のコロンビア（二〇％）の五割増しにもなる。

汚職撲滅への国民の強い支持を後ろ盾に、ブラジル検察庁は一六年、「汚職撲滅一〇の方策」（*10 Medidas Contra a Corrupção*）と題する法改正を連邦議会に提出した。市民の請願がベースとなって作成されたもので、その内訳は図表1－6の一〇項目からなる。項目ごとに関連法規の詳細な変更が必要なこと、かつそのなかには連邦議員の権限変更も含まれるものもあることから、成立するには至っていないが、汚職撲滅の〝処方箋〟として注目されるところだ。

図表1－5　世論調査に現れたブラジル社会の問題の推移
（「貴方が最も問題と考える事柄は」への回答パーセント）

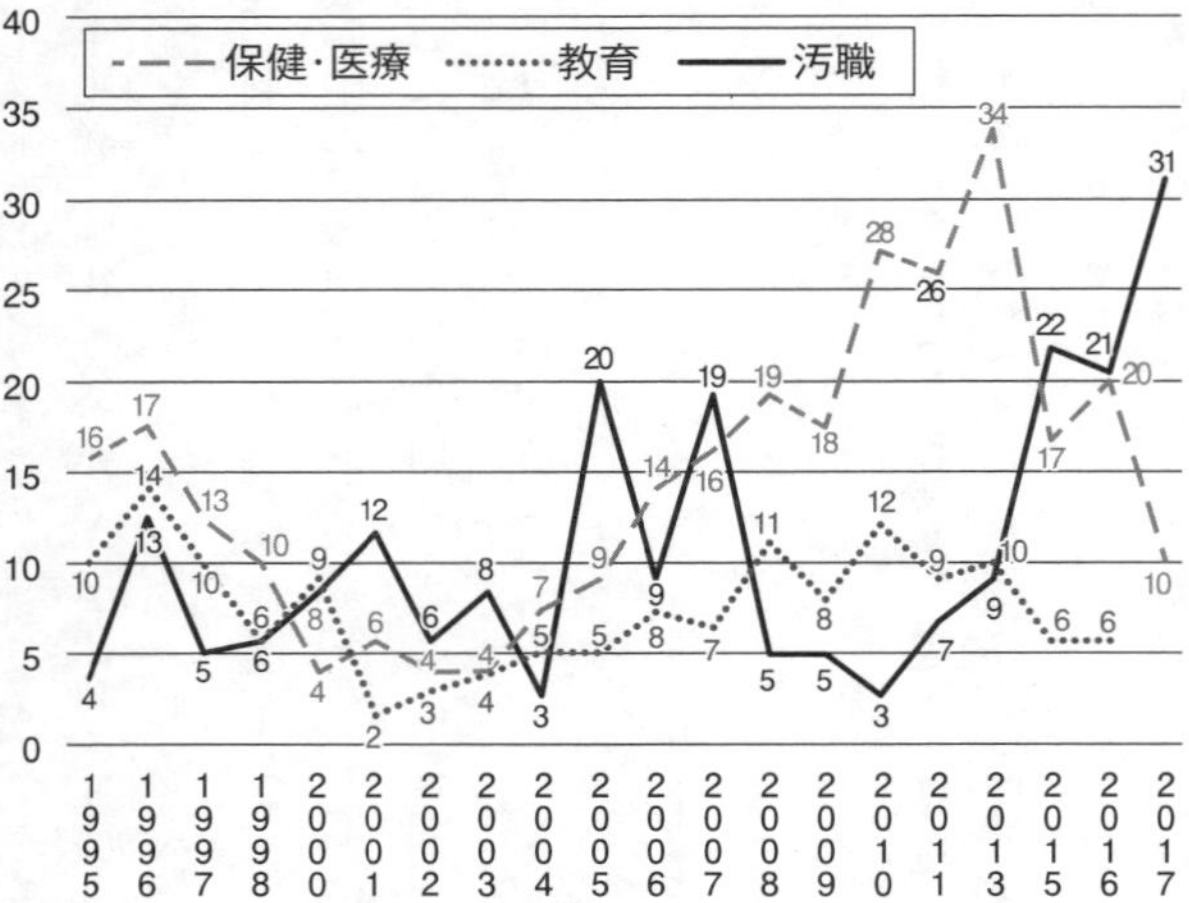

注　：回答数は約1250で誤差は±2.8％。2017年の教育は３％以下で数値はその他に含まれる。
出所：Latinobarómetro: Opinión Pública Latinoamericana (2016), *Informe 1995-2016* および同 (2017)、Santiago.

図表1－6　汚職撲滅10の方策

1．汚職の防止、トランスパレンシー、情報源の保護
2．公人による不法な蓄財の重罪化
3．高額の汚職に対する罰則の引き上げ、凶悪犯罪指定
4．刑事訴訟における抗告の効率性向上
5．行政の不誠実行為に対する処理の迅速化
6．刑の時効制度の変更
7．刑無効の適正化
8．政党への責任付加と裏帳簿に対する罰則
9．横領金返還確保のための未決勾留の創設
10．犯罪に起因する利益の回収

3　安定回復となるか、二〇一八年選挙の〝みそぎ〟

プロ・ビジネスへの転換

政治不信のまっただなか、副大統領から昇格し誕生したのがテメル大統領である。ルセフ大統領の弾劾裁判実施が確定し停職処分となった二〇一六年五月一二日に大統領代行となり、弾劾が決定した同年八月三一日に正規の大統領に就任する。任期はルセフ政権の残余期間である一八年末日[*8]までの二年七か月であった。

テメルは、ルセフ大統領のもと、政権第一期から副大統領のポストにあり、この点では常に政権の重要な一角にあった人物[*9]だが、労働者党（ＰＴ）のルセフ大統領とは異なり、所属政党は中道のブラジル民主運動党（ＰＭＤＢ、現ＭＤＢ）であった。大統領の弾劾裁判開設が濃厚となった一六年三月末、ＰＭＤＢはＰＴと袂を分かち、テメル副大統領はブラジル政治のリセットに動く。人当たりこそソフトだが、同党党首や下院議長を三期務め、このとき、七五歳となっていた老練な政治家・テメル副大統領が、政府首班ポスト奪取の機会をうかがっていたとみてもおかしくない。

代行就任と同時に、閣僚の総入れ替えを断行する。PMDBを中核とし、入閣を材料に反PTのブラジル社会民主党（PSDB）、進歩党（PP）、民主党（DEM）などの野党およびルセフ政権内の批判勢力計一〇党を糾合して政権を発足させた。閣僚のなかでひときわ注目されたのが、財務相のエンリケ・メイレレスで、テメル政権の経済政策にとって羅針盤的存在となる。過去の度重なる合併で今日でこそ知る者は少ないが、ラテンアメリカに根を張っていた米ボストン銀行の本社トップまで上り詰めた人物で、その経験が評価されて、ルーラ政権下の二〇〇三年から一一年までブラジル中銀の総裁を務めた経験の持ち主だ。非常時の政権交代ではあったが、これによってブラジル政治の流れは、中道左派から中道右派へ、社会改革からプロ・ビジネスへと軌道修正を果たすことになる。*10 前述の項「基調の変化」で述べた二つの思潮に照らせば、②から①への再転換ともいえよう。

図表1－7は、一七年末までにテメル政権がとった主な施策を一覧としたものである。当初は、官民による投資パートナーシップや深海油田の開発促進を狙った比較的賛同を得やすい施策から始めて、上下両院六〇％超の賛同が必要な憲法修正を伴う案件、あるいは歴史的に難しい案件に手をつけていった。なかでも一六年一二月の連邦政府の歳出増加を向こう二〇年間インフレ以下に抑制することを謳った憲法修正は、労働者党政権破綻の一因となった歳出の肥大

図表1－7　テメル政権下で実施された主な諸施策

2016年9月	投資パートナーシップ・プログラムPPIの発表
10月	中小企業の特別納税システムSupersimplesの条件緩和
同	深海油田プレソルトの鉱区開発方式弾力化法案可決
12月	憲法修正で政府の歳出増加率をインフレ以下に抑制
同	新経済政策発表
2017年1月	歳入増を意図した滞納税回収計画Refisの変更
2月	長年塩漬けの勤続期間保障基金FGTSの引き出し許可
同	郵便公社など連邦公社で希望退職制度実施
3月	国営4空港のコンセッション入札
同	労働者派遣緩和法の成立
4月	電力配電網のコンセッション入札
7月	統合労働法改正
8月	中央電力公社ELETROBRASの民営化方針発表
9月	国立経済社会開発銀行BNDESの新たな長期金利TLPの承認
10月	深海油田プレソルト鉱区入札
同	選挙資金特別基金創設など憲法修正による政治制度改革
11月	投資プログラムAvançarの発表
12月	高等教育奨学基金FIESの改定

出所：報道などから筆者作成。

化にタガをはめる思い切った措置であった。翌年三月の労働者派遣法の緩和や七月の統合労働法改正は、一九三〇年代のヴァルガス政権下、コーポラティズム（政労使の協調主義）体制のもとで整備された労働諸制度が時代遅れとなり、競争力強化の妨げとなっているとして、経済界から上がっていた強い不満に応えたもの。国営空港や電力配電網の民間開放、制度金融の金利引き下げ、投資プログラムの策定、高等教育奨学金の拡充など、いずれも経済復興を後押しする施策であった。

政策スタンスの転換は、マクロ経済が回復基調に転じたことも加わり、外資を含めた経済界の高い評価に結びついた。リオデジャネイロ市に本拠を置くジェトゥリオ・ヴァルガス財団（ＦＧＶ）ブラジル経済研究所が集計する、工業・サービス・商業・建設四セクター総合の経営者信頼感指数は、政権発足時の一六年五月には七三・一であったのが、一八年三月には九五・〇をつけている。その反面、国民の人気はすこぶる悪い。政権支持率は先の図表１‐２（政権に対するプラス評価の推移）にみられるように一〇％を切り、一桁台に落ち込んだままで推移した。大統領自身、ラバジャット関連で二件の告発を検察から受け、さらにブラジル最大の貿易港サントス（サンパウロ州）が絡む汚職で捜査線に上っていることも影響している。

それにもかかわらず、政策面で一定の成果を挙げ得たのは、政治家の心理を知り抜いた老練な政治家としての手練手管を尽くした議員懐柔策が効を奏した結果ともいえる。アメリカの政治史でいわれるところの利益誘導型「ポークバレル」政治の色彩は拭えず、メイレレス財務相など中核ポストを除けば閣僚の入れ替えが頻繁に発生、与党連合の構成政党もしばしば入れ替わる不安定な政治情勢が続いた。

選挙モードのなかでの合従連衡

二〇一八年二月中旬のカーニバル（謝肉祭）は、例年以上に海外からの観光客も多く、ラバジャットも忘れられる一時となったが、カーニバルが明ける（一四日）と、ブラジル政治は一挙に選挙モードに切り替わった。

何しろ八か月後には、中央・地方総数一六八二の政治ポストを一挙に選出する文字どおりの総選挙が控えているからである。何事もサンバの乗りで、とみられがちなところのあるブラジルだが、こと選挙に限っては、予め日程がきちんと定められている。四年ごとに、正副大統領、上下両院議員[*11]、州知事、州議会議員選挙からなる同日選挙が実施され、その中間年には、基礎自治体であるムニシピオ（五五七〇市町村）の首長・議員の選出選挙が行われる。投票日は一〇月の第一日曜日（一八年は七日）と定められており、有効投票の過半数支持が選出要件の大統領、州知事および有権者二〇万人超の市長については、一〇月の最終日曜日（同二八日）が決選投票日に当てられている。

投票は投票場にて電子端末で行い、有権者票の代わりに生体認証の活用も一部で始まっている。選挙システムの革新は、不正選挙回避のため民主化以降ブラジルが注力してきた分野の一つである。選挙管理の管轄は司法（三審制の選挙裁判所）にあり、候補者選出の党大会から立候補者の届け出、ラジオ・TVによる無料の政見放送、投票日二週間前から始まる有権者・候補者の不逮捕期間の設定まで、スケジュールがしっかりと組まれている。なかでも中央・地方の政府首班および閣僚は、他の職務に立候補する場合は、投票日六か月前の前日（一八年の場合は四月

た議席数と17年末の現有議席）

2006		2010		2014		2017年末	
PMDB	89	PT	88	PT	70	PMDB*	61
PT	83	PMDB	76	PMDB	66	PT	57
PSDB	66	PSDB	54	PSDB	54	PSDB*	47
PFL	65	DEM	43	PSD	37	PP*	46
PP	41	PP	41	PP	36	PSD*	38
PSB	27	PR	41	PR	34	PR*	37
PDT	24	PSB	34	PSB	34	PSB	32
PL	23	PDT	28	PTB	25	DEM*	30
他13党		他14党		他20党		他18党	
全21党		全22党		全28党		全26党	
ルーラ再選時		ルセフ選出時		ルセフ再選時		（テメル政権下）	

社会民主党。 17年中の*は当時の与党連合。
裁判所）17年は下院ホームページ。

図表1－8　多党制の進展（各年次の下院選挙で各政党が獲得し

1986		1990		1994		1998		2002	
PMDB	260	PMDB	108	PMDB	107	PFL	105	PT	91
PFL	118	PFL	83	PFL	89	PSDB	99	PFL	84
PDS	33	PDT	46	PSDB	63	PMDB	83	PMDB	75
PDT	24	PDS	42	PPR	51	PPB	60	PSDB	70
PTB	17	PRN	40	PT	50	PT	59	PPB	49
PT	16	PSDB	38	PP	35	PTB	31	PTB	26
		PTB	38	PDT	34	PDT	25	PL	26
		PT	35	PTB	31	PSB	18	PSB	22
他6党		他11党		他10党		他10党		他11党	
全12党		全19党		全18党		全18党		全19党	
（サルネイ政権下）		（コロル政権下）		カルドーゾ選出時		カルドーゾ再選時		ルーラ選出時	

注　：PMDB ブラジル民主運動党／PT 労働者党／PSDB ブラジル
出所：Drive Premium　2016年5月11日最終版（原資料は高等選挙

六日）までに辞任することが定められている。テメル政権における経済政策の羅針盤的存在であったメイレレス財務相が四月冒頭に辞任したのも、この規定による。この措置は、選挙キャンペーンに直接結びつくような政策立案・執行は認めないとの精神からだ。

テメル政権の場合、この時点で辞任した閣僚は九人、内閣の三分の一に上った。辞任に伴い政権支持政党間のパワーも流動化し、政権末期のレイムダック（行動力低下）状態を早める一端となった。しかも、多党制が珍しくなったといわれる今日の世界政治のなかでも、「超」の一文字を付け加えた方が適切なほど政党数が多いことも、政治情勢を複雑にしている。

図表1－8は、連邦下院における議席数の推移をみたものである。軍政下で、それまで大小一三を数えた政党を官製の二大政党に、すなわち軍政与党の国家革新同盟（ARENA）と野党のブラジル民主運動（MDB）に強制的に集約した。その後、民主化機運の高まった一九七九年に政治開放の一端として政党の結成要件を緩めると離合集散が始まり、多党制へと突き進むことになる。

ARENAからは、民主社会党（PDS）や進歩党（PP）、それらから派生した自由戦線党（PFL）が、もう一方のMDBからはブラジル民主運動党（PMDB）やその分派であるブラジル社会民主党（PSDB）が生まれるといった具合である。ブラジル労働党（PTB）やブラジル共産党（PC do B）のように、軍政前の政党が復活するケースもみられた。八〇年には、民主化運動を推進した労働運動がベースとなって労働者党（PT）[*12]が結成されたほか、緑の党（PV）、持続可能性ネットワーク（REDE）や連帯（SD）といった新党の誕生も相次いだ。[*13]ブラジルの政党は、中道・中道右派・中道左派といった違いはあっても、イデオロギー色をもった政党は限られている。政党史的な背景や各種の運動、地域、そしてブラジル社会に根深く残る互酬的な人間関係が離合集散を促す要因として働いてきた。

このような政治マップに激震を及ぼしたのが、一六年一〇月、全国一斉に実施された中間選挙であった。人口サイズからすれば市町村の集合体といった方が適当な基礎自治体ムニシピオの開票結果である。PTが大統領二人を輩出するに至った背景には、ムニシピオ選挙で確実に支持を獲得してきたこと、いわばボトムアップで勢力を伸ばしてきたことがある。一九九六年に獲得した市長ポストはわずか一一〇であったのが、二〇〇四年には四一一、一二年には六三五まで快進撃が続いた。それが、一六年選挙では一挙に二五四まで落ちた。多党制のもとでも、中道左派にPT、中道にPMDB、中道右派にPSDBと三党が中軸をなしていた勢力図の一角が崩れた印象を与える結果となったのである。

PMDBは、一七年年末開催の党大会で、党名の冒頭にあるP（*partido*、政党）を外してMDB（ブラジル民主運動）に改称した。軍政下で野党として強権とせめぎ合い、民主化を先導したMDBの本流は自分たちであるとの姿勢を打ち出す狙いからだ。

選挙モード入りと同時に、カーニバル明け直後の一八年二月一六日、テメル大統領は治安維持を口実にリオデジャネイロ州への軍事介入に踏み切った。財政悪化から警察官の給与もまともに払えない状況に陥り、治安が一気に悪化したため、州知事の要請に応えて、憲法第八四条一〇項の「連邦の干渉権限」を発動したのである。人口一七〇〇万弱の同州の殺人件数は年間

（一七年）五三三二件、人口一〇万人当たり三二・七件に上る。車の盗難は年五万四〇〇〇台、麻薬の押収は二万件を超え、刑務所の収容人数は定員の一・八倍にもなる。「この状態を放置すれば（治安悪化が）全国に転移しかねない」（テメル大統領）との危機感からであった。

近年のブラジルでは、軍が出動するケースはそれほど珍しくはない。刑務所での暴動、警察官のスト、治安悪化など州の警察組織*14だけでは手に負えない場合の緊急措置だが、今回は、八八年憲法発布以来初の第八四条の発動である。陸軍東部方面軍の総司令官を大統領直属の執政官として送り込み、リオデジャネイロ州の警察組織を全面的に配下に置いて治安回復に当たらせる非常態勢をとったのである。軍政時代を彷彿させかねない措置でもある。とはいえ、同州の場合、ラバジャット等の汚職事件で二代にわたり元州知事が逮捕・告発されており、ガバナンスは崩壊状態との受け止め方が国民の間でも一般的で、大勢としては容認の方向にあった。

ただ、「連邦の干渉権限」発動という今回の非常措置は、憲法改正を伴う重要法案の成立を不可能にすることにもなった。現行憲法では、軍政時代の反省もあって第六〇条で「連邦の干渉、国防事態、戒厳令布告中は、憲法改正はできない」と謳っているからである。この結果、経済正常化のためには最重要法案と位置づけられ、テメル大統領自身「成立させる」と明言していた年金・恩給改革はお蔵入りとなった。国論を二分させるような案件を避けたいのも、選挙モードの政治がなせる業であった。

一八年総選挙——空前のリシャッフル

一八年一〇月七日（第一日曜日）および二八日（第四日曜日、決選投票）に実施された総選挙は、九〇年代末以来続いてきたブラジル民主運動党（ＰＭＤＢ）[*15]・ブラジル社会民主党（ＰＳＤＢ）・労働者党（ＰＴ）の三党を軸とした政治を一気にリシャッフル、切り直すものとなった。

決選投票で選出されたのは軍人出身（陸軍大尉で予備役）の、イタリア系三世ジャイル・ボルソナーロ（Jair Bolsonaro）、六三歳である。軍籍を離れた後二八年間下院議員（リオデジャネイロ州）を務めたが、いくつもの政党をわたり歩き、政界で重用されることのなかった人物である。決選投票で有効投票の五五・一％（五七八〇万票）を獲得して、労働者党（ＰＴ）のフェルナンド・アダジ候補（元サンパウロ市長、四四・九％、四七〇四万票）を破った。民主化後、国民の直接選挙で選出された大統領としては五人目である。ＰＴ政権下での汚職蔓延や治安悪化でＰＴへの忌避観が強まるなか、ソーシャル・メディアを有効に使った選挙戦術が奏功したといわれる。

ボルソナーロの立候補は、かなり以前から取りざたされてはいた。しかしながら、メディア

ブラジルの政治社会情勢を伝える有力誌

では常に泡沫候補の扱いであったため、政治の表舞台に降って湧いたような印象を与えたこと、選挙戦中の女性・黒人などマイノリティ蔑視の過激な発言、犯罪撲滅には武力行使も厭わないその強硬スタイルから「ブラジルのトランプ」との異名をとった。その表象の是非は別として、ブラジル政治にとっては未知数の大統領登場といってよい。所属政党の社会自由党（PSL）も、ボルソナーロ人気にあやかって下院五二議席を獲得し、労働者党に続く第二党となった。前回選挙（一四年）での獲得議席数はわずか一議席だったから、与党としては全くのニュー・フェースである。議席ゼロであった上院でも四議席を獲得した。新参の大統領をどう支えるか、議会内ポリティックスの手腕が問われる。

リシャッフルとなったのは政府首班と与党だけではない。以下、選挙結果のポイントを挙げると、

・新人の登場――下院五一三議席のうち二六九人（五二％）、上院の改選議席五四議席のうち四〇人（八七％）が初の上院当選者である。下院では二〇歳代の議員が二八人、女性は

七七人となり、非白人の黒人・褐色（パルド）を表明する議員が二割を超えた。初の女性先住民議員も誕生した。

・大物ベテラン政治家の落選――一方で、上院議長、与党上院代表、議会政府代表や、上院議員として政界復帰を図ったルセフ元大統領など大物の政治家の落選が相次いだ。

・中核政党の地盤沈下――民主化後ブラジル政治を担ってきた政党が相次いで議席数を減らした。選挙直前のポスト比で減らした議席数は、ブラジル社会民主党が下院二〇、上院四、ブラジル民主運動同一六、七、労働者党同五、七となり、中道の民主党（DEM）も下院で一四議席減らした。その分、社会自由党など右派政党が躍進した。

・一段と進む多党化――議席を取った政党数は下院が三〇、上院は二三となり、多党化がもう一段進行した。しかし、今選挙直前に成立した政党規制強化策で、得票数が一定の基準を満たさない政党は政府から政党交付金および選挙資金交付金を受けられないこととなり、極小政党は政党合併に追い込まれる見通しだ。

・州レベルでの勢力分散――州知事・州議会議員選挙の結果もまた多党制の傾向を一段と強めた。ボルソナーロの社会自由党が初めて三州の知事ポストを押さえた。連邦区のブラジリアを含めた知事二七人の出身政党は一三を数える。

　このように、政界の勢力地図を大きく塗り替える選挙であったが、加えて投票に出向かなかった有権者（棄権票）が二〇〇〇年以降で最多となった点も注目された。投票は義務制（ただし一六、一七歳および七〇歳以上は任意）で、一票を投じなければ罰則を受けるリスクを負う制度のなかでの棄権は、これまでも政治的意思の表明ともみなされてきた。一〇月七日実施の第一回投票の場合で、棄権数は三千万、有権者の二〇・三％に上る。さらに無効票（六・一％）、白票（二・七％）を加えると、かなりの数の有権者が政治不信を表明したとみられる。

　選挙戦の火ぶたが切られたのは八月一六日。立候補者は、大統領・副大統領のペア一三組のほか、州知事・副知事のペア一九七組、上院議員三三九人、下院議員九〇二一人、州議会議員一万八二六人など合わせて二万七〇〇〇人余りに上った。[*16] 七月下旬からの二週間余にわたる党大会で選ばれた候補者を、各党が選挙裁判所に登録することで始まる。ボルソナーロとペアを組む副大統領候補は退役軍人のモウロン将軍であった。

　この時点で大統領候補として有力視されていたのは五人。ボルソナーロのほか、獄中から立候補した労働者党（ＰＴ）のルーラ元大統領、民主労働党（ＰＤＴ）のシロ・ゴメス元セアラ州知事、経済界が推すブラジル社会民主党（ＰＳＤＢ）のジェラルド・アルキミン元サンパウロ州知事、それにルーラ政権下で環境相を務めた女性のマリナ・シルバ（持続可能性ネットワー

ＣＲＥＤＥ）である。

この段階での最有力候補は、事前の世論調査から終始トップを走っていた獄中のルーラ元大統領であった。ボルソナーロは二位であったが、むしろ中道諸政党の支持を取り付け、議席数によって配分される政見放送の放送時間が全体の四四％と圧倒的に多かったアルキミン候補や、候補者間の合従連衡によっては知名度が高いゴメス、シルバ両候補の可能性もあると目されていた。この情勢が一気に変わったのが、九月一日、高等選挙裁判所（ＴＳＥ）がルーラ候補には立候補資格がないと決したことと、その五日後の六日、遊説中のボルソナーロ候補が凶漢に刺され入院したことによる。資格なしとの判断は、ルーラ政権下で成立した「フィッシャ・リンパ」（クリーン・レコード）制が、二審段階での有罪者の立候補を不可と規定していることにもとづくものであった。

この期に至って労働者党は、ルーラ候補に替え同党のアダジ元サンパウロ市長を擁立したものの、もはやボルソナーロ候補の独走を止めることはできなかった。ボルソナーロは入院・体調を理由に苦手な、かつ多勢に無勢となりかねないテレビ討論に応ぜず、ソーシャル・メディアをフル活用して選挙戦に臨んだ。第一回投票の結果は、ボルソナーロとアダジ二候補がそれぞれ得票率四六・二％、二九・一％で決選投票に残り、三位はゴメス（一二・五％）、アルキミンとシルバは一桁台の惨敗に終わった。

ボルソナーロ新政権の始動

二〇一九年一月一日、ボルソナーロ新大統領の就任式が首都ブラジリアで執り行われた。午後二時四五分、三権の建物が幾何学的に並ぶ官庁街の一角、首都大聖堂の前でオープンカーに搭乗したボルソナーロ夫妻は、連邦議会での就任式に臨み、大統領府守備隊による祝砲および栄誉礼を受けたのち、群衆の歓呼のなか再びオープンカーでプラナルト宮殿（大統領官邸）に向かった。ここで、テメル大統領の手から大統領懸章を受け、その後、外国使節団との挨拶、閣僚の認証式に臨んだ。

恒例の手順にしたがって、淡々と行われたとの印象を受ける就任式ではあったが、議場は労働者党（PT）ほか左派系議員のボイコットで空席が目立ち、獄中のルーラ元大統領はもとより、カルドーゾ、ルセフ両元大統領の姿もなかった。加えて従来は、三、四〇分は要したといわれる大統領の就任演説はわずか一〇分で終わった。さらに大統領懸章受領後の、国民に向けたプラナルト宮殿演壇からの第一声も九分と短かった。なかでも異例だったのは、大統領の第一声の前にミシェレ夫人が同時通訳者を伴い、手話で挨拶を始めた点だ。夫人は、選挙運動中にナイフで刺され長期入院を迫られた夫への支援に感謝の意を表し、ファースト・レディとなった今、身障者をはじめ忘れられていると感じている人々のために全力を傾けたいと述べ、大統領にキスを贈る一幕もみられた。

この日、議会と大統領官邸で行われた二度の大統領演説は、いずれも、固有名詞こそ挙げなかったものの、一四年にわたった労働者党政権への敵愾心がむき出しにされたものだった。いわく「わが祖国を汚職の駆け引き、犯罪行為、無責任な経済運営、イデオロギーの従属から、完全に解放し、奪還し、再建しなければならない」「イデオロギーのバイアス抜きに、競争力、生産性、効率性を高め、わが国の市場を国際取引に開放するうえで信頼獲得のため不可欠な、経済の好循環を生み出さなければならない」。極めつきだったのは、国民に向けた第一声最後に、横に並ぶアミルトン・モウロン副大統領（Hamilton Mourão）とともにブラジル国旗を広げ、「この旗が赤く染まることはない。緑と黄色（国旗の色）を守るため、われらの血が流されない限りは」と述べた過激なひと言だった。

この一連の就任行事からもみられるように、中道左派に軸足をおいていた民主化後のブラジル政権が、中道右派のテメル政権を経て、今回の選挙で右派へとはっきりと右旋回したのは間違いないところだろう。国民の団結、家庭の重視、諸宗教への敬意、ユダヤ＝キリスト教に根

属　性	特記される経歴
政界	下院議員（DEM）
退役軍人（陸軍将軍）	国連平和維持部隊司令官
政界	PSL 党首
退役軍人（陸軍将軍）	国連平和維持部隊司令官
エコノミスト	BTG Pactual 銀行創設者
法曹	ラバジャット担当判事
政界	下院議員（MDB）
退役軍人（陸軍将軍）	陸軍参謀長
外交官	外務省米加・米州事案担当局長
教育界	陸軍参謀学校名誉教授
退役軍人（陸軍大尉）	旧行政監督庁輸送部門担当
女性、政界、農業専門	下院議員（DEM）
政界、公共政策専門	旧国家統合省次官
退役軍人（陸軍中佐）	ブラジル宇宙飛行士第一号
政界、医師	下院議員（DEM）
官僚、留任	トランスパレンシー相
政界	下院議員（PSL）
退役軍人（海軍大将）	海軍原子力技術開発局長
女性、宗教界	福音派議員団補佐
政界	サンパウロ州環境長官
エコノミスト	Santander Brasil 銀行役員
法曹	トランスパレンシー相補佐官

される上院での審問・承認後となる。それまではイラン・ゴールドファ
て閣僚ポストから外し独立性を高める意向である。PSL は社会自由党、

差す伝統への尊敬を強調した点からも、保守色、ナショナリズム色の強い政権の誕生といえる。プロ・マーケット／プロ・ビジネスの姿勢も鮮明にした。

　今回の両演説にも、ボルソナーロ大統領がこれまでしばしば用いてきた *Brasil acima de tudo! Deus acima de todos!* のスローガンが盛り込まれた。日本語に訳せば、「ブラ

図表1－9　ボルソナーロ政権起点時の閣僚リスト

閣　僚		
大統領府	官房長官	Onyx Lorenzoni
	政府調整庁長官	Santos Cruz
	大統領府事務局長官	Gustavo Bebianno
	国家安全保障室長官	Augusto Heleno
省	経済相	Paulo Guedes
	法務相	Sérgio Moro
	市民相	Osmar Terra
	国防相	Fernando Azevedo
	外相	Ernesto Araújo
	教育相	Ricardo Rodríguez
	インフラ相	Tarcísio de Freitas
	農務相	Tereza Cristina
	地方開発相	Gustavo Canuto
	科学技術革新通信相	Marcos Pontes
	保健相	Luiz Mandetta
	トランスパレンシー相	Wagner Rosário
	観光相	Marcelo Antônio
	鉱業エネルギー相	Bento Costa
	女性・家族・人権相	Damares Alves
	環境相	Ricardo Salles
その他	中央銀行総裁	Roberto Campos Neto
	連邦総弁護庁長官	André Mendonça

注：氏名のうち長いものは一部省略した。中銀総裁の就任は3月に予定
イン総裁が務める。また「その他」の2ポストは法的手続きを経
DEMは民主党、MDBはブラジル民主運動。

ジルのことを最優先で考えよう。国民全てに神のご加護があるように」とのメッセージだが、このような表現から、米トランプ政権になぞらえ「ブラジル第一主義」と海外の報道機関では受け止められてきた。しかしながら、大統領は就任演説のなかで、「新しいブラジルに向けた新たな道は、社会と三権（行政・立法・司法）の間

の真なる協約によってのみ可能となる挑戦である」とも述べており、単純に同一視するのは避けた方がよさそうだ。

一〇月二八日の当選確定後、新旧両政権間では規定どおり「移行委員会」が設けられ、二か月にわたり政策の引き継ぎ作業が進められた。その一方で、新大統領の下では、順次始められた組閣が段階的に発表され、そのつどマスコミを賑わした。図表1－9は、就任した閣僚の編成で、この表からも、これまでとは異なる種々の目新しさが散見される。

第一は、閣僚の構成だ。二二人のうち政界出身者が八人にとどまるなかで、軍出身者は六人、その他の出身八人の編成である。近年、ブラジル政治では、本書でみてきたように、政府首班にとって閣僚ポストは支持取り付けのための有力な手段と化し、諸政党との間でさまざまな駆け引きが弄されてきた。その一方で、一九八五年の民政復帰後は、テメル政権末期の公安相を別とすれば、軍出身者が登用されることはなかった。今政権は、モウロン副大統領が軍出身であることも含め軍人の数が多いことから、それだけでも軍政時代へ逆戻りかとの疑念が生じかねない。

しかしながら、少なくとも政権発足の時点では、軍出身とはいえ、いずれもすでに退役（ただし六五歳未満は予備役）であること、評価されたのは軍籍時代の専門性の経歴であることとなどから、この点では、法曹、経済界、教育界等からの登用と同様に、テクノクラート（技術官僚）としての任用の面が強いように見受けられる。

第二は、省の統廃合が進んだ点だ。その規模は当初の目論見よりは小規模にとどまったが、財務省、企画開発行政管理省、商工サービス省の三省を「経済省」に、法務省、公安省を「法務省」に一本化した。社会開発省、文化省、スポーツ省の三省は「市民省」に、国家統合省、都市省は「地方開発省」に統合された。さらに労働省を廃止して、その機能を経済省と市民省に分散し、人権省の名称を「女性・家族・人権省」に改めた。このうち、経済全般を統括する経済相には、経済政策面での大統領の知恵袋といわれる自由市場信奉者パウロ・ゲデスを、法務相には、一連の汚職事件・ラバジャットの捜査で名をはせたパラナ州の連邦判事セルジオ・モロを当てており、すでにこの二人はマスメディアで〝スーパー・ミニスター〟の扱いだ。

第三に、閣議を設けた点に新しさがある。従来ブラジルでは、閣僚はいわば大統領の政策遂行上のスタッフ的な存在で、閣議は不定期、開かれる時はそれだけでニュースとなったほどである。新政権では毎週火曜日を閣議（Conselho de Governo）に当て、さらに政権発足百日の間、月二回の頻度で、省を三グループに分けて調整会議（Reunião de Alinhamento）を開催し、優先案件のとりまとめを進めている。

これらの点に加えて、政権発足直前の一八年年末、「移行委員会」新政権側トップを務めたロレンゾニ官房長官の名前で発信された「政府の行動計画とガバナンス」（Agenda de Governo e Governança Pública）にも、新規性がみられた。この文書には、閣僚および政府高官に対する行動規範や汚職・ネポティズム（縁故者の採用）の排除を厳しくうたった倫理規定および関連法規が盛り込まれている。

政権任期の開始は年頭であったが、政治の本格始動は二月一日となった。一八年一〇月の総選挙で選出された議員の就任は、行政より一か月遅れで設定されているためで、クリスマス前から始まった最高裁判事の休暇明けも二月一日であった。

この間、ボルソナーロ大統領は、スイスのダボスで開催された世界経済フォーラム（一月二二日）に出席し、変革の方向性に力点をおいたスピーチを行い、帰国後の一月二八日には腹部の手術を受けている。選挙運動期間中に刺された傷がもとで腹部につけていた人工肛門を摘出したもので、政局に向け態勢を整えての本格スタートとなった。二月二〇日には、国政の最大の懸案事項となってきた年金改革改正案を議会に提出した。

【注】

＊1　当初はブラジル、ロシア、インド、中国の四か国でＢＲＩＣｓと表記されたが、その後、南アフリカを加えてＳを大文字とし、ＢＲＩＣＳと表記されることになる。

＊2　一九九七年の憲法改正で大統領の任期は五年から四年に短縮されると同時に、連続二期までの再選が認められた。

＊3　世界銀行は、世界の国を国民一人当たりの国民総所得（ＧＮＩ）の規模で、低所得国、中所得国、高所得国に分類しており、成長の結果、高位中所得国（一七年時点で四一二六ドル～一万二七四五ドルの範囲）入りしたものの、それからなかなか抜け出せず高所得国になれない様をいう。

＊4　Ministério Público Federal, “Procuradores da Lava Jato alinham atuação nas três instâncias do Ministério Público Federal,” (http://www.mpf.mp.br/regiao4/sala-de-imprensa/noticias-4.) 二〇一八年三月一七日。

＊5　ラバジャットの影響でペトロブラスの二〇一四年決算は五一〇億レアルの赤字（うち汚職によるもの六二億レアル）に転落、同社は格付け会社による信用評価の格下げ、会計監査法人による決算承認の一時棚上げ、最高経営者ら役員の更迭に見舞われた。

＊6　Dallagnol, Deltan, *A luta contra a corrupção: A Lava Jato ao futuro de um país marcado pela impunidade,* Rio de Janeiro, GMT Editores, 2017.

＊7　Pastore, Affonso Celso, *Infraestrutura: Eficiência e ética*, São Paulo, Elsevier Editora, 2017の巻頭文。

＊8　大統領の任期交代は一月一日だが、実質的には前年末で終了する。

＊9　ブラジルでは実質的な権限は大統領に集中しており、副大統領は外遊等で大統領が不在の場合に代理を務めるなど活動機会は限られている。

＊10　政権発足後テメル大統領に任命された中銀総裁（閣僚）イラン・ゴールドファインもまた、米ＭＩＴでの博士号取得、その後エコノミストとして世界銀行や国際通貨基金（ＩＭＦ）などに関わり、就任直前にはブラジル大手銀行イタウのチーフ・エコノミストであったこともあり、この政権のプロ・ビスネス路線を担保する人材と目された。

＊11　上院議員は各州三人からなり任期八年。このため総選挙時には三分の一、三分の二の比率で選出選挙が実施され、一八年選挙では三分の二が交代する。

＊12　日本のマスコミではしばしばＰＴを「労働党」と表記しているケースが見受けられるが、労働党はヴァルガス政権下のコーポラティズムによって結成された歴史をもち、こうした歴史をもつ政党と峻別するうえでポルトガル語の表記に即して「労働者党」と表記するのが適当といえる。

＊13　選挙裁判所によると、二〇一八年三月時点で登録されている政党数は三五に上る。

＊14　州所属の警察は、州兵を起源とするため直訳すると軍警（polícia militar）と呼ばれ、非常時には軍に編入され、軍と同等の階級制度をもつ。軍警とは別に連邦警察がある。

＊15　ブラジル民主運動党（ＰＭＤＢ）は一七年末、ブラジル民主運動（ＭＤＢ）に党名を変更した。

＊16　このほか空席になった時に備え上院議員の補欠候補各州二人も含まれる。登録後、選挙裁判所による要件審査があり、最終立候補者数は変わり得る。また党は、九月一七日までに候補者の交代を申し出ることができる。

第2章　経済・ビジネス

1　好景気からの転落、回復への道のり

上昇気流に乗った二〇〇〇年代のブラジル経済

ブラジル経済は大恐慌直後（一九三〇年および三一年）以来といわれた二〇一五、一六年の二年連続のマイナス成長から立ち直りつつある（本稿執筆時点）。一七年のブラジルの国内総生産（GDP）成長率は、一・〇％とプラスで着地した。二〇一八年は、年初では二・八％台の成長が期待されていたが、一八年第3四半期時点で一・三％（前年同期比）となっている。

ここに至るまで二一世紀最初の二〇年代のブラジル経済は大きな変動に見舞われた。二〇〇三年の労働者党（PT）政権発足以降の変動ぶりは、熱帯地方の天気が午前と午後で全く異なるように（図表2－1参照）、前半と後半では趣を全く異にしていた。

労働者党政権発足前、二〇〇二年の大統領選挙前のブラジルは、夜明け前の朝霧に包まれるがごとく先の見通せない状況となっていた。二〇世紀から二一世紀へ、ブラジル社会民主党（P

図表2－1　快晴から大荒れの天気へ、労働者党政権時代の“経済天気”の変化

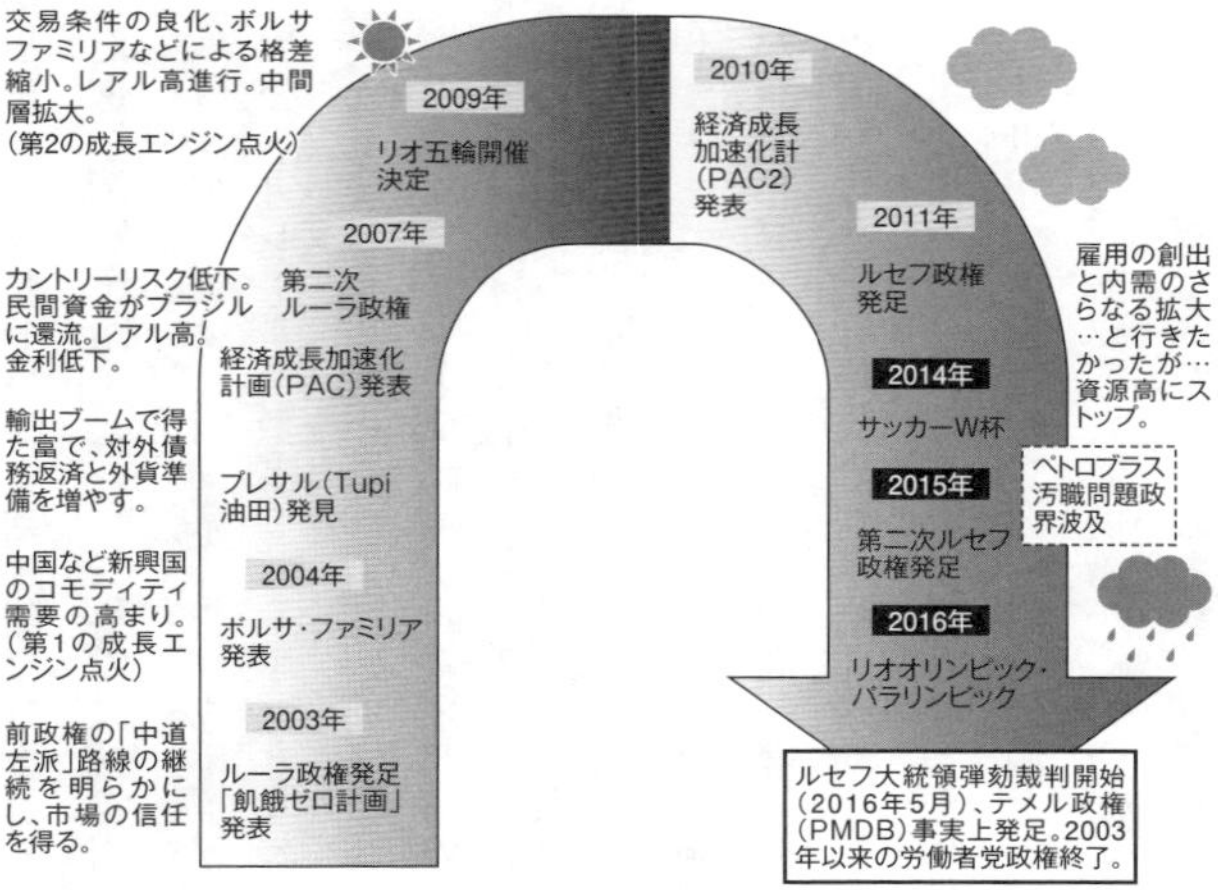

出所：報道、政府サイトなどをもとに筆者作成。

SDB）のカルドーゾ政権下で安定を取り戻したかにみえたブラジルであったが、この大統領選では、左派の労働者党政権の支持率が上がったことにより、財政状況を軽視した政策が採られる可能性が取りざたされていた。労働者党政権からはルーラ候補が出馬。同候補は従来、開放政策路線に後ろ向きな発言を行ってきたが、そうした発言を控えたことにより、もともとの支持基盤の労組に加えて、産業界からの支持が増え、高い支持率を保ち続けていた。対抗馬は、当時人気が下降していたカルドーゾ大統領の後継者であるPSDBのジョゼ・セーハであった。ハイパーインフレを収めたカルドーゾと異なり、セーハは与党候補であること以外に特徴がなく、全国的な人気はなかった。こうした選挙情勢を踏まえ、〇二年の大統領選挙戦は投票が近づくにつれて通貨レアルはドルに対して大きく売られ、ドル高レアル安基調が継続し、一〇月の第一次投票と第二次投票の間には一ドル三・九レアルを数度つける事態となった。これは、一九九九年一月の変動相場制移行後の当時としては最安値となった。

　その後の投票で、ルーラ候補が四六・四%の支持を得て勝利した。しかし、大方の予想に反して当選後のルーラ大統領はほぼカルドーゾ路線を踏襲した。このことで市場の緊張は緩和し、逆にそれまで改革に後ろ向きだった労組もルーラとともに姿勢を変えるのではないか、という予想が生まれたことで、大いなる期待が新政権に向けられるようになった。〇三年にルーラ政権が発足して一二年ころまでの間、経済発展にとって追い風となるような出来事が多く、まさに快晴ともいえる時期であった。

　なかでもルーラ政権の間に追い風となったのは、中国の資源需要の急拡大であった。中国国内では二〇世紀までは食糧資源、鉱物資源とも国内生産分で賄うケースが多かったが、経済の急激な成長で資源需要増大に供給が追いつかず、二〇〇〇年代初頭には輸入で補わざるを得ない状況になってきていた。そのため、ブラジルが輸出余力をもつ鉱物や食糧資源へのニーズが高まった。ちなみに中国の通関統計によると二〇〇〇~〇五年までの輸入総額の増加率は二一・九倍となったが、同期間のブラジルからの輸入額は六・二倍と全体の伸び率を大きく上回った。

　こうした輸出の大幅な伸びにより、ブラジルの経常収支も二〇〇三年から黒字に転換した。前カルドーゾ政権の財政均衡路線を受け継いだルーラ政権の初期は、基礎的財政収支（プライマリー・バランス—利払いを除いた財政収支）もおおむねGDP（国内総生産）比三%以上の黒字で推移した。財政の余裕は、条件付現金給付プログラムであるボルサ・ファミリア（*Bolsa Família*）の実施拡大を支えた。また、対外債務の償還と外貨準備の蓄積も進み、ファンダメンタルズ（経済の基礎的条件）の改善により、経済の先行きに対し市場に安心感が広がった。

　二〇〇六年から〇八年はまた、低金利と期待インフレの低下を背景とした過剰流動性によるグローバルマネーが、運用先を求めて新興国企業の株式や資源価格に連動する金融商品などに流入した時期でもあった。こうした動きは、新興国の証券市場における株価指数の上昇や資源価格の押し上げに重要な役割を果たし、これもまたブラジル経済にとっては「上昇気流」となった。資源価格の上昇は、ブラジルの交易条件（輸出価格／輸入価格）を改善し、交易利得の増加は内需の押し上げ要因となった。[*1] この時期、レアルの年平均対ドル為替レートは一ドル二・一八（〇六年）、一・九五（〇七年）、一・八三（〇八年）レアルで推移した。インフレ率もそれぞれ三・一％、四・五％、五・九％と低率で推移しており、さらにSELICと呼ばれる中銀の指標金利も一七・二五％（〇六年一月）から一一・二五％（〇八年三月）にまで順次引き下げられた。GDPも〇七年、〇八年（それぞれ五・七％、五・一％）と連続で五％を超えるなど高率で推移した。

このように、中国の資源需要と世界中の過剰流動性を背景とする実質国民所得の増加によりブラジル経済は上昇気流に乗った。さらにその後、深海油田の発見、サッカーのワールドカップ（W杯）、オリンピック・パラリンピックの開催国決定、などがブラジルの先行きに対する楽観論に拍車をかけた。膨大な原油の埋蔵が確認されたことで、一九七〇年代に起こった石油ショックによるエネルギー供給危機時のような不安は消え、石油産業への投資流入による長期的な経済メリットが期待された。

二〇〇八年のリーマンショックの余波で一時的に低成長に陥ったものの、中国の資源需要が旺盛だったため、ブラジル経済の立ち直りは早かった。経済回復が遅れていた他の地域の新興国よりも高い成長率をみせたことでブラジルの注目度はこの時期にむしろ高まったのである。

一〇年から一一年までは、GDPに交易利得を加えた国内の実質的所得を示す指標であるGDI（実質国内所得）は実質GDPを上回り、国内消費が堅調であったことがわかる。

「土砂降り」は二年間続く

しかし、あたかも熱帯で毎日繰り返されているように、午前中晴れて気温が上がると強い上昇気流が起こり、それは雨雲を生みだす。二〇一〇年代半ばのブラジルはそんな時間帯に入っていた。米国の景気回復が着実に進み、量的緩和策の終了に向けた動き（テーパリング）が鮮明となると、資源価格の先高感は消えた。逃げ足の早い短期マネーは新興国や商品市場から先進国、米国に回帰する動きをみせた。それにより、ブラジルを含む資源国は、資源価格の下落と先行指標である株式市場の下落に見舞われた。一二年以降、ブラジルの実質GDIは実質GDPを下回る状況、すなわち交易利得がマイナスとなる状況に陥る。つまり資源価格による貿易額の押し上げ効果は剥落し、消費のダイナミズムは失われ始めた。ブラジルに限らず資源国の政権はいかにこの状況に対処するかが問われることになった。

一一年に発足した第一次ルセフ政権は、こうした外部環境の変化においても強気を貫いた。ソフトランディングに向けた政策をとらず、相次ぐ景気刺激策を打ち出したのである。金融政策もオーソドックスなセオリーにそった政策はとられなかった。レアル安、インフレ上昇という状況にもかかわらず中銀は指標金利（SELIC）を引き下げた。これにより、需要は人為的に維持されたのだが……。

一五年、一六年のブラジル経済は一転して〝土砂降り〟となった。人為的に維持された市場が、需要を先取りしてしまい、経済の落ち込み幅を大きくしてしまったことも関係していよう。外部条件の悪化、つまりドル高に伴う資源安が続き、特に海外との交易条件の変化に伴う購買力の変化を表す交易利得はGDP比で一％以上のマイナスとなり、いわゆるネガティブな交易条件ショックをブラジルはまともに受ける形となった。

ブラジルの高金利に対する抗議運動。「『カエルを飲み込む（＝不本意なことを受け入れるという慣用句）』のはもうたくさんだ」（竹下幸治郎撮影）

また、このタイミングでコスト・プッシュ型のインフレ要因も顕在化した。ドル高レアル安の局面が続き、輸入物価の上昇圧力は増し、さらに燃料に対する補助金のカットによる燃料代の引き上げ（これは第1章で詳述した国営石油会社ペトロブラスの汚職をめぐる政治的軋轢が背景にある）、渇水による水力発電の稼働率低下とコスト高の火力発電の比率増加、といったことが直接的なインフレ要因として作用した。このように複数の悪条件が重なり、ブラジルは「景気後退下での高インフレ」（一五年のインフレ率は二桁の年

図表2―2　荒天が収まり薄日さす？　テメル政権発足後の“経済天気”の変化

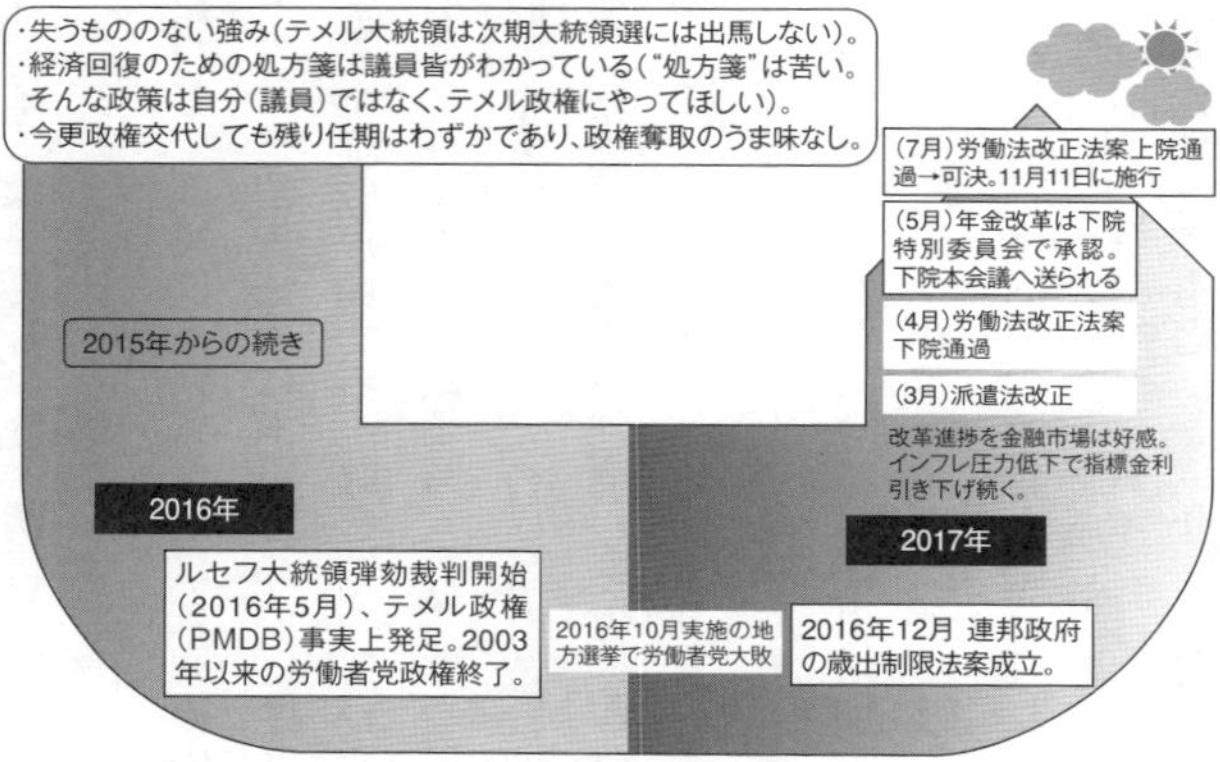

出所：報道、政府サイトなどをもとに筆者作成。

率一〇・七％)、つまりスタグフレーションの状況に陥ったのである。

晴れ間が見え始めた二〇一七年

世界恐慌直後の一九三〇年から三一年以来の二年連続マイナス成長となったブラジル経済はようやく二〇一七年から回復を始める（図表2―2）。その布石となったのは、ルセフ大統領の弾劾裁判開始が一六年五月に決まり、大統領職を退いて以降の政策転換であった。ルセフ大統領の後をまず大統領代行として、さらに同年八月末日以降は正規の大統領として引き継いだテメル大統領は、副大統領からの昇格であり、国民の支持率も当初から低かった。さらに任期は一八年末までと中途半端であり、かつ一八年の後継選挙には出馬しないと明言していた。そのため歴代の政権が斬り込めなかった構造改革をかえって進めやすい立場になった。

すなわち「国民に不人気だが景気回復のために産業界や金融市場が求める構造改革」に踏み込めるのは、消去法ではあるものの、テメルのみといった状況を迎えていたのである。それまで産業界や金融市場から不評を買っていた保護主義的政策は一八〇度転換され、放漫財政策に幕を引き、カルドーゾ政権時代のような財政均衡策に回帰する形がとられたこと、財政支出の上限設定や労働法改革などの構造改革に関して具体的なアクションを起こしたこと（図表1－7参照）は当時の市場関係者に安心感を与え、一方的なレアル安傾向に歯止めをかけることにつながった。レアルがそれ以前より安い水準で安定したことは、ブラジルで原材料を調達できる品目の国際競争力の向上を意味した。そのため自動車や紙パルプなどの品目で輸出額が増加し、資源価格底打ちもあって、輸出増加を起点とした対外収支の急改善がみられた。一六年、一七年の貿易収支の黒字幅はそれぞれ四七七億ドル、六七〇億ドルと同国史上においても記録的な規模となり、経常収支の改善と通貨高に結びついた。これは国内の経済政策転換とともにインフレ下押し圧力として作用し、指標金利（SELIC）引き下げの余地を生んだ。

こうした状況のもと、一六年一〇月から指標金利の引き下げが開始され、前年比で減少を続けていた消費者や企業への貸し出し額も一七年二月頃には底打ちし、消費は回復傾向に転じた。設備投資も一七年の第４四半期にはプラスとなり、遅行指数である失業率も悪化が止まり、同四半期は一一・八％と改善に転じた。大荒れのブラジル経済にようやく薄日がさす形となった。

2　ブラジル経済、成長の方程式

「二つのエンジン」と「燃料」で飛躍

前節で見た二〇〇三年から一〇年代前半までの〝快晴〟のもと、未来の大国といわれ続けてきたブラジルが「現在の大国」として現実味をもった背景は何であったのか、その背景を具体的にみておこう。

経済成長の「エンジン」の一つは、中国の資源需要の拡大だった。二〇〇一年の中国の世界貿易機関（ＷＴＯ）への加盟後から鉄鉱石、大豆、食用の肉など中国は国内産で賄い切れなくなり、輸入依存度が年々増していった。他方ブラジルは鉱産物、食糧資源の輸出余力という点では世界でも屈指のポテンシャルをもっているのは前節で書いたとおりだ。〇三年から一三年

図表２－３　実質為替レート（レアル、ドル、ペソ、円）

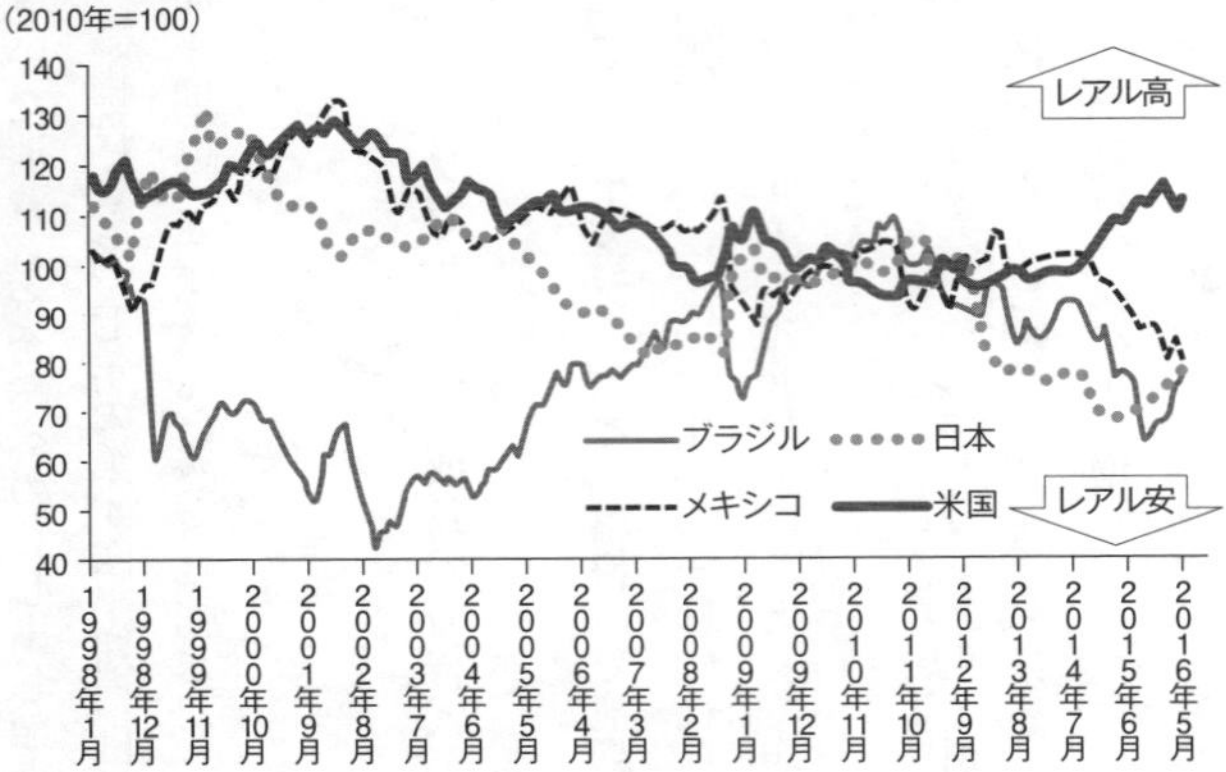

出所：国際決済銀行（BIS）のデータより作成。

のブラジルの対中輸出額は約一〇倍となるなど、貿易は対中貿易を中心に拡大した。対中貿易は〇三年の二三億ドルの黒字から〇八年には九〇億ドルの黒字となった。なお、全体の往復貿易額は〇二年に一二一億ドルだったものが、〇八年には三七一億ドル台と約三倍に増えた。連邦政府の対外債務、すなわち外国への借金は〇六年よりマイナスに転じ、つまり解消し、公的セクター全体の債務額の対ＧＤＰ比率も〇三年の五三・四％が〇八年には三七・四％にまで低下した。こうしたファンダメンタルズの改善を象徴するようにブラジルは〇五年に国際通貨基金（ＩＭＦ）から借り受けていた借金を返済、さらに〇九年には、ＩＭＦ発行の債券一〇〇億ドルを購入することで同国史上初めてＩＭＦの債権国となった。

このいわば資源ブームをさらに拡大・加速させたのが、深海底に存在する岩塩層下のプレソルト（ポルトガル語でプレサル）層における油田の相次ぐ発見であった。農産物資源、鉄鉱石などの金属資源に加え、大規模なエネルギー源の発見は、ブラジルの貿易収支の黒字を長期的に保証するものと市場にみなされた。油層は水面下五〇〇〇メートルから七〇〇〇メートル以上の層にあるため、国際石油資本の入札への参加および採掘のための大規模な投資とその後の継続的な関連インフラ投資増加の期待も高まった。

こうしたファンダメンタルズの劇的な改善により、対ドル・レートでレアルが強含みで推移することとなった。複数の通貨の実力を比較できる実効レートでみても、図表２－３のとおりとなり、ブラジル国民にとっては輸入品に割安感が生まれたことになる。

こうしたなかで発生した消費ブームは、ブラジルにとって二つ目の成長エンジンとなった。消費ブームは、カナダの市場規模に匹敵する中間層を生み出したといわれ、外資の対ブラジル投資への関心を高める効果もあった。折しも、二〇〇八年五月から国際的な格付け会社のＳ＆Ｐ（スタンダード＆プアーズ）社がブラジル政府の国債（ソブリン債）の格付けを「ＢＢ＋」から「ＢＢＢ－」に引き上げ、投資適格国とした。こうした格付け機関による評価の上昇は、対ブラジル投資に躊躇していた外国の企業や投資家の背中を押す効果をもたらした。〇八年の対内直接投資額（認可ベース）は前年比で約三割増加し、四三九億ドルに達した。

見逃せないのが、これら二つのエンジンの「燃料」ともいうべき、グローバルマネーの流れである。リーマンショック後の経済を下支えするために実施された先進国の金融緩和が過剰流動性を生み、「溢れ出た」マネーは新興国経済を支える資源分野、株式市場などに流入した。

こうしたマネーの役割を象徴的に示すのが、鉄鉱石の対中輸出の動きだ。ルーラ政権が始まった〇三年と輸出ピークの一一年で比べてみると、重量ベースでは五・九倍、輸出額では鉄鉱石価格の上昇により四一倍にも膨らんでいる。いかに世界のコモディティ市場における過剰流動性がブラジルの輸出に「ゲタ」をはかせていたかがわかる。

対外収支面での環境変化は、為替市場、金利政策などを通じて国内の景気刺激にも貢献した。すなわち、経常収支の黒字化は通貨レアルが対ドル・レートで切り上がる背景となり、「強いレアル」は、指標金利（ＳＥＬＩＣ）の引き下げ余地をつくった。そして低金利の環境のもとで、消費や設備投資などが刺激され、国内景気にもその恩恵が波及したのである。

ブラジルへの投資熱のエネルギーとなったのは、量的緩和を背景とするマネーだけではない。時をほぼ同じくして二〇〇七年にサッカー・ワールドカップ（Ｗ杯）の招致が決まり、〇九年にはオリンピック・パラリンピックの招致も決まった。こうした国際的な大イベントの開催は、インフラ整備のための投資の必要性をさらに高め、より多彩な外資セクターの関心を引きつけることとなった。

また、国内面でもルーラ政権が〇三年に条件付き現金給付プログラム（ボルサ・ファミリア）を実施し、貧困層の底上げを図った。〇三年から一一年までの政府の基礎的財政収支（プライマリー・バランス）は〇九年、一〇年を除きＧＤＰ比三％以上の黒字で推移したが、この豊かな財政を背景に実施されたボルサ・ファミリアは、中間層の拡大に貢献した。ジェトゥリオ・ヴァルガス財団によると所得に応じてＡ（最高所得層）からＥ（最貧困層）の五段階に分けた階層の場合で、Ｄ／Ｅクラスの人口は〇三年の九六〇〇万人から一一年に六四〇〇万人に減少し、中間のＣクラスが六六〇〇万人から一億五〇〇〇万人に増加した。ブラジルは、中国需要を背景とする外需によってファンダメンタルズが改善・安定した。これに社会包摂的な政策を背景とする内需拡大が加わったわけだ。この内外の二つの要素がブラジルの経済成長を支える二つのエンジンとなり、ブラジル経済の推進力となった。

景気を刺激し続けたルセフ政権

快調だった経済は、リーマンショックによる一時的な減速を挟んで継続した。中国の旺盛な資源需要は衰えをみせず、この時期、ブラジルをはじめとする南米資源国の経済はＶ字回復にあった。

しかし、二〇一二年頃から資源に依存する成長に陰りがみえ始めた。中国の経済成長の減速、そして米国の量的緩和終了観測・金利引き上げ観測が出てきたことが引き金となり、新興国に溢れ出していたマネーが先進国に回帰する動きが出てきたためである。リーマンショックの際に一時的に二〇〇ポイントまで下がったＣＲＢ指数（国際商品の値動きを示す代表的な指標で、エネルギー、産業用金属、穀物、貴金属などで構成）は、いったん一一年五月には三七〇ポイントに上昇したものの、その後は下がり続けた（一六年一月の一五五ポイントを底に反転した）。為替もレアル安に振れ始め、一一年七月に一ドル一・五レアルだったものが一三年四月以降は、一ドル二レアル以下の水準には戻らなくなった。

このように外部環境の変化による輸出減少傾向が明確になり始めたなか、ルセフ政権は景気刺激策を続けざまに発動させた。具体的には、家電や自動車に係る工業製品税の引き下げ、消費者信用、自動車ローンにかかる金融取引税の税率引き下げ策などである。さらに、金融政策でも、中銀は指標金利を一二・五％から段階的に引き下げ、二〇一二年九月から一三年三月までの期間は七・二五％という低水準で維持した。インフラ計画についてもルーラ前政権の成長加速化計画PACを踏襲し、一一年から総額九四〇〇億ドルをエネルギーや住宅、輸送分野に投入する第二次経済成長加速化計画（PAC2）を打ち出した。

さらにルセフ政権は、公共料金抑制策も併せて実施した。安価な燃料費維持のために燃料価格の引き上げを認めず、国営石油会社ペトロブラスの財務体質を悪化させた。

ブラジルの一五～一六年の状況は、インフレと景気後退が同居するスタグフレーションの状況に陥った。資源価格の下落を背景とする輸出の減少と貿易収支の悪化はこの時期、他の南米の資源国でもみられていたことではある。しかし、ペルー、チリ、そしてコロンビアもプラス成長は維持しており、ブラジルのように二年続けてマイナス成長ということはなかった。ブラジルが一九三〇～三一年以来八五年ぶりの景気悪化に見舞われたのは、外部環境の変化に際し、適切な政策を打たなかったことにある。金利を引き上げて経済成長にブレーキをかけつつファンダメンタルズの改善に取り組むのではなく、逆に大規模な景気対策を打ち続けることで需要を先取りしてしまい、後年の景気の落ち込み幅を拡大してしまったということだ。

前述の「二つのエンジン」を「燃料」を積んだ航空機に例えるならば、燃料が切れているのにスロットを全開にしてさらに上昇を続けた結果、落下の際の衝撃度がより増したということになろうか。

ペトロブラスの財務悪化が同社の投資適格級からの格下げという状況を招き、政府による指示で低く抑えられてきた燃料価格は同社の財務改善のために大幅に引き上げられた。このことはインフレ上昇の直接要因としても作用した。外部環境悪化を背景とする通貨レアルの下落により輸入物価上昇圧力が増すなかでの燃料価格の引き上げと、一四年末から一五年前半にかけての渇水による電力料金上昇は、物価全体の上昇圧力を高めたのである。過度な総需要創出と直接的なインフレ要因がある場合、後遺症としてスタグフレーションに陥りやすい。ルセフ政権が選択した経済政策は正しくスタグフレーションを招くべくして招いてしまったともいえる。

3　テメル政権下の軌道修正

第二次ルセフ政権の政策転換は間に合わず

経済の悪化は、二〇一四年の一〇月に行われた大統領選挙結果にもはっきりと国民の不満の形となって表れた。二期目を狙う労働者党（ＰＴ）のルセフ候補と政権復活を狙うブラジル社会民主党（ＰＳＤＢ）のアエシオ・ネーヴェス候補との間で争われた大統領選挙決選投票においてルセフが勝利したものの、その得票率は五一・六％にとどまった。ＰＳＤＢのネーヴェスの得票は同四八・四％であり、まさに薄氷の勝利だったのである。ちなみに〇二年の大統領選挙でPTのルーラ候補が初めて勝利した際には、二位のPSDBのセーハ候補に二〇ポイント以上の差をつけての勝利であった。ルセフはブラジル経済の中心地域である南東部、南部、中西部の選挙区で支持を失ったこともあり、一五年一月の第二次政権発足後には政策路線をそれまでの保護主義色の強いものから開放的なものへと転換した。歳出抑制など財政改善に向けた方向にも大きく舵を切ることとなった。

しかし、ルセフ大統領から財政再建を託されたジョアキン・レヴィ財務相は議会対策に不慣れだったこともあり、その力を十分に発揮できなかった。基礎的財政収支（プライマリー・バランス）を改善すべく歳出削減と増税策を打ち出したものの、景気低迷で歳入は落ち込み、他方、緊縮策は与野党議員の激しい抵抗にあった。ペトロブラスを巡る政界汚職の問題が一気に表面化したため国民の不満は急速に高まり、「痛み」を伴う財政再建の道は時間を追うごとに険しさを増した。レヴィ財務相による改革がなかなか実を結ばないなかで、格付け機関は、この状態では政府が財政赤字を解消し、債務削減の道を拓くのは困難とみて、外貨建て長期国債の格付けを引き下げるに至る。S&Pは二〇一五年九月に同格付けをBB+とし、ブラジルは再び「投資不適格」国に転落したのである。ルセフ大統領はレヴィ財務相の改革をほぼ一貫して支持していたものの、格付けの引き下げに直面するに至って一六年一二月、レヴィ財務相の更迭に追い込まれた。

こうした政治の混乱は不安定な通貨の動きを通じて、経済にもネガティブなインパクトを与えた。レヴィ財務相在職時は、緊縮策を巡る国会での同相の説明と反対の立場をとる議員たちとのやりとりが市場の関心事となり、同相辞職後はルセフ大統領の弾劾を巡る動きが為替の取引材料となった。ルセフ弾劾の動きが進むと為替は強含み、止まると為替は弱含んだ。一六年一月には一ドル四・〇九レアルと〇三年以来のレアル安となり、指標金利（SELIC）も一五年九月から一六年一〇月まで年率一四・二五％と高止まりした。しかし、同年二月以降、弾劾に向けた動きがはっきりとしたことで通貨レアルはドルに対して急速に切り上がる動きをみせた。

ルセフ政権は、第一期政権で進めた保護主義的な産業政策のイメージが強いが、第二期政権では第一期の経済失政を改め、修正を図ったことは留意しておく必要があろう。つまり、エコノミストでもある同大統領は、財政均衡策による市場の信頼の回復と通商政策の重要性については認識していた。自らの経済政策の失敗については認めており、景気回復の処方箋は知っていたものと理解できるが、それに沿った政策を実施する過程で必要な政治面での調整に失敗した。

社会包摂策からプロ・ビジネス政策への本格転換

ブラジルの政治経済史上でも、テメル政権時に起きた珍現象、つまり異常な低支持率のもとでさまざまな改革を遂行したことは、後に「テメル政権の不思議」として再評価される局面もあり得るのではないか。ルセフ政権第一期時から副大統領として労働者党（ＰＴ）政権を支えてきた人物だけに、二〇一六年五月の暫定政権発足直後からも国民からの支持率は上がらなかった。国際的な晴れ舞台であるリオデジャネイロ・オリンピックの開会宣言も観客のブーイングを恐れて短時間で済まさざるを得なくなったほどである。

しかし、次期大統領選に不出馬を表明し、無理に支持率を上げるようなことが不要であったがゆえにテメル政権は、経済回復のために必要なことを迷いなく実行に移すことができたともいえる。つまり同政権の存在意義は景気を回復軌道に戻せるか否か、そしてブラジルの構造改革を断行し、ブラジル経済が健全な財政のもと、持続的な経済成長が可能であるということを内外に示せるかどうかというところに絞られていたのである。財政が逼迫するなか、経済を刺激する政策は規制緩和と通商政策、すなわち輸出先国との交渉により市場アクセスを拡大することなど、オプションが限られていたことも背景にある。

景気を回復軌道に乗せるためには、金利の低下が必須とみられていた。ＧＤＰの約六割を占

図表２－４　ブラジルを巡る海外情勢と国内経済への影響

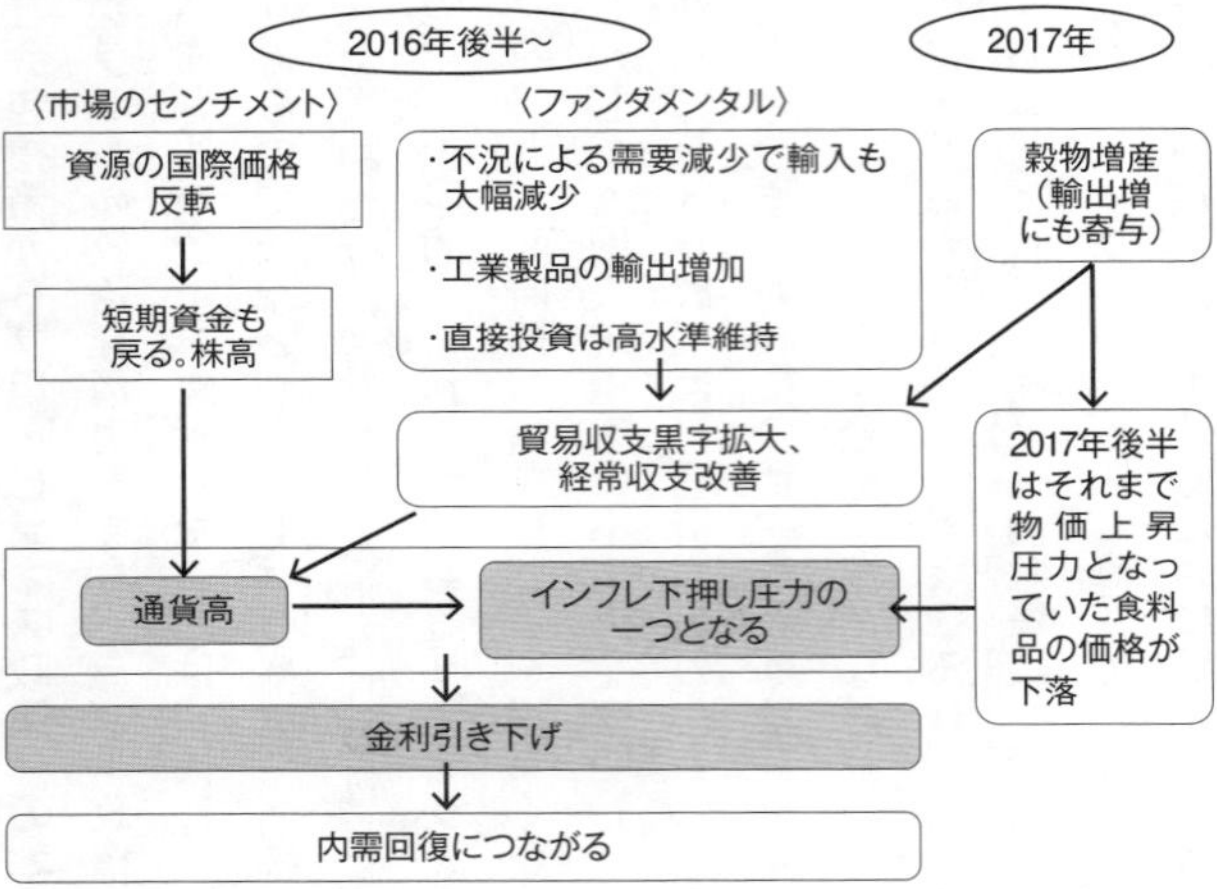

出所：筆者作成。

める民間消費支出の回復は、設備投資の増加にもつながり、最終的には雇用回復にもつながるからである。

回復への道筋と構造改革の進展

二〇一六年後半から金利が引き下げられたことなどで、二〇一七年、ブラジル経済は一・〇％のプラス成長に戻る。外的要因、内的要因に分けて回復のメカニズムを整理してみよう。図表２－４は一六年後半から一七年までの景気後退局面の外的要素を関連づけたチャートである。

一四年以降の中国の成長減速、米国の量的緩和縮小などによるグローバルマネーのリバランス（資産配分割合の修正）により、資源価格の下落が起き、それによる貿易黒字の縮小、短期投資資金の流出、新興国通貨売りが発生した。輸入物価上昇圧力が強まり、金利引き上げも余儀なくされた。これにより消費は落ち込み、設備投資も減退。最終的には雇用悪化につながった。ところが一六年後半以降、資源の国際価格の下落は底打ちし反転した。これにより短期投資資金も戻り、景気先行指数である株式市場の指数は上昇に転じた。また、国内需要の減少に伴う輸入減と、通貨下落により価格競争力が増したことなどがプッシュ要因となって自動車などの工業製品の輸出が増加した。一六年には貿易収支が急回復し、四七六億ドルという黒字幅はその時点での史上最高水準となった。外国直接投資こそ一六年の受入額は前年比七・三％減の五三七億ドル（企業間の親子ローンなどは含まず）となったが、対外収支の回復は為替安定の要因の一つともなり、インフレ圧力減少の背景となった。

　次に、内的要因に目を移してみよう（図表2－5）。

　前述のとおり、ルセフ政権が第一期政権で実施した消費刺激策、ＰＡＣ2などのインフラ投資計画は結果的には財政を悪化させ、ペトロブラスの財務悪化に伴う同社の社債の格下げがインフラ計画（多くは石油関係プロジェクト）の頓挫を想起させた。景気悪化を資源エネルギー分野などへの外国からの投資継続で凌ぎつつ景気回復を待つという道は閉ざされた。こうした金

図表２－５　ブラジル国内の情勢変化と経済への波及

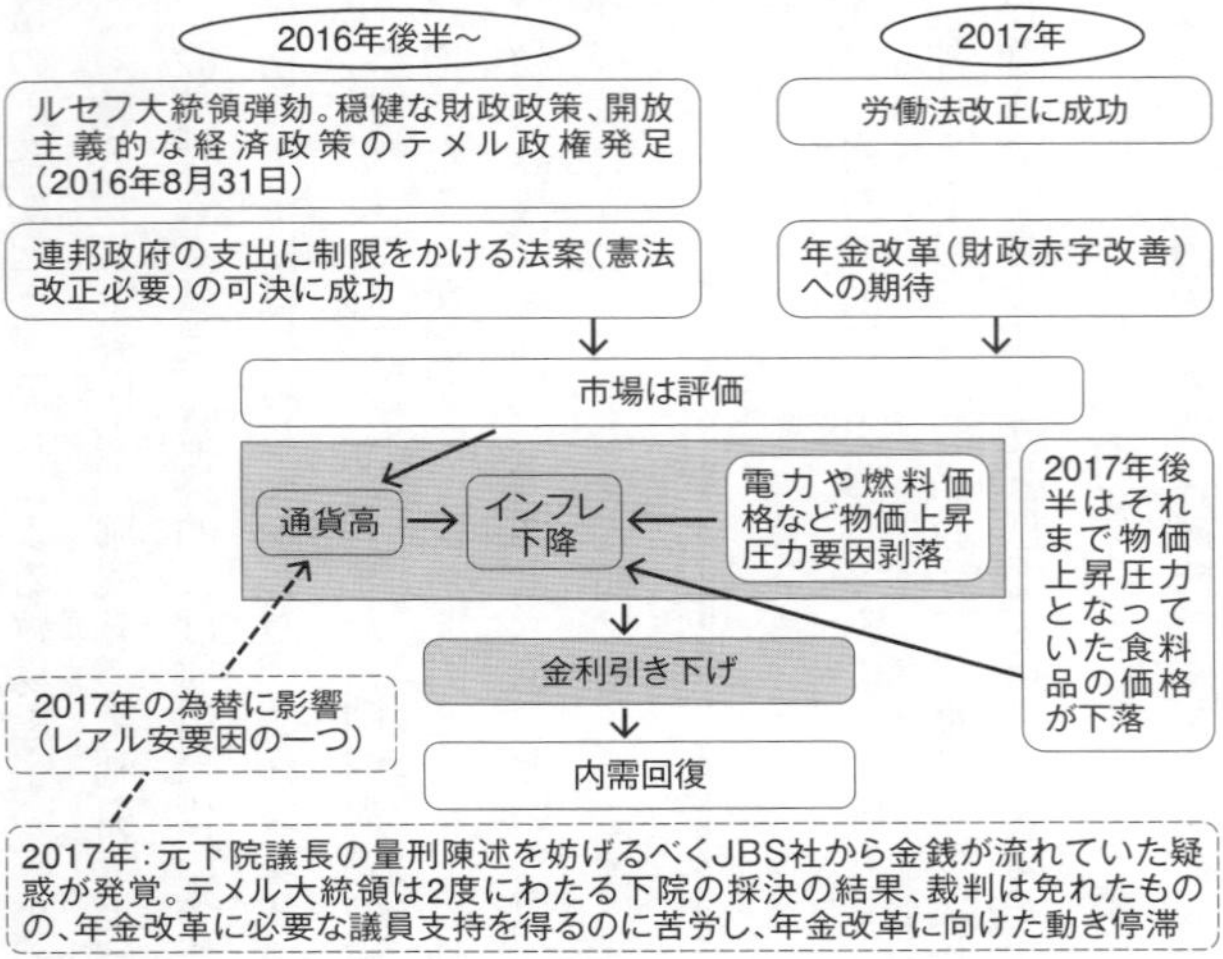

出所：筆者作成。

融市場の懸念は通貨安となって表れ、インフレ上昇を高める要因の一つとなった。加えて、一五年は降雨不足によりダムの水位が低下した。そのため水力発電ではなく、コストの高い火力発電の割合が増えたことによる電力価格の上昇が起き、これもインフレ上昇に直接響いた。さらに、ペトロブラスの財務悪化の原因となっていたガソリンの低価格維持政策が放棄され、燃料費が上昇したことも一五年のインフレが〇三年（一四・七％）以来の高さ（九％）に上昇した理由の一因となった。インフレ上昇は金利引き上げを招き、消費を冷やすことにもつながったのである。

こうした負のサイクルは、ルセフ大統領弾劾プロセスの進捗、それに伴って誕生したテメル大統領の構造改革への取り組みによって逆転し始める。つまり、開放路線への転換（回帰）とプロ・ビジネス的な産業政策、民営化政策の打ち出し、さらには財政赤字の膨張を止めるための連邦政府の歳出に制限を加える（憲法修正を伴う難度の高い）法案を成立させたことで、市場もテメル政権の改革姿勢を前向きに受け止めるようになった。一六年二月には一ドル四レアルを突破していた為替レートが同年六月には三・二レアルに切り上がり、かつその後一八年四月まで三・一レアルから三・四レアルのレンジで安定するようになった。歳出制限法案の成立に続き、テメル政権は一九四三年に施行された統合労働法典の改革にも着手した。まず二〇一七年三月に派遣法を改正し、七月には統合労働法の抜本的な改革法案を成立させて、同年一一月には施行させた（第1章3参照）。

国民に最も痛みを強いる年金改革は、テメル大統領と食肉大手JBS社の癒着疑惑もあり、与党内での協力を一部失ったことで政権担当期間内に成立させることは断念された。

年金改革は先送りされたものの、一八年四月以降選挙戦が本格化するまでテメル政権が改革路線を貫いた間は、為替は安定し、前記外部要因と相俟ってインフレ上昇圧力は弱まり、指標金利引き下げの余地をつくった。一六年一〇月に開始された指標金利の引き下げは政策金利決

経常収支	貿易収支	直接投資受入額（フロー、ネット）	外貨準備高	対外債務残高
100万ドル	100万ドル	100万ドル	100万ドル	100万ドル
国際収支ベース	国際収支ベース	親子会社間の資金貸借を含む	金を含む、期末値	
△ 28,192	24,836	45,058	193,783	198,340
△ 24,302	25,290	25,949	238,520	198,192
△ 47,273	20,147	48,506	288,575	256,804
△ 52,473	29,793	66,660	352,012	298,204
△ 54,249	19,395	65,272	373,147	327,590
△ 81,227	2,286	63,996	358,808	312,517
△ 104,204	△ 6,629	97,180	363,551	352,821
△ 59,450	17,670	74,718	356,464	334,745
△ 23,684	45,037	77,794	365,016	326,297
△ 9,805	64,028	70,685	373,972	317,305
中銀（国際収支ベース）	中銀（国際収支ベース）	中銀（親子会社間の資金貸借を含む）	中銀（金を含む。期末値）	中銀

定会合の開催数にして一一会合連続で行われ、一四・二五％（一六年一〇月）から一八年三月には六・五％に引き下げられ、消費の持ち直し、設備投資回復に結びついた。

しかしながら、一八年五月以降、大統領選挙を巡る不透明感が増したことに加え、トラック業者の全国ストによる一時的な物流網の麻痺が景気回復に冷や水を浴びせた。さらには海外要因として米国の金融緩和策の終了に伴う段階的な金利引き上げやアルゼンチン経済変調の余波を受け、為替レー

図表2－6　リーマンショック以降のブラジル経済の推移

項目	実質GDP成長率	一人当たりの名目GDP	消費者物価上昇率	輸出額	輸入額
単位	%	ドル	%	100万ドル	100万ドル
備考					
2008年	5.1	8,855	5.9	197,942	172,985
2009年	△ 0.1	8,625	4.3	152,995	127,722
2010年	7.5	11,298	5.9	201,915	181,768
2011年	4.0	13,243	6.5	256,040	226,247
2012年	1.9	12,367	5.8	242,578	223,183
2013年	3.0	12,295	5.9	242,034	239,748
2014年	0.5	12,112	6.4	225,101	229,154
2015年	△ 3.5	8,810	10.7	191,134	171,449
2016年	△ 3.3	8,727	6.3	185,235	137,552
2017年	1.1	10,020	2.9	217,739	150,749
出所	IBGE	IMF	IBGE	商工サービス省（通関ベース）	商工サービス省（通関ベース）

トはドルに対して大きく切り下がるなど不透明感が増した。大統領選挙戦後半の九月以降は、左派候補者の支持が伸びたことを市場が警戒し、九月の月間の平均レートはレアルプラン導入以降の最安水準（一ドル四・一レアル）となった。

こうした為替動向や、トラック業者の全国ストを背景とした物流や生産現場の混乱は、インフレ圧力を高めることとなり、指標金利（ＳＥＬＩＣ）のさらなる引き下げ余地を奪った。経済の先行きに対する不透明感の増大は、一八年後半に消費生産双方の回復テンポを鈍らせる原因となった。
テメル政権と同様の金融政策、産業政策を採用すると公約していたボルソナーロ候補の当選を受けて、為替はレアル高基調に転じ、一旦は落ち着きをみせた。しかし、ボルソナーロ当選直後の市場の期待は長続きせず、要職に軍人を充てるなどの人事案に対してマーケットが懐疑的な目を向け始め、為替は年末に向けて軟調に推移した
一九年にボルソナーロ政権が発足した。軍出身者の他、農業開発、キリスト教福音派、自由経済主義を強く押し出すグループなど「モザイク模様」の政権となっており、政策の一貫性を保つのが難しくなっている。市場は、政権が優先課題として掲げる社会保障改革の成否と絡めながら、こうした政権内部の動きをみている。チリ、ペルー、コロンビアなどは為替が資源価格や米中の動きなど海外要因に左右されやすいが、ブラジルの場合、こうした構造改革の進捗が大きなファクターになっている。

【注】

＊1　IPEA *Carta de Conjuntura Setembro 2015*, "Termos de troca, ganhos de comércio crescimento da renda interna bruta real no Brasil de 2001 a 2014".

第3章　国際関係

1　危機下で挑んだメガ・イベント

二〇一〇年代はブラジルにとって「スポーツの一〇年」であった。第1章、第2章でみたように政治・経済両面で危機的な状況のなかで、ワールドカップ（W杯）やオリンピック・パラリンピックなど複数のメガ・イベントを成功させたことは、国際社会のなかでブラジルのソフトパワーが再認識されるきっかけとなった。

南米初のオリンピック・パラリンピック

リオデジャネイロのオリンピック・パラリンピックは、ルーラ・ダ・シルバ大統領が招致し、開催までの準備をジルマ・ルセフ大統領が行い、ミシェル・テメル大統領のもとで開会が宣言された。ルセフ大統領は本来なら、リオ大会は自分の任期二期目（二〇一五～一八年）中に行われると想定していたはずであった。第1章でも述べているように、ルセフ大統領は一六年五月一二日に大統領執務停止となり、八月五日のオリンピックの開会式会場となったリオのマラカナン・スタジアムに同大統領の姿はなかった。パラリンピックの開会式は、独立記念日に当たる九月七日に行われたが、テメル大統領による開会宣言は就任に批判的な人々の「テメル出ていけ」（ポルトガル語で *Fora Temer*）の声にかき消された。混迷するブラジル政治のなかでの国際メガ・スポーツの祭典であった。

会場建設が進まず、開催前から市民の間にはオリンピックよりも教育や医療に予算を使うべきだと、ブラジル各地で反対デモが起こっている。治安の悪化も心配され、リオ大会は本当に開催できるのかとの懸念の声が国の内外から聞かれたほどである。しかしながら結果的には、ブラジルはメダル獲得数で、オリンピックが金・銀・銅合わせて同国史上最高の一九個、パラリンピックは合計七二個であり、特にパラリンピックでのブラジルの活躍が目立った。パラスポーツの普及や選手の育成を行った結果であり、七二個というメダル獲得数は、参加国・地域全体で六番目であった（日本のメダル数は二四個）。

オリンピックでブラジルの男子サッカー・チームが優勝したこともブラジルにとって明るいニュースとなった。自国開催となった一四年のサッカー・ワールドカップ（W杯）の準決勝で、ドイツに七対一の大差で敗れたブラジルにとって雪辱を果たす結果となり、表彰式ではほとんどの選手が目に涙しながら国歌を斉唱した。

一七年三月に国際オリンピック委員会（ＩＯＣ）がまとめた報告書『リオ大会のレガシー』は、「ブラジルは政治、経済、社会的困難のなかで、レガシー作りの新しいモデルを今後に残すことができた」としてリオ大会に一定の評価を下した。リオのセントロ地区の再開発、高速バスシステムＢＲＴ（Bus Rapid Transit）や地下鉄の路線延長など交通インフラの整備が進んだこと（＝ハード面）、一方で大会ボランティアの活躍や、パラリンピックを通して障害者に対する国民の意識が変化し、パラスポーツへの関心が高くなったこと、また後述するようにＬＧＢＴなど性的マイノリティの人々に対する理解が深まったこと（＝ソフト面）がリオ大会のレガシーとして注目された。

南半球では二〇〇〇年にシドニー大会があり、ラテンアメリカ諸国ではメキシコが一九六八年に開催経験をもつが、南米大陸では今回が初めてのオリンピック・パラリンピック開催であった。ポルトガル語圏ということに視点をおくならば、九か国によって構成されるポルトガル語諸国共同体（ＣＰＬＰ）[*1]、にとっても初の開催であった。

ブラジルの大会招致の歴史は古い。一九三六年と四〇年にいずれもリオデジャネイロでの開催を目指し招致を試みた。当時はまだオリンピックのみの開催であった。パラリンピックの原点は、第二次世界大戦後の四八年、ロンドン・オリンピックに合わせて開催された英国ストーク・マンデビル病院での車いす患者一六人によるアーチェリー大会にあるとされている。同大会はその後も毎年開催され、五二年にオランダが参加することで国際大会へと発展する。六〇年にローマ・オリンピックに合わせて開かれた国際ストーク・マンデビル大会には、世界二三か国から四〇〇人が参加した。この大会が後に第一回パラリンピックと位置づけられることになった。

ブラジルは二〇〇四年と一二年開催のオリンピック・パラリンピックについてもリオデジャネイロへの大会招致を試みたが、いずれも実現には至らなかった。しかしながらブラジルはこの間、会場設備やインフラ整備に取り組み、二〇〇七年七月には、米州三四か国が参加するパンアメリカン競技大会[*2]、一三年にはサッカーのコンフェデレーションズカップ、そして一四年にサッカー・ワールドカップ（W杯）を開催した。こうした実績が一六年のオリンピック・パラリンピックにつながったといえよう。ブラジルの招致が決まった〇九年の国際オリンピック委員会（IOC）総会の会場には、ルーラ元大統領の横に、ブラジルオリンピック委員会（BOC）会長で一六年大会招致委員会会長カルロス・ヌズマンの姿があった。ヌズマンはバレーボールの元ブラジル代表で、一九六四年の東京オリンピックにも参加した人物である。ヌズマンはオリンピック・パラリンピックの開会式でスピーチを行ったが、いずれもブラジルの多様性やアスリートたちの無限の可能性を表す感動的な内容であった。[*3]

二〇一〇年代はスポーツの一〇年

冒頭でも述べたように、二〇一〇年代はブラジルにとって「スポーツの一〇年」であった。サッカー・ワールドカップ（W杯）、オリンピック・パラリンピックのほかにもいくつかの国際メガ・スポーツイベントが開催された（図表3－1）。ブラジル外務省は〇八年にスポーツ交流・協力調整局を設置し、国際大会の招致を行った。スポーツを通じて世界の人々との交流を推進し、ブラジルの国際社会におけるイメージ向上を目指すとともに、世界中から多くの人々が集まるスポーツのメガ・イベントを平和、民主主義、貧困、人権などグローバルな問題に取り組むための有効な手段と位置づけたのである。

一五年一〇月、ブラジル中西部のトカンチンス州パルマスにおいて、一九九一年に設立されたブラジル先住民のNGO組織 *Comitê Intertribal*（種族間評議会）主催による「世界先住民スポーツ大会」の第一回大会が開催された。*Comitê Intertribal*は九六年に「ブラジル先住民スポーツ大会」（ポルトガル語で *Jogos dos Povos Indígenas*）を開催しており、この大会のいわば国際版がパルマスで開催された二〇一五年の世界先住民スポーツ大会であった。同年一〇月二九日付けの米『ジ・アトランティック』紙によると、世界の約二〇か国から二〇〇〇人近い先住民アスリートが同大会に参加したという。別名「先住民オリンピック」と呼ばれ、通常のオリンピックと同様に開会式や閉会式が行われ、勝敗をかけた競技もあれば、伝統を披露する形で行われるプログラムもあった。

リオから始まった難民選手団の結成

もう一度リオデジャネイロ・オリンピック・パラリンピックに話を戻そう。

図表３－１　2010年代にブラジルで開催された国際スポーツ・イベント

開催年	名称	開催地
2011年	第５回ミリタリー・ワールドゲームズ(1)	リオデジャネイロ
2013年	第９回サッカー・コンフェデレーションズカップ	リオデジャネイロ他５都市
2014年	サッカー・ワールドカップ（W杯）（第20回大会）	リオデジャネイロ他11都市
2015年	第１回世界先住民スポーツ大会	パルマス（トカンチンス州）
2016年	リオデジャネイロ・オリンピック・パラリンピック(2)	リオデジャネイロ

注：各種資料から筆者作成。
(1) 国際ミリタリー・スポーツ評議会によって組織される軍人スポーツ選手のための総合競技大会。1995年からこの形態で開催。
(2) オリンピックは第31回、パラリンピックは第15回目の大会。開催日程はオリンピックが2016年８月５日から21日、パラリンピックが９月７日から18日。

オリンピック開会式の選手団入場で、トリを務めたブラジル選手団の前に登場し、大歓声のなかマラカナン・スタジアムを行進したのは、総勢一〇人からなる難民選手団であった。リオ大会で誕生した難民選手団の出身国は、南スーダン、コンゴ民主共和国、エチオピア、シリアであり、これら一〇人の選手の居住国は、ケニア、ベルギー、ドイツ、ルクセンブルグそして開催国ブラジルであった。ブラジルで生活するコンゴ民主共和国出身の男女二人はともに柔道の選手で、残り八人の参加種目は水泳と陸上であった。パラリンピックにも難民選手二人が水泳と円盤投げ競技に参加した。一人はシリア出身、そしてもう一人はイラン生まれ米国在住の男性であった。シリア出身の選手はリオ・オリンピックの聖火ランナーも務めている。

もう一つリオ大会で注目を集めたのは、性的マイノリティ（ＬＧＢＴ）の参加者が、前回のロンドン大会の二三人に対して、五〇人を超える規模となったことであ

ブラジルの国技サッカーでW杯に臨むセレソン
出所：ブラジル政府 Portal da Copa［写真 Danilo Borges］

る。七人制ラグビーのブラジル代表のイサドラ・セルロ選手や、開会式でブラジルのプラカードを持って入場したスーパーモデルのリア・Tはトランスジェンダーであった。

リオ大会で性的マイノリティの人々のカミングアウトが増えた背景について、『ハフポスト日本版』（二〇一六年一一月二二日）は、二〇一三年にロシアで成立した「同性愛宣伝禁止法」が性的マイノリティに対する人権侵害であるとして、翌一四年にロシアのソチで開かれた冬季オリンピックの開会式を、オバマ大統領やバイデン副大統領など外国首脳の一部がボイコットしたこと、またこの事実を深刻に受け止めたＩＯＣが、五輪憲章第六章の差別禁止の規定に「性的志向」による差別を盛り込んだことを挙げている。

ブラジルの金メダル第一号となったのは、女子柔道五七キロ級のラファエラ・シルバ選手であった。この国で「ファヴェーラ」と呼ばれるスラムの出身で黒人系、そしてレズビアンのシルバ選手の活躍は日本のメディアでも大きく取り上げられた。ブラジル社会において性的志向を含め社会的弱者に対する差別は依然として残るものの、一六年のリオ大会は、スポーツ界の性的マイノリティについて身近な問題として考える機会を、世界に与えるきっかけとなったのである。

2 「グローバル・アクター」からの後退

国際会議を利用したルセフ時代の外交

オリンピック・パラリンピック開催中はメディアを通してブラジルへの注目が集まった。政治経済が低迷するなかでもメガ・イベントをやり遂げたという意味においてブラジルは一定の評価を得られた。しかしながらルセフ政権以降ブラジルの国際社会における存在感は小さくなり、ルーラ政権時代にいわれた「グローバル・アクター」を疑問視する声がしばしば聞かれていたのである。

外交が低迷した要因の一つは、ブラジルを取り巻く国際環境の変化があった。資源価格の下落や中国景気の減速によって経済成長が減退し、さらにはラバジャットを発端とするブラジル政治の混乱でルセフ大統領は内政に注力せざるを得ない状況にあった。その結果、大統領は外交に十分な時間をもてなかったと考えられる。同大統領については、しばしば「外交にあまり熱心ではない」と言われ、リーダーとしての資質やカリスマ性も問われた。いずれにせよルセフ時代に入り、国内外のメディアでブラジルの対外行動が取り上げられる機会は減少し、時としてブラジル外交は迷走していると皮肉られることもあった。ルセフ政権時代に外務大臣が三回替わったことも外交政策の安定や継続に影響を与えたといえよう。

ルセフ大統領の任期中の外遊回数は五九回と少なく、年平均にすると一〇・七回であった。前任者であるルーラ大統領やその前のカルドーゾ大統領の時代は「大統領外交」[*4]と呼ばれ、それぞれ在任期間二期八年の間に、カルドーゾ大統領は一一五回（年平均一四・三回）、ルーラ大統領は二六七回（同三三回）の外遊を行った。すなわち歴代政権と比較するとルセフ大統領は外国への関心が総じて低かったことがわかる。ルセフ大統領の場合、特定国との二国間外交よりも国際会議に合わせて訪問し、その会議に出席した外国首脳との会談を行うというケースが多いことも違いであった。国連総会や後述するＢＲＩＣＳに出席した際に首脳会議を行うパターンが目立った。

とりわけルセフ大統領の二国間外交は限られた国や地域であった。アフリカ地域へは比較的多く足を運んだが、訪問先はポルトガル語圏アフリカのモザンビークやアンゴラ、赤道ギニア[*5]またポルトガル語圏以外では南アフリカ共和国、ナイジェリア、エチオピアにとどまった。アジアについては中国とインドのみであり、日本は一五年一二月に公式訪問（天皇陛下との会見を含む）が予定されていたものの、内政事情を優先してキャンセルとなった。

ルセフ大統領が任期中に参加した多国間協議の多くはルーラ政権時代に発足したものが多い。南米諸国連合（UNASUL、スペイン語でUNASUR）やラテンアメリカ・カリブ諸国共同体（CELAC）などの地域機構はいずれもルーラ大統領が中心となって発足させたものである。ルセフ大統領はBRICSを含め、ルーラ時代の多国間外交や地域外交を継承したといえる。

BRICS外交の継続

二〇一四年七月、北東部フォルタレーザ市でBRICS五か国首脳が顔を合わせた。〇八年に新興四か国のブラジル、ロシア、インド、中国の「BRICs」として発足し、その後一一年に南アフリカが参加し現在のBRICSとなった。第一回首脳会議はロシアで開催され、第二回（一〇年）はブラジリア、その後中国→インド→南アと開催地が一巡し、第六回（一四年）首脳会議をフォルタレーザで開催することでBRICS首脳会議の開催地は二巡目に入った。

一四年はサッカーW杯がブラジルで開催された年である。リオデジャネイロでのW杯決勝戦から一日空けて、フォルタレーザで第六回BRICS首脳会議が開催された。ルセフ大統領はこの間リオ、ブラジリア、フォルタレーザと三都市を移動し、外国首脳と相次いで会談を行った。リオでは次期W杯開催国として閉会式に臨んだロシアのプーチン大統領との首脳会談が行われた。

フォルタレーザでの首脳会議の注目点は、「ＢＲＩＣＳ新開発銀行」と「緊急時外貨準備基金」（ＣＲＡ）の創設が決まったことである。ＩＭＦや世界銀行など既存の国際金融システムでは新興国や途上国が必要とする融資の要請に十分に応えられていないとして、ＢＲＩＣＳによる新興国や途上国のための銀行を立ち上げたのである。ニューデリーで開催された第四回首脳会議で銀行創設に向けた話し合いを始めることが合意され、フォルタレーザにおいて創設に関する協定が調印されたのである[*6]。

新開発銀行はＢＲＩＣＳ五か国がそれぞれ一〇〇億ドルずつ、合計五〇〇億ドルを出資し、将来的には一〇〇〇億ドル規模の銀行にすることを目指した。銀行の本部を中国上海に置き、初代総裁はインドから、取締役会会長をブラジルから、そして理事会会長はロシアから選出することが決定された。また、南アにはアフリカ地域研究センターを開設することが決まった。

「緊急時外貨準備基金」（ＣＲＡ）は金融危機が発生し、各国が危機的状況に陥ったときの支援を行う役割をもつものである。出資合計は一〇〇〇億ドルで、中国が四一〇億ドルと最も多く、ブラジル、ロシア、インドは一八〇億ドル、南アが五〇億ドルの分担となった。

それまでＢＲＩＣＳ首脳会議は加盟国のみの参加で開催されてきたが、フォルタレーザの首脳会議では二日目にＵＮＡＳＵＬ各国首脳が招かれ、ＢＲＩＣＳとＵＮＡＳＵＬによる首脳会議が開かれた。ＢＲＩＣＳとして新たな試みであり、第六回首脳会議の共同宣言（フォルタレーザ宣言）ではそうした動きを反映して「ＢＲＩＣＳの開放性」（英語でopenness）が盛り込まれた。[*7]

フォルタレーザ首脳会議では中国とＵＮＡＳＵＬ、そしてＣＥＬＡＣのつながりが生まれたことも注目された。ＣＥＬＡＣは、キューバを含むラテンアメリカおよびカリブ海地域の三三か国によって構成される地域機構であり、米国やカナダは参加していない。ＣＥＬＡＣの代表としてコスタリカ、キューバ、エクアドル、アンティグア・バーブーダ、メキシコの五か国が参加し、中国とラテンアメリカ首脳会議が開催され、この場で、中国とＣＥＬＡＣフォーラムの発足が正式に決定した。

緊張感高まったルセフ政権下の対米関係

ブラジル外交にとって国際関係を活発化させるなかで、北の大国である米国とどう向き合っていくかは、いかなる局面にあっても最重要な外交課題である。カルドーゾ大統領はクリントン大統領とほぼ同時期に政権を担当しており、接した年数も六年と長く、この間、両国は総じて友好的な関係にあった。ルーラ＝ブッシュ時代に代わると、世界貿易機関（WTO）や米州自由貿易圏（FTAA）交渉において米国と激しく対立する場面がみられた。例えば二〇〇五年一一月にアルゼンチンのマルデラプラタで開催された第四回米州首脳会議では、FTAA交渉の推進を促す米国、メキシコ、中米と、米国主導で交渉が続くことに強い懸念を示したブラジルなどメルコスール諸国とベネズエラの溝は埋まらず、最終文書は両者の言い分が併記される形で発表された。FTAAは事実上ここで実現不可能となり、ブラジルと米国は〇二年一一月以来共同議長国の立場でありながら、それぞれ異なる途をたどる転機となった。すなわちブラジルはよりメルコスールや南米統合の強化を目指し、米国は中米・ドミニカ共和国との自由貿易協定（CAFTA-DR）を発効させ、さらにコロンビアやペルー、パナマとの二国間自由貿易協定を締結したのである。

二〇〇九年にオバマ大統領が登場すると、ブラジルとの関係改善に向けた動きがみられた。ルーラ大統領はオバマ大統領就任後最初にホワイトハウスに招かれた外国首脳で、オバマ大統領はルーラ政権のブラジルについて「主要なグローバル・リーダー」、「必要不可欠なパートナー」と評し、地球温暖化問題や途上国支援などの分野での協力関係の構築を求めた。

オバマ大統領は、ルセフ政権発足直後の一一年三月にブラジルを訪問するなど友好関係が継続したが、イシュー（事案）によって意見が対立する場面もみられた。一四年のロシアのクリミア併合を巡る問題では、態度を明確にしないブラジルに対して、米国は不信感を募らせた。一方ブラジルは、Ｇ４（日本、ドイツ、インド、ブラジル）の一角としてブラジルが国連安保理入りを目指すことに米国が明確な支持を示さないことや、ブラジルや中国など新興国が求めるＩＭＦ（国際通貨基金）への出資枠拡大についてアメリカ議会が消極的であったことなど、相互に不満を募らせるケースがあり、関係は必ずしも友好的とはいえなかった。

ルセフ政権時代の対米関係で最も緊張が高まったのは、一三年九月、米国家安全保障局（ＮＳＡ）によるルセフ大統領やペトロブラスに対する盗聴事件が発覚した時であった。ブラジル政府は一〇月に予定されていたルセフ大統領の公式訪米を急遽取りやめ、九月の国連総会一般演説でルセフ大統領はＮＳＡ問題を「国際法の侵害であり、ガバナンスにとっての脅威である」と強く非難した。また一一月にはドイツとともに国連総会の人権委員会に、米国を名指しすることは避けたものの、インターネットにおけるプライバシー保護に関する決議案を提出した。

盗聴事件によって米伯関係は冷え込んだが、一四年六月にはバイデン副大統領がブラジリアを訪問し、関係改善に向け相互の歩み寄りがみられた。一〇月には、長年にわたって二国間で争ってきた米国の綿花栽培農家に対する助成金や補助金を巡る対立問題の解決に向け覚書が交わされた。一五年一月のルセフ大統領の二期目就任の際には、同じくバイデン副大統領が式典に出席し、六月には盗聴事件で取りやめになったルセフ大統領の訪米も実現、オバマ大統領との首脳会談が行われた。

このように政府間の米伯関係は内政や国際情勢に影響されることが多く、これまでも友好的な時期と対立する時期が繰り返されてきた。しかしながら、第二次世界大戦中のヴァルガス、ルーズベルト両大統領のもとで、米国によるブラジルに対する技術・資本援助によって南米初の一貫製鉄所の建設が可能となったことや、その見返りとしてブラジル北東部の空軍や海軍の基地を米国に提供し、ブラジル兵士がイタリア戦線に参戦したことなど、歴史的にブラジルは米国と切っても切れない関係である。

戦後においても米州における安全保障機構である米州機構（ＯＡＳ）や米州開発銀行（ＩＤＢ）など、米州域内の経済協力の枠組みに参加することで米国との協力関係を築き、冷戦構造が深まるなかで、一九五二年には米伯軍事援助協定が締結された（一九七七年に破棄）[*8]。時代の変遷のなかで対立や距離が生まれることはあるものの、基本的に民主主義や自由などの価値観を共有し、ともに不可欠なパートナーという認識をもっていることも確かである。

経済や通商面においても両国は伝統的に重要なパートナーである。ブラジルの貿易関係において米国は長期にわたって第一位であった。二〇〇九年に中国にその座を譲ってからも第二位を維持している。ブラジル中央銀行によると、ブラジルに対する米国からの直接投資は一三年までの累積で一一六〇億ドルであった。またブラジルからの米国への投資は〇九年に七三億ドルであったが、一四年には二二四億ドルに増加している。ブラジルの対米投資が増加することで、米伯投資関係は双方向になりつつある。

政府間レベルでは三〇以上の対話チャンネルがあり、対象分野も防衛、エネルギー、金融、経済、貿易など多岐にわたる。一五年以降では、ブラジルで流行したジカ熱対策についての研究・協力のための会議が開催されたほか、ハイチ、エジプト、モザンビーク、アンゴラに対する経済協力のなかで農業や飢餓撲滅、児童労働根絶などの分野を対象に、三国協力（三角協力）が行われている。

エタノール開発の分野でも米伯協力が続いている。ルーラ政権とブッシュ政権の間で〇七年に調印された「バイオ燃料に関する覚書」は、両国間の協力に加え、第三国におけるエタノールの生産拡大を目指し、当該国に研究開発や技術支援を行うことを目的としたものであった。米議会研究サービスが一七年に公表した米伯関係に関する報告書によると、エタノール開発・生産のための技術協力をドミニカ共和国、エルサルバドル、ハイチ、ホンジュラス、ジャマイカで実施している。

3　テメル外交の方向性

メルコスールを再構築する

メルコスールは一九九一年三月、アスンシオン条約に調印したブラジル、アルゼンチン、ウルグアイ、パラグアイ四か国によって発足した地域統合である。経済や安全保障面で互いをライバル関係に捉えてきたブラジルとアルゼンチンが、八〇年代の経済危機を乗り越えるために、互いに協力する道を選択したことがメルコスール誕生の原点である。域内二大国のブラジルとアルゼンチンに加え、緩衝国のパラグアイやウルグアイが参加することで、南米における地域統合の正統性が高まった。米州大陸にあって、九四年に結成された米国、カナダ、メキシコによる北米自由貿易協定（ＮＡＦＴＡ）が先進国と途上国によるいわゆる「北」と「南」の国による統合体であるのとは対照的に、メルコスールは南の国同士でつくられた経済統合体である。メルコスールは九四年一二月のオウロプレット議定書の調印をへて、翌九五年一月一日、経済統合の形態としては域内の貿易自由化と第三国に対する対外共通関税をもつ関税同盟として正式にスタートした。

二〇一六年三月で、メルコスールは一九九一年のアスンシオン条約調印から二五年を迎えた。二〇〇〇年代初頭、南米政治が左傾化するなかで、メルコスールは通商よりも政治・外交色が強まったが、その後テメル政権下で地域貿易協定としてのメリットを追求しようとする動きが始まった。

一六年五月、テメル暫定政権の初代外相セーハがブラジルの外交方針の一〇原則を述べ、その一つの柱としてメルコスールの再構築を掲げた。一五年末にアルゼンチンにおいて保護主義的なクリスティナ・キルチネル政権から、マーケットを重視し、貿易や外国投資の受け入れ拡大を目指すマウリシオ・マクリ政権に替わったこともあり、ブラジルはアルゼンチンとの連携を軸にメルコスール域内の経済関係の深化、さらにはメルコスール以外の南米諸国とのつながりを強化する姿勢に変わったのである。

太平洋側のラテンアメリカ諸国の間では、メキシコ、コロンビア、ペルー、チリの四か国が一二年に経済統合およびアジア太平洋地域との経済的な関係強化を目指す統合体「太平洋同盟」を結成している。本書執筆段階で加盟申請中のコロンビア以外は、TPP11（環太平洋パートナーシップ）協定の参加国でもある。[*9]

一七年四月、メルコスールと太平洋同盟の加盟八か国による外相および財務相会議[*10]がアルゼンチンのブエノスアイレスで開催され、両者の連携に向けたロードマップを作ることで合意に至った。テメル政権二代目の外相ヌーネスは同会議で「メルコスールと太平洋同盟の収斂（convergence）は世界経済において新しいダイナミックな極となる」と述べた。メルコスールと太平洋同盟が一体となればＧＤＰ（国内総生産）ではラテンアメリカの九〇％に相当し、人口は四億七〇〇〇万人となる。両地域が統合に向けた動きを模索し始めた背景には、米国や欧州に広がる保護主義的な通商環境、また日本を中心とするＴＰＰ11やＲＣＥＰ（東アジア地域包括的経済連携）などメガＦＴＡ（自由貿易協定）の動き、さらには日本とＥＵ（欧州連合）との経済連携協定（ＥＰＡ）が一九年二月の発効に向けて交渉が進展するなど、世界の通商体制の変化がある。

メルコスール再構築に向けたもう一つの柱としては域外の国々との関係強化が挙げられる。テメル政権発足以前にメルコスールが締結した域外地域・国との地域貿易協定はイスラエルおよびパレスチナとの自由貿易協定、インドとの特恵関税協定、二〇一七年一〇月に発効したエジプトとのＦＴＡなどに限られている。

メルコスールと域外諸国との関係強化の中心はＥＵである。両地域は二〇〇〇年四月にＦＴ

Ａ交渉が開始されたものの、〇四年に一度中断し、その後一〇年に交渉が再開した後、一二年に再び中断、一六年一〇月に交渉が再開されるという経緯をたどっている。トランプ米政権の自国第一主義や保護主義色が強い通商政策に対して、メルコスールとＥＵは多国間協調主義や自由貿易を重視する立場を示している。当初一七年末の大筋合意を目指していたが、農産物やエタノールの無関税枠や輸出量を巡る問題があり、一八年後半の時点で交渉は継続中である。

ＥＵとの交渉以外にも、メルコスールはカナダ、欧州自由貿易連合協定（ＥＦＴＡ）とＦＴＡ締結に向け交渉中である。韓国については後述するように一八年五月のヌーネス外相のソウル訪問の際に交渉開始が決定され、シンガポールについても同様に交渉開始予定であると発表されている。

南南協力の重要性

ヌーネス外相は就任直後の二〇一七年五月と一〇月の二回にわたってアフリカ諸国を訪問した。二回の訪問で外相が歴訪した国は一〇か国となり、そのなかには南アやモザンビークのように、これまでもブラジルとの関係が深い国もあれば、マラウィのような一九六四年の国交樹立後初の外相訪問となった国もある。一九世紀半ばまでの奴隷貿易の歴史を「負の遺産」と捉え償う外交を志向したルーラ政権時代のアフリカ外交から、双方にとって実利を生む、よりビジネス志向型のアフリカ外交へと変わりつつある。その一方、一七年には中央アフリカ共和国の国連平和維持活動（ＰＫＯ）への参加も決めた。アフリカを舞台に多国間の枠組みを通した国際協力もブラジルの南南外交の軸である。

テメル政権はアジアにも目を向けている。テメル大統領が最初に首脳会談を行った相手は中国の習近平国家主席であった。二〇一六年九月に杭州市で開催された第一一回G20（主要二〇か国・地域）首脳会議に参加した際に実現している。一〇月にはインドを訪問し、貿易自由化をさらに促進する目的で、〇九年にメルコスールとインド間に締結された特恵関税協定に加え、特恵貿易協定を発効させた。一七年九月に中国福建省厦門（アモイ）市で開催されたＢＲＩＣＳ首脳会議の際にもテメル大統領はモディ首相と会談し、両地域の貿易拡大について話し合っている。

ヌーネス外相も一七年九月および一八年五月にアジア諸国を歴訪している。一七年の訪問先はマレーシア、シンガポール、ベトナムであった。シンガポールは国交樹立五〇年の節目の年にブラジル外相として初めての訪問となった。ベトナムとは一九八九年の国交樹立後、両国間の貿易は〇三年に四七〇〇ドルであったが、一五年には三九億ドルとなるなど、拡大傾向にある。

東南アジア地域全体との貿易関係もコンスタントに拡大し、過去一〇年間で二倍近く増加している。

一八年五月の訪問先は、アセアン四か国（シンガポール、タイ、インドネシア、ベトナム）、日本、中国、韓国であった。アジア歴訪を前にヌーネス外相は「アジアに向かうブラジル」と題する記事をブラジルの日刊紙グローボに寄稿（"O Brasil em direção à Ásia," *O Globo*, 二〇一八年五月七日）し、グローバル経済の重心はアジアに移りつつあり、アジア諸国との関係強化はブラジル企業の国際化につながると述べた上でアジア訪問の意義を強調している。

韓国では、メルコスールとのＦＴＡ交渉開始が正式に発表され、シンガポールでは二〇一八年の第３四半期に交渉を開始する予定であるとの発表があった。中国ではＢＲＩＣＳ開発銀行の米州地域事務所がサンパウロに開設されることをひかえ、調印式に参加するためであった。

テメル政権の外交は当初先進国重視といわれたが、その一方でメルコスールを軸に南米との関係に加え、アジアやアフリカを中心に南南関係にも前向きな姿勢をみせた。しかしながらルセフ大統領と同じく、テメル大統領の外遊も二〇一八年前半の段階で一九回にとどまっている。アルゼンチンが最も多く三回、次いで中国、米国、パラグアイが各二回であるが、国際会議にかこつけての訪問も少なくない。一七年九月には、いったん取りやめていたドイツ・ハンブルグでのG20首脳会議に直前になって出席に切り替えるなど、混乱する内政に振り回された外交日程の側面は否めない。

難民に門戸を開く国

国連難民高等弁務官事務所（ＵＮＨＣＲ）が二〇一八年六月に発表した『グローバル・トレンズ二〇一七』によると、一七年末で、内戦や紛争によって国内外で避難を余儀なくされた難民は世界全体で六八五〇万人であった（このうち祖国を追われた人々は二五四〇万人で、一六年末比で二九〇万人増加した）。最も多いのがシリア難民（六三〇万人）であり、次いでアフガニスタン（二五〇万人）、南スーダン（二四〇万人）、ミャンマー（一二〇万人）、ソマリア（九八万六〇〇〇人）と続き、この五か国で難民全体の六八％を占めている。

難民の受け入れ先では中東やアフリカなど発展途上国が多い。例えばトルコは過去四年連続して最も多くの難民を受け入れた国であり、その数は三五〇万人に上っている。欧州で難民受け入れに寛容とされてきたドイツの受け入れ数は九七万四〇〇〇人で、『グローバル・トレンズ二〇一七』で示された主要受け入れ先一〇か国で第六位、唯一の先進国である。難民受け入れを巡って途上国が途上国を支える構図になっている。

ブラジルに暮らすコンゴ民主共和国出身の選手が、リオデジャネイロ・オリンピックに難民選手団の一員として参加したことはすでに述べたとおりである。ブラジル法務省によると、一九九七年から二〇一七年の二〇年間で一万一四五人を難民として認定し、うち五一四四人がブラジルで生活をしている。難民認定者のなかで最も多いのが、一一年以降内戦が続くシリアからの難民である（図表3－2、3－3）。

ブラジルは国際難民法（一九五一年の国際難民条約ならびに六七年の難民の地位に関する議定書）を締結し、国内法では一九九七年に難民法（*Estatuto de Refugiado*）を制定し、国家難民審議会（CONARE）を設置した。CONAREは法務省や外務省など複数の省庁にまたがる組織である。難民申請の受け付けや、難民認定の審査業務を行うほか、国連高等難民弁務官事務所とも連携して難民問題に関する国際会議を開催することもある。

一三年九月以降、ブラジルは人道上の理由からシリア難民に対する人道ビザの発給を開始した。当初二年間とされたビザの発給は、一五年九月に二年の延長が決定、一五年一〇月時点の人道ビザの発給数は八〇〇〇を超えた。ブラジル外務省によると、移民を出自とする四〇〇万人規模のシリア系コミュニティがブラジルには存在しており、シリア難民を積極的に受け入れる背景となっている。一六年九月の国連総会で初の開催となった「難民・移民に関するハイレ

図表3－2　ブラジルの難民申請の受入数（2011～17年）

年	難民申請者数（全ての国籍）
2011	3220人
2012	4022人
2013	1万7631人
2014	2万8385人
2015	2万8670人
2016	1万308人
2017	3万3866人
2011－2017年合計	12万6102人

出所：法務省国家法務局が作成した *Refugiados em números* の第3版から筆者作成。

図表3－3　ブラジルで難民と認定された人々の国籍と人数（割合）（2007～17年）

国籍	認定人数（割合）
シリア	2771人（39%）
コンゴ民主共和国	953人（13%）
コロンビア	316人（4%）
パレスチナ	295人（4%）
パキスタン	250人（3%）
マリ	125人（2%）
イラク	95人（1%）
アンゴラ	75人（1%）
ギニア	73人（1%）
アフガニスタン	64人（1%）
カメルーン	49人（1%）
その他	2125人（30%）
2007－2017年合計	7191人
2007年以前合計	2954人
総合計	1万145人

出所：法務省国家法務局の *Refugiados em números* 第3版から筆者作成。

ベルサミット」で、テメル大統領はブラジルの人道ビザの発給について触れ、その意図するところは難民の権利を保障し、ブラジル社会のなかに包摂することであると述べた。

中東やアフリカ諸国からの難民とは別に、ブラジルはハイチからの避難民を受け入れてきた。ラテンアメリカの最貧国ハイチでは、政府と反政府派勢力間で対立が続き、クーデターを繰り返すなど、政治的に不安定な状態が続いていた。国連ハイチ安定化ミッション（MINUSTAH）（詳細は第6章）が展開されるに至った経緯はここにある。それに加えて、三〇万人以上の犠牲者を出す大惨事となった二〇一〇年の大地震や一六年のハリケーンと自然災害が続いたことも、ブラジルへのハイチ避難民の流入につながった。

ハイチ避難民は国際難民法で定義される難民ではないが、一〇年の年間四四二人から急増し、一三年には一挙に一万人を超えた。その後も一四年には一万六七七九人、一五年は一万四四六五人と推移したのち、一六年からは六四六人と減少に転じた。[*11] 一八年四月、ブラジル政府はハイチからの避難民に、人道保護の目的で二年間の在留を認める方針を発表した。在留期間終了後は無期の在留資格が得られる可能性をもったビザといわれる。

二〇一七年末現在、ハイチからの避難民以上の規模になっているのがベネズエラからの流出民である。ブラジル法務省の統計によると、一六年に三三七五人であった難民申請者数は、一

図表3－4　ハイチおよびベネズエラ出身者の難民申請者数（2010～17年）

（人）

	2010年	2011年	2012年	2013年	2014年	2015年	2016年	2017年
ハイチ	442	2549	3310	11690	16779	14465	646	2362
ベネズエラ	4	4	1	43	201	822	3375	17865

出所：Secretaria Nacional de Justiça, Ministério da Justiça, *Refúgio em números- 3ª edilçao.*

七年には一万七八六五人となった（図表3－4）。同国マドゥロ政権の失政および同政権に対する米国の経済制裁を含む国際社会からの締め付けによって、ベネズエラ経済は破綻状態にある。インフレが高騰し、極度に物資が不足するなかで、国外に脱出する国民が急増しているのである。ブラジル外務省によると、一八年五月までに約一一万人のベネズエラ人がブラジルに流入しているという。ブラジル北部のロライマ州はベネズエラからの流出民が人口の一割に達しており、地元住民との間で小規模ではあるが衝突事件も起こっている。州都のボアビスタには新たな避難所の建設が始まり、サンパウロやクイアバなど別の都市に移動させるプログラムも実施されるに至った。

リオ国立博物館の喪失

二〇一八年九月二日、オリンピック・パラリンピックの開会式会場となったマラカナン・スタジアム近くにある国立博物館（ポルトガル語で*Museu Nacional*）が火災で焼失したという驚きのニュースが世界に流れた。一八〇八年から二一年にかけ、ナポレオンによる支配を逃れ、ポルトガル本国から遷都した王室一家が住んだ邸宅として、また一八二二年の独立後八九年の帝政時代は王宮であった場所として歴史的にも貴重な建造物であった。国立博物館創立二〇〇年に当たる年に、考古学、民族学、地質学、化石学、言語学的に極めて貴重な二〇〇〇万点にも及ぶコレクションが一夜にして灰塵と化したのである。

焼失した展示資料のなかには、白亜界（紀元前一億四五〇〇万年前から六六〇〇万年前）に生息した大型で首の長い草食恐竜マシャカリサウルス（Maxakalisaurus）のレプリカなどが含まれた。政府は国立博物館焼失を「ブラジルにとって計り知れない損失であり悲劇」として、ブラジル国内の他の博物館の防火対策を調べるとともに国立博物館の再建に向け検討を始めることを決めた。

今回の火災は、起こるべくして起こったとする捉え方が多い。テメル政権が二〇一七年に科学分野の予算を四四％削減し、その後さらに一六％追加削減したこと、またリオ国立博物館については、老朽化が進んでいるにもかかわらず、必要とされる修復費用（年間一二万八〇〇〇ドル）が一四年以降支払われていなかったことなど、政府の対応を批判する声が多い。

二〇〇年かけて収集された貴重な所蔵物が一瞬にして焼失したことは、予算不足といった理由はあるにせよ、国家のイメージ低下となりソフトパワーの面から外交的損失は計り知れないものがある。二〇一〇年にはサンパウロにある世界有数のブタンタン（Butantã）毒蛇研究所でも火災があり、放水によって同じく貴重な毒蛇の標本に大きな損害を出した。

4　日伯関係のテコ入れと挑戦

安倍首相の首脳外交と政策指針ＪＵＮＴＯＳ

二〇一六年八月二一日、リオデジャネイロ・オリンピックの閉会式—中央ステージにスーパーマリオブラザーズのマリオに扮した安倍首相が突然飛び出した。東京からリオに通じる地球貫通の土管をジャンプとダッシュで駆け抜け、という想定で、ステージのせり上がり装置で登場したのである。

安倍首相にとっては二年ぶりのブラジル訪問であった。二年前の一四年七月二五日から八月二日の間、安倍首相はブラジルを含むラテンアメリカ五か国（ブラジルのほかはメキシコ、トリニダード・トバゴ、コロンビア、チリ）を歴訪した。日本の首相のブラジル訪問は〇四年の小泉純一郎首相以来一〇年振りであった。ブラジリアではルセフ大統領との首脳会談が行われ、日本とブラジルの関係を「戦略的グローバル・パートナーシップ」に引き上げること、両国が二国間関係にとどまることなく、多国間協議の場においてもよりいっそう協力することなどで合意に至った。また共同声明には、日本とブラジルの人的交流の歴史に重きを置き、向こう三年間にわたって九〇〇人の研修生を日本が受け入れること、ブラジル人学生の日本語教育を支援するための取り組みについて検討することなど、多岐にわたる内容が盛り込まれた。翌一五年が日伯通商修好条約締結一二〇周年であることを踏まえて、両国の日系・非日系コミュニティに対する支援の重要性についても確認した。

サンパウロに移動した安倍首相は、日系人社会との交流や開拓戦没者の慰霊碑への参拝のほか、滞在最終日にはビジネスセミナーに参加し、その席で「Ｊｕｎｔｏｓ！　日本・中南米協力に限りない深化を―対中南米外交・三つの指導理念」と題するスピーチを行った。歴訪から四年が過ぎた今もなお日本の対中南米政策の指針となっている。

タイトルにある三つのＪＵＮＴＯＳ（ジュントス）が意図するところは、①日本を頼れるパートナーとして経済やビジネスでのつながりを強化する「発展を共に」（ポルトガル語で *Progredir juntos*）、②民主主義や平和、環境問題など地球規模の課題解決に向け「共に」にリーダーシップを発揮する「主導力を共に」（*Liderar juntos*）、③人と人との交流を大切に、次の世代に引き継ぐために、日本とラテンアメリカ諸国の長い友好の歴史に新たないのちを吹き込む「啓発を共に」(*Inspirar juntos*)、にあった。具体的には、①で貿易や投資の拡大、②で多国間協議の場における協力、そして③は若手日系人を中心とする人材育成を指すものである。

企業外交と日本・メルコスール経済連携協定

日本とブラジルの経済団体レベルの交流は一九七〇年代に遡る。日伯経済関係において双方の企業や財界の果たす役割は大きい。中心となっているのは日本の経済団体連合会（経団連）日本ブラジル経済委員会とブラジル工業連盟（CNI）ブラジル日本経済委員会が、七三年に設立した「日本ブラジル経済合同委員会[*12]」である。七四年に第一回会議がリオデジャネイロで開催されたのち、八〇年代のブラジル経済危機の時代も活動は継続し、二〇一七年に第二〇回を迎えた。一八年七月には東京で第二一回会議が二日にわたって開催され、「日本メルコスール経済連携協定へ向けたロードマップ」が採択された。

二〇〇九年に日本の経済産業省とブラジルの開発商工省の間で「日本ブラジル貿易投資促進合同委員会」（その後一三年に「日本ブラジル貿易投資促進・産業協力委員会と改称）が設立され、日伯の経済交流を促進するための枠組が官民ともに整った。

日伯両国の産業界はこれまで「日本ブラジル経済連携協定（ＥＰＡ）」構想について議論を重ね、その結果を一五年九月に『「日本ブラジルＥＰＡ」実現に向けたロードマップ』として発表した。それによると、日本は、ＴＰＰやＲＣＥＰなどの地域貿易協定を通して、アジア、北米、ラテンアメリカとの広域な自由貿易地域の形成を目指しており、ブラジルはその点において日本にとって重要なＥＰＡパートナーとなり得ること、一方のブラジル側は、ブラジル企業のグローバル・バリューチェーンへの統合の推進を目指すという戦略において、世界の経済大国とのＥＰＡは必要であり、日本は貿易投資の促進や生産性向上という意味において重要なＦＴＡ（自由貿易協定）パートナーとなり得ると説明している。*13

ＥＰＡのパートナーとして、ブラジル一国からメルコスールに格上げした背景には、もともとブラジル産業界の要望があったこと、その後、二〇一五年一二月にアルゼンチンに親ビジネス的で自由貿易を重視するマクリ政権が発足したことによって、地域ブロック、すなわちメルコスールとして日本がＦＴＡ交渉をできる状況になったことがある。こうした流れの中で、経団連は今後ＣＮＩとともに日本メルコスールＥＰＡの実現に向けて、両国およびメルコスール加盟諸国の政府に働きかけていくことになった。

リオから東京へ

リオ大会終了から二か月後の一六年一〇月、テメル大統領は日本を公式訪問した。首脳会談では安倍首相からリオ大会成功の祝意が示されたのに対し、テメル大統領は安倍首相に対しオリンピック閉会式への参加に感謝の意を表した。リオ大会がなければ、またリオの次の開催都市が東京でなければ、オリンピック・パラリンピックの話題が首脳会談で取り上げられることはなかっただろう。テメル大統領のこの時の訪日では天皇陛下が大統領と会見し、そこでもリオ大会のことが話題の一つとなった。

「東京二〇二〇大会」に向けて、日伯両国はともに「リオから東京へ」をキャッチフレーズに交流を図っている。駐日ブラジル大使館では、オリンピック・パラリンピックを新たな日伯関係のための架け橋と位置づけ、ブラジルの音楽や文化に関するイベントや学生同士の交流などさまざまな企画を実施している。また日本の文部科学省とブラジルのスポーツ省（当時）が協力覚書に調印するなど、スポーツを通じた交流が広がっている。

日本政府は、東京オリンピック・パラリンピック推進本部事務局を通じ、都道府県や市町村に対して、世界各国の競技団体を受け入れるホストタウンの申請を働きかけている。

ブラジルチームのホストタウンとして名乗りを上げた地方自治体は、一八年九月時点で以下となっている。青森県弘前市（パラ柔道）、岩手県遠野市（視覚障害者五人制サッカー）、埼玉県新座市（各種競技）、東京都大田区（事前合宿）、神奈川県相模原市（女子バレーと女子サッカー）、石川県小松市（パラカヌー）、静岡県浜松市（事前合宿）、兵庫県加古川市（パラバレー）、香川県丸亀市・坂出市（陸上・カヌー・野球）。

ホストタウンに登録された市町村では、文化や言語を学ぶ機会や各種国際交流行事を実施しながら、ブラジルチームの事前合宿の誘致を具体的に進めることで「リオから東京へ」のムーブメントが市民や地域へ広がろうとしている。

【注】

＊1　ブラジルがポルトガルとともに設立を主導し、アフリカのポルトガル語圏諸国（カボベルデ、ギニア・ビサウ、アンゴラ、モザンビーク、サントメ・プリンシペ）とともに一九九六年七月に発足した。二〇〇二年に東ティモールがメンバーとなり、その後二〇一〇年に赤道ギニアが加盟し、現在の九か国になった。

＊2　米州三四か国が参加し、四年に一度開催される。一九九九年からはパラパンアメリカン競技大会も開催されるようになった。

＊3　ヌズマンは二〇一七年九月、リオ大会招致に際して、IOC委員の買収に関与した疑いがあるとして逮捕されている。

＊4　大統領外交について、ルセフ政権二期目に外務局長を務めたダネーゼ（Sergio Danese）は、外交に対して大統領個人が積極的に関わっていく方向性や姿勢をもつものと定義する。ダネーゼはカルドーゾ政権における経験からそのように述べている。

＊5　赤道ギニアはポルトガル語諸国共同体（CPLP）に加盟し、公用語もポルトガル語となっているが、実際ポルトガル語話者はほとんどいない。

＊6　二〇一六年には中国主導のもとでアジア向け融資を行う銀行「アジア投資インフラ銀行」（AIIB）が創設され、ブラジルはラテンアメリカ唯一の加盟メンバーである。

＊7　BRICS首脳会議への第三国首脳の招聘はその後も続き、二〇一七年に中国福建省厦門（アモイ）で開催されたBRICS第八回首脳会議にはエジプト、ギニア、メキシコ、タジキスタン、タイが参加した。

＊8　ブラジルは一九七七年、カーター政権がブラジル軍政の人権侵害を批判したことは内政干渉であるとして、同協定を破棄し、今もその状態は続いている。

＊9　正式名称はCPTPP（環太平洋パートナーシップに関する包括的および先進的な協定）である。

＊10　二〇一八年七月には、初のメルコスールと太平洋同盟諸国首脳会議が開催された。

＊11　理由の一つにオリンピック関連の雇用が減少したため、ハイチ出身者は米国などに移住先を変えたこ

とがある。

＊12　第一回から第一二回までは二年に一度の開催であったが、一〇年の第一三回会議からは毎年いずれかの国で開催されている。

＊13　『「日本ブラジル経済連携協定」実現に向けたロードマップ』経団連・ブラジル全国工業連盟共同報告書、二〇一五年九月。

第Ⅱ部　民主化後の制度設計

現在進行形で激しく揺れ動くブラジル――その現状を、第Ⅰ部の「今を読み解く」でみてきたが、第Ⅱ部では、その変化のいわば〝土壌〟となっている民主化（一九八五年）以降のブラジルが進めてきたさまざまな制度設計を、「政治」「経済・ビジネス」「国際関係」の三つの側面からみていこう。

第4章　政　治

1　八八年憲法体制と国民の政治参加

時代を画す〝マグナ・カルタ〟（大憲章）

現代ブラジルの根幹をなすのが「一九八八年憲法」である。それはあたかも日本における現行憲法・日本国憲法のもつ歴史的位置づけと似たところがある。個別の条項については国民の間に賛否はあるものの、第二次世界大戦の「前」の日本と「後」の日本の「国の姿」の違いを端的に示しているのが、一九四六年（昭和二一年）一一月に発布され、翌四七年五月に施行された日本国憲法であろう。

「八八年憲法」は、帝政時代に皇帝ドン・ペドロ一世によって制定された一八二四年の欽定憲法（帝政憲法）から数えて七番目[*1]の憲法に当たる。帝政後は、連邦共和制を制定した一八九一年憲法、ヴァルガス政権下の一九三四年および三七年憲法、第二次世界大戦後の四六年憲法、そして二一年に及んだ軍事政権（軍政）下の六七年憲法（およびその改訂版の六九年憲法）と政治体制の転換に応じて憲法は制定されてきた。こうした憲政史のなかで八八年憲法は、単に政治体制の違いだけではなく、八五年「以前」の軍政と、「以後」のブラジルの国家統治の基本理念を明確に画す成文の〝マグナ・カルタ〟（大憲章）といえる。

共和制に移行後のブラジルは一貫して、統治機構の枠組み（政体）を、国民を政治主体とする「共和制」、州の自治を重視する「連邦制」、選挙によって行政権の長（大統領）を直接選出する「大統領制」に置いてきた。この点ではアメリカ合衆国と似ているところがあるが、しかし実態は、政治体制によってパワー発揮の方法に差異はあるものの、国民に対して政府が、州に対して中央政府が、そして立法・司法に対しては執行権を有する大統領が圧倒的に強いトップダウンの政治が続けられてきたのである。その最たるものが、一九六四年から八五年にかけての軍の武力を背景に強権をもって統治した軍政であった。この流れを断ち切るべく抜本的に改められたのが、八八年憲法である。

制憲議会は、民主化一年半後の八六年一一月の総選挙で選出された上下両院議員（下院四八七、上院四八プラス八二年選出の二四議員）で編成された。八八年一〇月五日の発布まで、起草作業は通算六一四日を要したが、[*2] 大統領（サルネイ大統領）が有識者からなる憲法研究暫定委員会に準備させた草案（アリノス案）の不採用から始まった。原案作成の段階から議員が直接携わることとなり、議員全員が主題ごとに分担、委員会レベル、第一読会・第二読会からなる審議を経て草案は都合五回書き改められた。制憲議会事務局によると、採決は合計七三二回実施され、四七六時間に及んだという。

有権者三万人以上の署名を条件とした人民修正案が一二二件（署名総数にしておよそ一二〇〇万）提出され、審議に活用された。これは、ブラジル政治が代表民主制を基本としながら、国民投票や人民発議など直接民主制的要素を残す下地となった。憲法制定四年半後の九三年四月には、国民投票によって「共和制」と「大統領制」（これらに対する選択肢はそれぞれ「立憲君主制」と「議院内閣制」）の継続が承認され、二〇一〇年には人民発議によって、立候補者の被選挙権の正当性を事前チェックする「フィッシャ・リンパ」（クリーン・レコード）制が導入された。

市民憲法

新憲法は、国民各層のさまざまな思いや、環境や情報といった現代の新しい潮流を取り込んだ結果、九編二四五条[*3]に内容を詳述した膨大な数の項からなる極めて大部のものとなった。修正要件を上下両院それぞれ二読会にわたる審議、議員五分の三による賛成とした硬性憲法ではあるものの、二〇一八年一〇月の発布三〇年までで九九回修正が施されている。憲法学者によっては「常設制憲議会」と評する向きもあるほどで、憲法を巡る議論が政治過程に入り込んでいることを常に留意しておく必要がある。

憲法修正によって、九五年にガス・電気通信の民間開放（憲法修正五号、同八号）が決定、その後、政府首班の二期連続再選許可（九七年、一六号）、大統領令の運用規則改訂（〇一年、三二号）、司法改革（〇四年、四五号）、ムニシピオ交付金の拡充（〇七年、五五号）など、極めて重要な制度改革が行われている。憲法修正とは別途、憲法暫定規定にもとづいて大統領任期の五年から四年への短縮・政権交代期の一月一日への変更（九四年）や、憲法補足法による陸海空三軍各省の廃止・国防省の創設（九九年）、連邦・州・ムニシピオに厳格な予算執行を一様に求めた財政責任法の制定（二〇〇〇年）といった改革も実施されてきた。

これらの修正の一方で、憲法第六〇条では、国家の連邦形態、選挙の投票制度（直接・秘密・

普通・定期）、権力の分立、個人の基本的権利および保障については「憲法改正の対象とはならない」とタガを嵌めている点は注目される。政治経済危機が深刻化するなか、軍政待望論が浮上しかねない情勢下で、本条項がもつ重みは軽視できない。

日本国憲法は、別名「平和憲法」と呼ばれている。第九条で戦争放棄が謳われていることに由来するが、ブラジル国民の間では、八八年憲法は「市民憲法」（*Constituição Cidadã*）と称される。条文の冒頭（第一条）で「民主的法治国家」であることを謳うと同時に、「すべての権力は人民に由来し」[*4]と宣言し、表現の自由や結社の自由を認めていること、第Ⅷ編の「社会秩序」を中心に、先住民、母子、高齢者など社会的弱者の権利・保護を明確に謳い、教育および保健は全ての国民の権利および国の義務であることを明記していることに起因する。

合わせて、環境、通信、科学技術、文化、スポーツ、消費者等についても取り上げ、これらを規定している点でも、時代の変化をいち早く反映した世界でも先端的憲法とみられている。

選挙制度

憲法で国民が主権者であることが明記されたブラジル――その主権者たる国民が政治を託す人物を選ぶ選挙の投票制度は民主化とともに大きく進展した分野の一つだ。

この国の伝統的な選挙スタイルを表す言葉に「端綱の票」(*voto de cabresto*) がある。発端は、前世紀三〇年までの第一次共和制（旧共和制）の時代、コロネル（大佐）と称された地方ボスに連れられ投票所に向かった一群の有権者の投票行動を指したものだが、要するに、その形はともかく、有力者の意向が強く働く選挙の実態を総称した言葉であった。

八八年憲法によって非識字者に選挙権が付与され、有権者の年齢が一八歳から一六歳に引き下げられた（ただし一六、一七歳および七〇歳以上は任意投票）。*5

デジタル技術の普及が後押しとなり、八六年からはそれまで地方ごとに行われていた有権者登録が全国レベルで実施され、九六年の地方選挙からは端末機を使った投票所での電子投票の試行を開始、二〇〇〇年には全国規模での完全実施となる。〇八年からは有権者の生体認証が始まり、一八年七月までに有権者の五割が生体認証を済ませたという。一八年総選挙からは有権者票のデジタル化も始まった。これらの措置によって不正の入り込む余地が格段に少なくなっただけでなく、アマゾンのようなアクセスが困難な地域を含めた全国区の大統領選の場合で

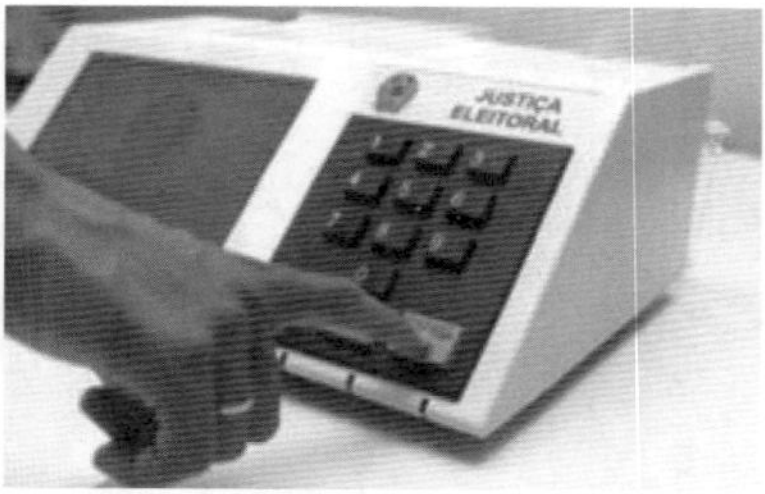

清き一票は電子端末機で
出所：ブラジル高等選挙裁判所

も、投票締め切り二、三時間後には当落が発表され、選挙の信頼性向上に結びついた。

有権者登録数は、二〇一八年七月時点で一億四七〇〇万人に上る。軍政前の一九五八年における有権者数は人口の二二％、民主化後の八六年でも五〇％であったのに対し、現時点では七〇％に達する。有権者比率の増加は、選挙制度の変更に加え、ブラジル社会の年齢構成の変化も反映されている。しかもオーストラリアやベルギーなどと同様に投票を義務づけている、世界でも数少ない国の一つである。それだけに投票の棄権や無効票・白票のもつ政治的意味合いは高くなる。

選挙を管轄するのが司法の一翼を担う三審制の選挙裁判所で、政党や有権者の登録、投票所の管理や開票・発表まで、ほぼ全ての過程に関わる。そのトップである高等選挙裁判所（TSE）の判事七人のうち五人は、連邦最高裁判所および連邦高等裁判所の判事が交代で当たる。投票日は四年ごとに一〇月第一週の日曜日に大統領、連邦上下両院議員、州知事、州議会議員の選挙[*6]が同日で実施され、その中間年の一〇月第一週の日曜日には基礎自治体であるムニシピオの首班および議員選挙が実施される。有効投票の過半を選出要件とする連邦、州、および有権者二〇万人超のムニシピオの政府首班[*7]については、一〇月最終日曜日に決選投票日が組まれている。

選挙への政治介入を極力排除しようと、投票日六か月前には立候補希望者は政治任用の行政職を辞めなければならないし、原則として三か月前には一般公務員の任命・解任は禁止され、連邦から州やムニシピオといった上位政府から下位政府への資金提供も原則できなくなる。一八年選挙の場合、七月二〇日から八月五日の間に設定された党大会で立候補者が決定され、これ以降は、ニュースや討論番組を除き特定の候補者を利したり中傷したりする報道が禁止されるといった具合に、綿密に日程が組まれている。選挙資金は国庫から支出される選挙基金のほか政党資金、個人献金および立候補者の自己資金で賄い、一八年選挙からは企業献金が禁止された。八月三一日をもってテレビ・ラジオの無料政見放送が始まるが、その時間配分が下院議会における政党別議席数に比例して算出されることから、候補者による支持政党獲得競争・政党連合結成の誘因にもなっている。

2　政治制度とガバナンス

変わる三権間のパワー・バランス

図表4－1は、政治状況をフォローする過程で筆者の目に映る現代ブラジルの統治機構を図

図表4－1　ブラジルの政治機構

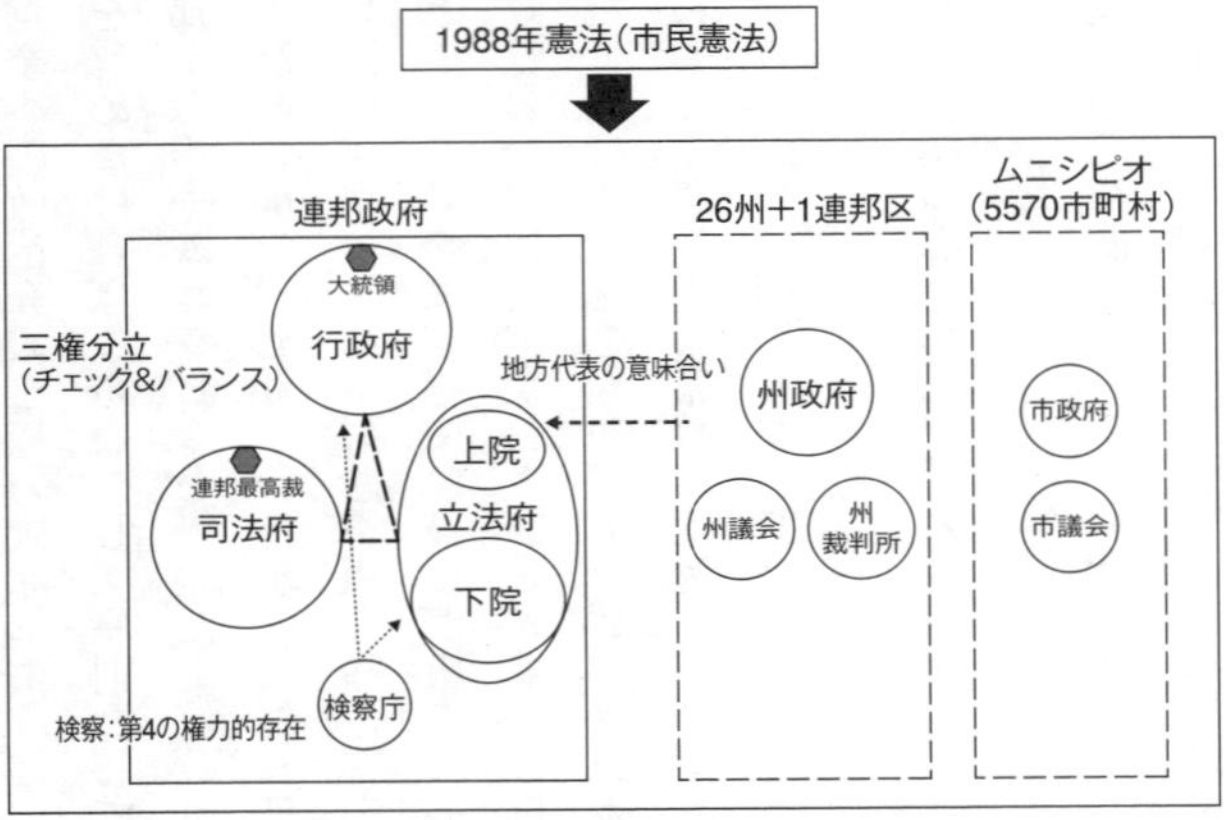

注：図中では、ムニシピオは市で代表させた。

示したものである。左手に配したのが中央政府の連邦政府で、右手の点線部分が州（連邦区の首都ブラジリアを含む）およびムニシピオからなる地方政府である。

形の上では一八二四年の欽定憲法から、中央政府の構造は、近代国家の統治機構である三権（行政、立法、司法）分立の形をとってきた（ただし帝政時代には第四権として「調整権」と称する皇帝の大権が規定されていた）。個人や一つの機関に権力が集中することを回避するため、権力を分散させ、三権間でチェック・アンド・バランス（抑制と均衡）を図ることを建て前としてのことである。

しかし実態は、すでに述べたように、執行権（行政権）を有する大統領に権限が集中する歴史であった。八八年憲法制定後も、九三年の国民投票によって共和制開始以来の「大統領制」の継続が承認された。それは、首相を擁するフランスやドイツなどの議院内閣制の大統領とは異なり、大統領に絶大なリーダーシップを期待する国民の合意形成だったといえる。大統領が直接、行政の指揮に当たり、閣僚はあくまでも大統領の政策執行を補佐する役にとどまる。二〇一九年までは、閣議は開かれることがあっても不定期であり、日本の内閣とは異なり、政府としての意思決定をする合議体ではない。「強い大統領」といわれる所以である。

とはいうものの、八八年憲法では国会（連邦議会）には、それまでと比べ格段に幅広い権限が付与され、時間の経過とともに議会の発言力は増し、行政府に対し「モノ言う」存在となってきた。連邦議会は上下両院で構成され、上院は、連邦諸州を代表する性格を有する各州三人からなる上院議員計八一人（任期八年で四年ごとに二人ないし一人の改選。死亡等による欠員時を踏まえ代理も選出される）からなる。下院は、州単位の大選挙区で「非拘束名簿式比例代表制」*8によって選出される下院議員五一三人（任期四年）からなる。

議会には、立法権のほか、国家予算の審議、行政組織の改変、大統領や閣僚の弾劾、中央銀行総裁や最高裁判事など重要人事の承認、連邦・州・ムニシピオ政府の債務や信用枠の設定、国政調査権などが付与された。大統領が拒否権を行使した法案についても、上下両院がともに過半数でもって不服とすれば大統領の決定を覆すことが可能だ。議員は職務に関する事項については不逮捕特権を有し、その発言・表決は不可侵とされる。財団や国営企業など間接行政機関を含め、政府全体の資金の流れをチェックする連邦会計検査院（ＴＣＵ）が、行政府ではなく議会に附置された点も、立法府の権限強化に結びついている。

大統領には、三軍の統帥権や外交交渉、法律の起案および国会で成立した法律の一部ないしは全面拒否、予算編成など幅広い権限が与えられている。加えて時限的ではあるものの、「暫定措置」（*Medida Provisória*）と呼ばれる立法措置を付与されており、大統領制の多いラテンアメリカのなかでも、ブラジル大統領の強い権能として注目されてきた。これは、一九三〇年代にヴァルガス大統領が創設し軍政が多用した「大統領令」に起源をもつ権能で、名称を変え制約を厳しくしたうえで残した。官報の掲載と同時に法的効力が発し、国会が六〇日以内に法制化をしなければ効力を失う（六〇日間の延長可能）。憲法では「重大かつ緊急の場合」との条件がつけられているが、一八年七月末までに発令された暫定措置は三〇年間で八四七に上る。国政の方向性を示す有力な手段として歴代の大統領が多用してきたが、議会にとっても法制化するかどうか政治的駆け引きの材料となってきた。

ブラジルの政界は、民主化以降、第１章の図表１‐８「多党制の進展」でみたように、世界でも稀にみる、極めて極端な多党制に陥っている。こうしたなかで、総じて政権が安定運営を可能にしてきたのは、閣僚ポストや予算の配分などを活用した議会内での多数派工作であった。このような手段で政権が政党を束ね、与党連合を形成する仕組みをブラジルでは「連合大統領制」(*presidencialismo de coalizão*) と呼び、ブラジル政治の特質としてきたところがある。*9 とりわけ、軍政野党（ＭＤＢ）の流れを汲み、多様な政治家の混成集団ゆえに有力な大統領候補を輩出できなかったＰＭＤＢ（ブラジル民主運動党。一七年末に政党名を現ＭＤＢに戻す）の取り込みが政権にとってカギであった。労働者党（ＰＴ）のルセフ大統領が二期にわたり、テメル副大統領（ＰＭＤＢ）と手を組んだのも狙いはそこにあった。

政界全体を疑心暗鬼に陥れた史上最大の汚職事件、ラバジャットが連合大統領制に亀裂を生じさせ、ルセフ大統領の弾劾、ルーラ大統領の逮捕・起訴・収監によって大統領の権威も失墜することになる。副大統領から昇格したテメル大統領は「強い大統領」のイメージをもはや復活させることはできなかった。一八年選挙前の半年間（四〜九月）のことだが、テメル大統領は通算六回、海外出張に赴いた。その六回とも、大統領代行を務めたのは連邦最高裁長官であった。国内不在を含め、大統領が空位になる際の継承順位は、憲法で、副大統領→下院議長→上院議長→最高裁長官の順番で定められている。このときは、副大統領は空席、上下両院の議長二人は次期総選挙での議員立候補を優先して代行を断ったため[10]、最高裁長官にお鉢が回ったものだが、この一件もまた、大統領ポストの軽量化と同時に、三権間の並列化を印象づけるものとなった[11]。

能動化する司法

三権のうち一般に司法が最も地味な存在と受け止められている。行政や立法から独立した存在ではあるものの、制定された法律に従って事件や争訟を解決する受け身的な役割によるところが少なくない。ブラジルでも裁判官といえば、身分が保証され公務員のなかでも最も報酬の高いエリートでありながら、未処理の係争案件を山ほど抱えた動かぬ存在とみなされてきた。

そのイメージを一変させたのが、二〇一〇年代に入ってからの裁判所の活発な動きである。例えば一八年選挙の場合、第1章3でみたように、獄中から立候補したルーラ元大統領に「立候補無効」の断を下したのは高等選挙裁判所（TSE）であり、それにお墨付きを与えたのは連邦最高裁判所であった。ことほど左様に、重要な政治的局面で裁判官の動静や司法の判断がマスメディアを賑わすニュースが増え、その光景は世界のなかでも際立っている。不逮捕権を有する議員の犯罪事案を管轄するのが最高裁であるところにもよるが、何よりも二一世紀に入ってからの司法改革によるところが大きい。

ブラジルの司法制度は、連邦法がらみの事案を扱う連邦裁判所とそれ以外の事案を扱う州裁判所からなる。このうち連邦裁判所には、一般法廷のほか、選挙、労働[*12]、軍事を扱う特別法廷がある。連邦、州いずれも三審制を原則とし、第一審は裁判官一人が担当、第二審以降は合議体となり、第二審は連邦地域裁判所および州高等裁判所が、そして第三審は州の事案を含め連邦高等裁判所が当たる。さらにその上に控えているのが連邦最高裁判所（ＳＴＦ）である。最高裁は、「憲法裁判所」とは銘打っていないものの憲法に絡んだ高度な判断、大統領・連邦議員に関係する犯罪事案・権利保障、さらに政治犯罪等その守備範囲は広く、司法関係者の間から「事実上、四審になっている」との意見も聞かれるほどである。

ルーラ政権期の二〇〇四年、ブラジルは八八年憲法で謳われていた司法改革に着手する。なかでも司法の内部統制機関である全国司法審議会（ＣＮＪ）が設置されたこと、最高裁の判断が拘束力をもつ判例（*súmula vinculante*）として下級審や政府に及ぶようになったこと、日本の簡易裁判所に当たる民事および刑事の専門法廷が設けられたことの意味は大きかった。全国司法審議会は、司法関係者、検察、弁護士、市民の代表で構成され、司法内部の規範整備や改革目標の設定、予算管理、苦情の受け付け、統計の収集・公表に当たる。

司法の近代化・効率化・透明化がねらいで、同年末には、司法改革が国家的な最重要課題であることを国民にアピールする裁判促進を内容とした「国家協約」(*Pacto de Estado*) が三権の長によって署名・宣言されている。ルーラ政権末期の〇九年にはさらに、「より利用しやすく機動的で有効な裁判制度」との副題をつけた第二協約が締結された。

「権力組織」を規定した八八年憲法の第Ⅳ編で、立法、行政、司法の三権に続き、別途、「司法行政に不可欠な職務」の一章を設けた点も、司法の能動化に結びついた。この章では、検察庁、法務弁護庁、弁護士、公共弁護庁の四職務を規定している。後者の三職務は、被告人・被疑者の利益擁護を担当し、それぞれ政府、民間、および支払能力のない困窮者の弁護に当たる。

検察庁 (*Ministério Público*) には、従来の犯罪事案の公訴とは別に、「民主主義制度および社会的・個人的利益の擁護」(憲法第一二七条) が新たな職務として付加された。公益の代表者として、消費者保護から環境、文化・公共資産、先住民の保護に至るまで、独自の判断で捜査・訴追することが認められたのである。連邦および州の検察は、提訴で動く裁判所とは異なり、社会事案に能動的に動くことが許され、国民の間では「第四の権力」との受け止め方さえされている。先の政治機構の図に検察庁を書き込み、行政・立法に向けて点線の矢印を付したのは、検察庁がもつ公権力への監視・公共の利益の擁護といった側面を図示したものである。

捜査当局も含め、司法部門全体が能動的になった背景には、こうした制度改革があったからである。その結果、特権やカネ、人的コネクションや古い慣習が盾とならなくなり、それまで勾留を免れてきた有力政治家や富裕階級にも刑が及ぶこととなったのが、二〇一〇年代のブラジルである。その突破口を開いたのが、与党党首や官房長官経験者まで有罪に処した一二年末のメンサロン判決であった。その後、公共運賃引き上げ反対デモが吹き荒れた一三年年央、そのどさくさに紛れて検察庁の権限を縮小しようとの動きが議員の一部から出てきたものの世論の反対でつぶされ、一六年には最高裁の合憲判断によって二審段階で有罪になった者は服役させられることになった。三審制の原則に反するとの声も残るが、刑の実効性に担保をおいたものので、ルーラ元大統領の勾留もこれによるものだ。

中央・地方間のパワー・シェアリング

次にみておく必要があるのが、先の図表4－1（ブラジルの政治機構）中、右手に点線で図示した連邦区ブラジリアを含む州および基礎自治体のムニシピオ[*13]の部分である。外国のある特定の国の政治をみる場合、中央政府の動静に関心を向けるのはごく自然のことだが、現代ブラジルの政治を語るには、地方政府の位置づけにも関心を払っておく必要がある。

一九八八年憲法は、その第一八条で、「ブラジル連邦共和国の政治行政組織は（中略）すべて自治権をもつ連邦、州、連邦区（首都ブラジリア）およびムニシピオを包含する」（傍点は筆者）と規定している。上から下へのそれまでの垂直的な中央と地方の関係を、水平的な対等関係に捉え直し、組み直しているからである。

ブラジルの政治学者セリナ・ソウザはこうした状況を「パワー・シェアリング」（パワーの共有）と称した。

国防や外交、通商は当然のことながら連邦政府の権能に属するなど、連邦、州、ムニシピオには自ずと守備範囲に違いはある。この点を踏まえたうえで、「国家組織」を規定した憲法第Ⅲ編に連邦、州に続きムニシピオに個別の章を充て、ムニシピオを立法権や行政権、財政権を固有に有する政府と位置づけたのである。連邦・州の「二本立て」から連邦、州、ムニシピオの「三本立て」の連邦制に組み替えたことになり、基本法として連邦憲法、州憲法のほかに、これらに抵触しない範囲でムニシピオ組織法（*Lei Orgânica Municipal*）の制定が義務づけられた。

教育、保健、公共交通や治安、土地利用、歴史・文化財の保全などは三政府共通の職務とされ、さまざまな制度がつくられた。中央から地方への税収移転を円滑にするための協働基金（*Fundo de Participação*）、三政府の税源を集約し集中的に振り向けるための基礎教育開発基金

（ＦＵＮＤＥＢ）、国民皆保険を支える統一保健医療システム（ＳＵＳ）[*14]、貧困対策の要となった社会政策統合データベース（*Cadastro Único para Programas Sociais*）による情報一元化などである。こうした諸施策を推進するために、全国・地方レベルでの各種審議会の創設やムニシピオ間のコンソーシアム（団体連合）の立ち上げもみられた。

その一方で、中央と同様に地方政府にも財政責任法が適用され、経常収入に占める人件費の上限設定や債務管理などの均衡財政の遵守、計画的な予算編成、情報公開などからなる厳しい財政規律が制度上求められるようになった。問題はこれらの新たな制度が制定の主旨にそって運営され、守られているかどうか、ガバナンス（統治）の実態が問われることになる。

州レベルは、二六州および自治という点では州と同等の資格を与えられた首都ブラジリアの特別区を加え二七、ムニシピオは五五七〇を数える。人口も面積もサイズは異なり、地域としての生い立ちや人種構成も異にし、熱帯から温帯まで自然環境の違いもある（第Ⅲ部参照）。そこで投票による住民の意思確認をベースに、それぞれの独自性、地域性を配慮して州やムニシピオの分離、統合が認められている。一九八九年に中西部のゴイアス州は北半分が分離し、新たにトカンチンス州となって、中西部から北部に編入された。今世紀に入り、今日までにムニシピオの数は六三増えている。

3　治安、安全保障と情報社会の進展

ガバナンスを脅かす一般犯罪

国民にとっては、身近な生活面でのガバナンス（統治）が一向に改善しない、それどころかむしろ悪化していることが深刻な問題となり、政治不信の重要な一因となっている。

こうした事態に直面し、情報を集め、知を結集しようと二〇〇六年には治安問題に焦点を当てた非営利のフォーラム（FBSP— *Fórum Brasileiro de Segurança Pública*）が結成された。市民社会の活動家、研究者、警察をはじめとする公の機関が一堂に会し実態把握に乗り出したもので、毎年、『ブラジル治安年報』（*Anuário Brasileiro de Segurança Pública*）をまとめている。その一八年版から、一七年の実態を物語る集計数値の一部を取り上げると、衝撃的な治安状況が一目瞭然となる。

- 凶悪事件による死者総数　六万三八八〇人（一日当たり一七五人）
- 殺人件数　五万五九〇〇件

・行方不明　八万二六八四人
・婦女暴行　六万一八件
・家庭内暴力による傷害の通報　二二万一二三八件
・捜査・取り締り現場での死者　五一四四人
・警察官の殺害　三六七人

前年の一七年版では、この年の凶悪事件による死者（六万二八三人）は、「一九四五年、長崎を破壊した原爆の死者に匹敵する」との衝撃的な一文を載せている（原爆による長崎の直接死者数は約七万四〇〇〇人）。国民に与えている恐怖と不安は、まさに原爆並みというわけだ。国際的な比較指数となっている人口一〇万人当たりの死者数は三〇・八人に及ぶ。ヨーロッパ平均のざっと三〇倍のレベルという。

捜査・取り締まりに当たる警察組織は、連邦と州の主として捜査に当たる私服の文民警察[*15]（*Polícia Civil*）と、警備に当たる州の制服組・軍警察（*Polícia Militar*）からなる。先の年報からみて、一日当たり一人のペースで警察官が殺害されている計算となり、捜査・取り締まりの過程で五千人を超える人の命が奪われている。銃撃戦によるものから流れ弾に当たった住民、さらに警察官の一線を超えた火器の使用によるものも含まれる。殺人事件の七割以上が銃によるもので、一年間に押収される一二万丁にのぼる銃の九五％は無登録といわれる。しかもその大半は国産である。

ただ、殺害事件は特定の地域に集中的に発生しており、ブラジル全土が火の海ということではない。応用経済研究所（ＩＰＥＡ）の分析では、事件の半数が二・二％のムニシピオに集中し、そのなかでもさらに一〇％の区（*bairro*）に半数の事件が集中している。危険地域は特定しやすく「打つ手はある」というのが専門家の見方だ。

犯罪凶悪化の背景には、犯罪組織の勢力拡大がある。ファベーラ（*favela*）と呼ばれるスラムを根城とする暴力団やかっぱらい集団は昔から知られていたが、長距離を走る商品輸送車の強奪、麻薬や銃器の密売、資金洗浄（マネーロンダリング）、政治家・役人の買収、刑務所内での勢力闘争と社会生活のさまざまな局面に絡むようになり、組織化、先鋭化が進む。リオの「赤いコマンド」（ＣＶ）やサンパウロの「首都第一コマンド」（ＰＣＣ）のように構成員一万人以上、全国各地に触手を伸ばす勢力の存在に、このまま放置すれば、内戦状態に陥り苦しんだかつてのコロンビアや犯罪組織の抗争で明け暮れするメキシコ北部の二の舞になる、と警鐘を鳴らす専門家の声もある。

刑務所が〝犯罪学校〟となっているとの指摘も少なくない。一八年の『ブラジル治安年報』によると収監者は七二万九四六三人。しかし連邦・州合わせて収監能力は三六万七二一七人にとどまる。本来一人のところに二人が詰め込まれている計算となる。しかもその三七％は刑期が確定していない未決囚といわれる。この人たちが刑務所内で犯罪組織によってリクルートされ〝教育〟される悪循環が続く。とりわけ青年が殺害される率が高い（一六年で一〇万人当たり平均の倍に当たる六五・五％）点は、対策が後手に回っていることを物語っている。こうしたなかで、一七年の正月は、アマゾンのど真ん中・マナウスの刑務所で発生した暴動（死者六〇人）で年が明け、またたく間に北部、北東部の監獄に飛び火し、刑務所暴動に驚かなくなっているブラジル人を震撼とさせた。

軍の役割

もはや治安は、地方だけでは対応できないレベルとなっている。発生現場・発生形態こそ違いがあるにせよ、被害者は富裕層・貧困層どちらにも及ぶ。応用経済研究所（ＩＰＥＡ）の研究員による推計だが、治安悪化に伴う総コストは官民合わせて国内総生産の五・九％（『ブラジル治安年報』一七年版）に上り、看過できないレベルに達している。

二〇〇四年、ルーラ政権下で国家公安部隊（*Força Nacional de Segurança Pública*）が創設されたのには、こうした事情があった。法務省のもとに各州の警察、消防の選りすぐりを集めて訓練を施した即応部隊で、州知事の要請にもとづいて治安維持に当たる。地元警察では手に負えなくなった暴動、警察官のスト時における治安確保、組織犯罪の鎮圧、先住民保護区を巡る抗争対処、オリンピック・パラリンピック等の国際イベントの警備、洪水などの自然災害時の救援と、動員される局面は確実に増えている。

軍もまた、しばしば駆り出されている。『フォーリャ・ジ・サンパウロ』紙（一八年二月二六日）によると、リオデジャネイロ州知事の要請にもとづき、九四年一〇月、ファベーラ平定に出動、それ以後一七年末までに治安維持のため州に出動した回数は計一八回に及ぶ（オリンピック等の国際イベントの警備を除く）。このうち六回はリオ、そして残りはリオ以北の州である。いずれも警察の手薄な警備を補うためにとられた臨時の投入であった。

一八年二月、軍の投入は一気にレベルアップされた。二月一六日、テメル大統領は政令九二八八号によって、憲法第三四条の非常大権、すなわち「連邦は州および連邦区（ブラジリア）に干渉しない」と謳った同条の例外規定第Ⅲ（公の秩序の重大な危機を終結するため）を発動し、リオの治安回復のため連邦軍投入を決定したのである。

リオへの軍投入は、同市の治安状態がのっぴきならない状況に陥ったことによる。オリンピック・パラリンピックによる過剰投資に加え、ラバジャットで逮捕された歴代二人の知事による放漫行政が続き、同州の財政は破綻、設備投資はおろか病院の医師・看護婦や警察官まで賃金の遅配が出る有様となった。投入直後に実施された世論調査[*16]（調査機関ダタフォーリャ）によると、回答者の七五％が「身近で銃声を聞いた」、二三％が「携帯を強奪された」と答え、八九％が襲われる恐怖、八四％が住居侵入の不安を訴えている。

ブラジルの連邦軍は、陸、海、空三軍を合わせて兵力は南米一の三三万[*17]（英国際戦略研究所調べ）、二一年間、軍政（軍事政権）を敷いた歴史があるため、政治から一線を画しているものの常に政治ファクターとなり得るタッチーな存在である。一九九九年に陸海空三軍各省を廃止し国防省を創設、五つあった軍人の閣僚ポストを全廃し文民の国防相に変えた。ルーラ政権下で統合参謀本部を復活（二〇一〇年）させてはいるが、シビリアン・コントロール（文民統制）には細心の注意が払われてきた。

八八年憲法では、軍の任務を、国防に加え「憲法上の三権（行政・立法・司法）の保障およびこれら三権のいずれかの発議により法と秩序の保障に当たる」（第一四二条）と定めており、これにもとづく民主化後初の非常大権発動となった。法令で定められた一八年末まで、陸軍東部方面軍の総司令官がリオ州の警察組織を配下に置いて治安回復に当たる。しかしこの間は、憲法第六〇条で連邦による干渉中は憲法改正ができないと規定しているため、連邦政府は手足をしばられることにもなった。年金改革などの重要施策は、憲法改正を伴うものが少なくないのである。

テメル政権は、軍投入と合わせて治安問題に専従する公安省（*Ministério de Segurança*）を新設し、法務省傘下にあった国家公安部隊を同省に移管させた。さらに連邦―州―ムニシピオ間で治安問題を一元的に扱うための統一治安システム（ＳＵＳＰ）の創設に動き始めている。国防相に初めて退役軍人（陸軍大将）を任命したのも新たな動きであった。

軍政は、軍部があたかも〝政権政党〟であるかのように直接、国家の運営に手を下した体制である。軍人のプロフェッショナリズム（職業意識）が対外防衛主体の本来のプロフェッショナリズムから、国内の治安維持および国家開発の「新しいプロフェッショナリズム」に重点を移し、その組織力を総動員して国家運営に携わった。南米では、一九六〇～七〇年代は「軍政の時代」といわれたほど、ペルー、ウルグアイ、チリ、アルゼンチン、エクアドルでも軍部が跋扈したが、そのなかにおいて、ブラジルの軍政は最も組織だった支配を行ったことで知られる。イデオロギーをベースとした全体主義や個人独裁とは異なる、軍部の権威を使った「権威主義体制」(authoritarian regime) の典型的なモデルとされたのである。[*18]

民主化によって軍部は兵営に戻り、本来の業務、すなわち総延長一万六八〇〇キロの国境線の防衛や共同訓練などを通じた隣国との信頼醸成、国連の平和維持活動、さらに国際化する麻薬取引の取り締まりやハイチ、ベネズエラからの難民への対応といった、対外面での「安全保障」に戻っている。こうしたなかで、日常生活の安全のために軍の出動に頼らざるを得ない治安悪化は、ブラジル政治を逆行させかねないリスクをはらんでいる。

メディア世界の展開

「民主国家」ブラジルで無視できないもう一つのアクターが、メディアといえる。軍事政権時代、メディアは軍による厳しい思想統制・情報管理のもとに置かれた。事前検閲の結果、紙面の一部に空白を残したまま新聞が発行されたり、軍政寄りに報道姿勢を変える自主規制も横行したりした。その一方で、七〇年代はテレビを中心に技術革新が一気に進んだ時期でもある。全国ネットが整備された時代でもあった。テレビ・新聞ではグローボ社、雑誌では総合週刊誌ヴェージャを基幹に次々と新たな分野の雑誌を発刊したアブリル社など大手メディア・グループが登場する。こうした流れが、七〇年代後半から徐々に始まった政治開放 (*abertura*) と相俟って、政治への影響力を増してきたといえる。

今世紀に入り、世界主要二十数か国で高等教育を受けた人たちを主な対象にメディアの信頼度調査を行ってきた米エデルマン・トラストバロメータによると、ブラジルのメディアに対する信頼度は総じて高かった。例えば二〇一四年版によると、メディア全般のグローバル平均の信頼度は五二％であったのに対しブラジルは六三％。うち新聞・テレビ・ラジオの伝統的なメディアの信頼度は七四％と、グローバル平均の六五％をかなり上回っていて、一定の評価を得てきたといえそうだ。

政治家トップの腐敗が初めて本格解明されたメンサロン事件（第1章2参照）の追及が雑誌報道から始まったのをはじめ、ラバジャット捜査の進展もメディアの活発な報道による後押しを抜きには考えられない。二〇〇二年には、ブラジルの主導的なジャーナリストが中心となり「調査報道協会」（ＡＢＲＡＪＩ）が創設された。タックスヘイブン（租税回避地）を舞台にした国際的な資金操作にスポットを当てたパナマ文書などの解明に関わる記者も出てきている。

政治現象へのメディアの関わりをみる場合には、それぞれの国のメディアの編成と、時代とともに変化する編成内容に目を配る必要がある。例えば新聞である。ブラジル大手一〇紙の発行部数は一七年末の時点で全部合わせても一日七四万部にすぎない。これにデジタル紙面の登録者五八万を加えても一三二万部。「新聞は主としてエリートに向けられた情報源」（メディア史専門のサンカルロス大学アゼベード教授）ということになる。

「ブラジル国民によるメディア活用の動静」の副題をつけた政府の『二〇一六年メディア調査』（PBM、調査母数は一万五〇〇〇人）によると、情報源として「最も」および「二番目」に使っているとの数値の総和でテレビが八九％でトップ。七七％が毎日見ていると答えている。これに対して印刷媒体の新聞は一二％、雑誌は一％と極端に少ない。うち定期購読者はわずかである。その一方で、インターネット利用の各種メディアが四九％と国民のほぼ半数に達しており、ラジオの三〇％を大きく上回ってきたことが注目されている。週日の場合で、インターネットを手にする時間は平均四時間四四分、なかでも二四歳までの青年層では六時間一七分に上るという。

前述（本章1）のように、ブラジルではテレビやラジオの無料政見放送（大統領選でそれぞれ一日計二五分、三〇秒のスポットCM三五日間で計九八〇回）が有力な選挙キャンペーンのツールとなってきた。しかもその持ち時間は政党の議席に応じて比例配分される。まさにテレビ・ラジオ全盛の時代を反映した方式といえるが、それがネットの時代にどう機能したのか、一八年選挙はマスメディアと政治の関わりを改めて検証する試金石ともなった。

【注】

＊1　軍政下の一九六七年に制定された「軍政憲法」を所定の手続きを経ずに三年後に大幅改訂した「六九年憲法」を単独の憲法として数えると、八番目となる。

＊2　起草過程については堀坂浩太郎「ブラジルの新憲法発布と民主化」『ソフィア』第一四八号（一九八八年冬季）（上智大学）を参照。

＊3　その後の修正で、現行憲法は二五〇条からなる。

＊4　訳は矢谷通朗『ブラジル連邦共和国憲法一九八八年』（アジア経済研究所、一九九一年）によった。本書を利用するにあたっては、その後、修正が多数施されていることを留意しておく必要がある。

＊5　女性の投票権付与は一九三二年。ちなみに日本は第二次世界大戦後の四五年。

＊6　上院議員は各州・連邦区（首都ブラジリア）各三人で任期八年、四年ごとに二人または一人が改選される。下院議員、州議会議員、ムニシピオ議員は任期四年で、非拘束名簿式比例代表制で選出される。

＊7　大統領、州知事、ムニシピオの各政府首班の任期は四年、一回のみ連続再選が認められる。

＊8　候補者の得票を全てその候補所属の政党ないし政党連合の得票とみなし、得票数に比例して議席配分する方式。州への議席配分を最大七〇議席、最小八議席と定めているため、人口比と政党の獲得議席数にはかなりの差が生じる。二〇一四年総選挙時には一（ロライマ州）対一二（サンパウロ州）の差であった。

＊9　ルーラ政権第一期に、法案支持票の獲得をねらい、官房長官や与党・労働者党（ＰＴ）幹部が率先し

て複数政党の有力者に公金をばらまいたメンサロン事件は、こうした政治構造のなかで発生した疑獄事件であった。

＊10　大統領代行とはいえ、選挙前半年間に公職にある者は、他の選出選挙への立候補が認められない。このため両院議長は大統領の海外出張時に合わせて、別途、海外渡航することで大統領代行の就任を回避した。

＊11　ブラジルでは、三権の長である大統領、上下両院議長、最高裁長官はいずれもプレジデンチ（*presidente*）と呼ばれる。緊急の会合や式典で四人のプレジデンチが並ぶ写真が報道される機会が増え、三権の並列状況を印象づけるものとなった。

＊12　選挙、労働両裁判所は、日本の選挙管理委員会および労働委員会に相当する機関だが、日本では独立性を有する行政機関であるのに対し、ブラジルでは司法に属する。

＊13　法制上は同一だが、ムニシピオ（*município*）には人口一千万人を超えるサンパウロ市から五万人を切るような村まであり、「市町村」と表した方が適切なほど差異は大きい。

＊14　オスワルド・クルス財団によると活用しているのは国民の七五％。富裕層は民間の保健医療システムの利用が一般化している。

＊15　このほか連邦には国道の交通取り締まりに当たる連邦道路警察が、またムニシピオには警備に当たる捜査権をもたない市警（*Guarda Municipal*）の設置が認められている。軍警察と呼ばれる背景は、州兵（州警察軍）に起源をもつためで、現行でも有事には陸軍の補助兵力の位置づけで階級は軍に準ずる。消防は

軍警察に所属する。

＊16　Fórum Brasileiro de Segurança Pública, "Rio sob intervenção: medo, percepção de risco e vitimização na cidade do Rio de Janeiro" 2018 (www.forumseguranca.org.br)

＊17　男子は一八歳の段階で軍に登録する義務を負う。選抜により兵役は一年となるが、人数が多いため多くは免除される。

＊18　南米諸国の軍政および権威主義体制については、堀坂浩太郎「軍事政権と資本主義的発展」油井大三郎・後藤政子編『南北アメリカの五〇〇年　第五巻―統合と自立』（青木書店、一九九三年）を参照。

第５章　経済・ビジネス

１　新自由主義下の制度改革

「失われた八〇年代」のポイント

一九九〇年代後半、ブラジル経済は八〇年代から続く経済の低迷を脱することができた。九〇年代前半から半ばに実施された経済政策の変更は、八〇年代の経済低迷の原因を一つ一つ取り除き、新たな政策に置き換えるプロセスでもあった。

八〇年代が「失われた一〇年」と称される背景として経済的側面からは主に次の四点が挙げられよう。

まずは、社会にインフレ体質がビルトインされていたことである。インフレを無理に収束させず、インフレの痛みが出ないようなインフレ・スライドの仕組みコレソン・モネタリア（*correção monetária*）が社会に浸透していたことで高インフレが継続した。コレソン・モネタリアには、短期的なインフレの痛みをやわらげるという効果はあるものの、長期でみた場合に物価は上昇するものという認識を国民に浸透させることになり、インフレ根治の機会を失わせるものだった。他方、公的機関は、インフレによる収入減収分（徴収タイミングのズレによるもの）を埋めるべく公共料金を値上げせざるを得なくなり、そのことは生産者に自己防衛のための予防的値上げを迫るという負のスパイラルを生んだ。

二つ目は、輸入代替工業化、保護貿易政策だ。この政策は、長期間実施され、その間、産業競争力を増すための施策がなされなかった場合、国内産品の国際競争力の劣後につながり、輸出が伸びないという問題を生む。また、インフレ抑制のための価格凍結策が出されても、生産者側は、競合となる輸入品の流入がない状況で市場への製品供給を減らすという選択が可能となり、結果的に物価凍結策の効果を骨抜きにすることとなる。

三つ目は、国家主導型経済と財政赤字補填による通貨供給量の増大である。一九四〇年代以降、次々に設立された国営企業は、五〇年代から六〇年代にかけて増加し、経済学者のピーター・エバンスがいうところの産業発展を支える「三つの脚（政府系企業、外資系企業、民族系民間企業）」の一角をなした。しかし、次第に非効率化し、慢性赤字を出し続け、政府財政を圧迫した。政府による国営企業の財政補填は貨幣供給量の増加を招き、これもインフレ継続の要因となった。

四つ目は、外資系企業による投融資も激減したことである。八二年のデフォルト（債務不履行）による国際的な信用失墜と継続する高インフレ、経済の低成長継続でブラジル投資の魅力は薄れた。九〇年代初頭まで債務問題はブラジルにつきまとった。

貿易・投資自由化、国営企業の民営化進展

九〇年代の新自由主義にもとづく経済改革は、八〇年代の経済を低迷させた前述の四つの要素のうち、輸入代替策と国家主導型経済の転換から始まった。

一九九〇年に就任し、九二年に弾劾裁判結審前に辞職したフェルナンド・コロル大統領は、九〇年六月に新工業・通商政策を打ち出した。これは、輸入の自由化、外資導入などによって工業製品の競争力を向上させることを盛り込んだ基本政策であった。輸入については関税率引き下げ、輸入ライセンス発給管理の廃止を打ち出し、九一年一月には関税引き下げ計画により一万三五〇〇品目の関税引き下げを発表するとともに、平均関税率を九〇年の三二・二％から九四年に一四・二％にすることを明らかにした。また、競争力向上を目的とする施策としては、九一年二月に工業競争力プログラムを発表し、資本財の新規購入に対する工業製品税の免除、輸出金融システムの創設、ソフトウエアに関する保護政策の撤廃などの具体策を打ち出した。

これらの政策はまさに輸入規制による貿易収支の黒字化ではなく、競争力のある産品を生み出し、それを輸出することによる収支黒字化を狙うものであった。

また、同政権時の九〇年四月に国家民営化計画であるPND（Programa Nacional de Desestatização）が出された。民営化自体はすでにフィゲイレイド政権時やサルネイ政権時に実施に移されてはいたが、同計画により、民営化の方法などが決定、実施機関として国立経済社会開発銀行（BNDES）が指名された。これにより、小さな政府を目指す方針も鮮明となった。九一年には、同法後に実施された初の民営化案件として日本企業も出資するウジミナス製鉄所の七七・一%[*1]の議決権株が売却された。その後、PNDにもとづく民営化実績（図表5－1）について、九〇年から二〇一五年までの二五年間に九九件実施され、約五四五億ドルの民営化収入と九二億ドルの債務移転により計六三七億ドルのプラス・インパクトを財政にもたらした（このほか水力発電や配電、通信が民営化されたが、このPNDの数値には含まれていない[*2]）。

民営化の効果として、無駄な予算の垂れ流しの減少、入札後の落札企業からの支払いによる歳入増加があるが、このほかにも副次効果として民営化された公営企業の事業拡大により、当該企業からの税収が増加したことが挙げられる。

図表５－１　国家民営化計画にもとづく民営化実施状況

（単位：件、100万ﾄﾞﾙ）

セクター	民営化件数	民営化収入	債務転嫁	合計
製鉄	8	5,561.50	2,626.30	8,187.80
石油化学	27	2,698.50	1,002.70	3,701.20
肥料	5	418.2	75.3	493.5
電力・エネルギー	3	3,908.20	1,669.90	5,578.10
鉄道	7	1,696.90	0	1,696.90
鉱業	2	5,201.80	3,558.80	8,760.60
港湾	7	420.8	0	420.8
金融	6	4,515.10	0	4,515.10
石油・ガス	1	4,840.30	0	4,840.30
空港	6	23,430.21	0	23,430.21
道路	21	0	0	0
その他	6	623.89	268.4	892.29
小計		53,315.40	9,201.40	62,516.80
政令 1.068にもとづく		1,227.03	0	1,227.03
合計	99	54,542.43	9,201.40	63,743.83

出所：BNDES ウェブページ
（https://www.bndes.gov.br/wps/portal/site/home/transparencia/desestatizacao/processos-encerrados/Privatizacao-Federais-PND）
2018年９月18日アクセス

内外資差別撤廃による基盤形成

新自由主義的改革が進んだ九〇年代の制度改革の重要なポイントとして、内外資差別の撤廃を挙げないわけにはいかない。八〇年代は内資企業を優遇する制度が多く残っていた。例えば、出資比率についての法律上の規定はなかったが、当時の工業開発審議会（CDI）は内資マジョリティによるジョイントベンチャーを奨励していた。例えば、漁業は四〇％以下、航空業は三分の二以下、海運は五〇％以下、金融は三〇％以下がガイドラインとなっていたし、製鉄、電力、石油などの基礎産業においては、外資の参加比率はマイノリティにとどめるようにコントロールされていた。また、中小型コンピュータ分野における内資系企業（八四年制定当時は内資比率七〇％以上、九二年以降は五一％以上）の保護育成を図る情報産業法などもあった。その他金融面では、外資系企業が国内で唯一ともいえる長期ファイナンスのFINAME（工業機械設備購入融資基金）を直接利用することは事実上困難であるなど、BNDESや州の開発銀行による制度金融は原則として外資には適用されなかった。

そのため、PNDにもとづく民営化が始まった初期のころ、国営企業の民営化に応じたのは内資系企業がほとんどだった。例えば九一年から九三年九月までに二四社が入札にかけられ、五九億《ドル》の売却収入が得られたものの、外資の参加比率は四％前後と極めて低いものだった。

図表5－2　対内直接投資額推移

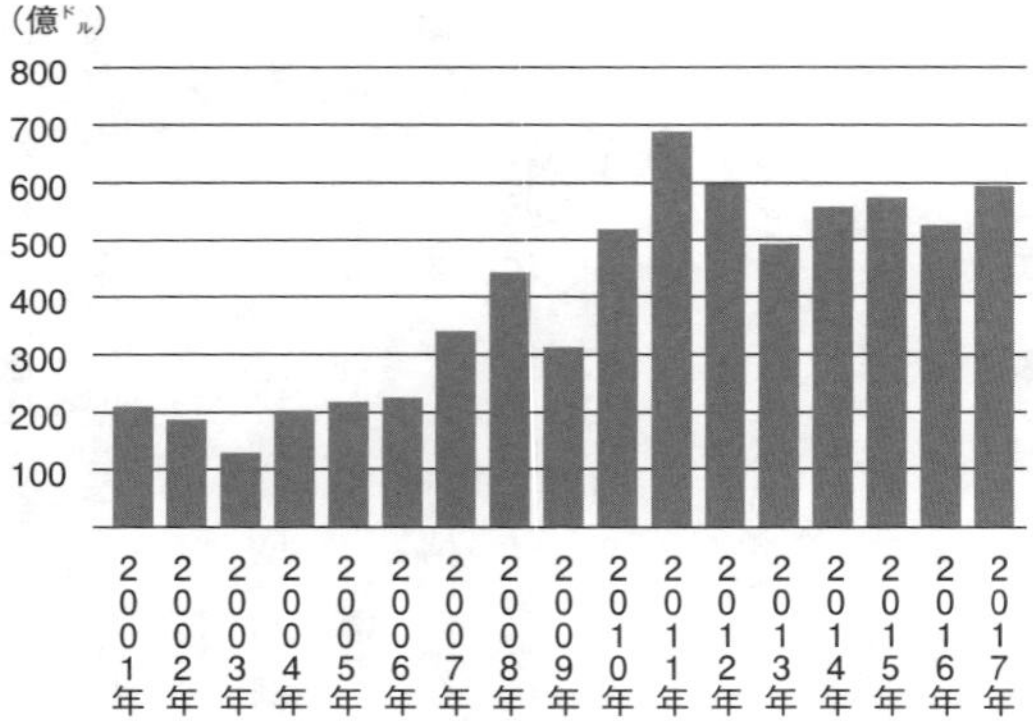

出所：中銀データにもとづき筆者作成。

その後、九三年一〇月には外資の議決権株への一〇〇%取得を可能にするとともに、電力、鉄道など民営化分野の拡大で民営化件数は増加していった。

輸入の自由化が九〇年以降に進展するとともに、内外資差別撤廃に向けた国会論議も深まっていった。九四年に就任したフェルナンド・エンリケ・カルドーゾ大統領は、九五年八月や一一月に相次いで憲法修正を伴う改革を行ったが、うち外資差別の撤廃は、憲法修正第六号によりなされた。それまでは八八年憲法におけるブラジル企業の定義は「ブラジルの法律にもとづきブラジル国内に本拠を置く」、「ブラジルの法人・個人が議決権付株式の過半数を有する」とされていた。これが憲法修正により「ブラジルで営業している企業」[*3]となった。

この九五年に可決された憲法修正については、内外資差別撤廃のほか、都市ガス流通の州独占の弾力化、沿岸航行の外資への開放、電信部門の独占撤廃、石油の国家独占の弾力化など外資系企業からみて、ブラジルにおける事業拡大の意欲を刺激するような規制撤廃が行われた。いずれものちに対内直接投資増加に結びついた（図表5－2）。

その他制度面で外資からみて重要なポイントを挙げると、①利益や配当に係る送金に対する法人税の免除、②TRIPS協定（知的所有権の取得可能性、範囲及び使用に関する基準）の批准をふまえた特許に関する国内法の整備および九七年の新工業所有権法施行（Lei 9279）、③企業内のパテントや商標に関するロイヤルティ送金禁止条項の撤廃などがある。

インフレマインド変革への挑戦

規制改革による外資の取り込みの制度的基盤は整備されたが、残された問題、つまりビルトインされたインフレマインドをいかに払拭するかは、国民のマインドセットを伴うだけに難易度が高かった。コロル大統領の後を継いで副大統領から大統領に昇格したイタマール・フランコ政権で蔵相に任命されたカルドーゾは、第一段階として歳出削減、所得税引き上げに続き緊急社会基金を創設した。ハイパーインフレによる社会の不安定化リスクを訴え、財政出動による景気刺激策を主張する勢力の反対を抑えてこれらの政策は実行に移された。インフレの後ろ盾となっている財政収支改善に向けた政府の決意が示されたことで、財政赤字の存在を背景とするインフレ期待を萎ませる効果もあった。

カルドーゾ蔵相はそうした基礎をしっかりつくったうえで、九四年三月にＵＲＶ（*Unidade Real de Valor*）という実質的な価値単位を導入した。一ＵＲＶ＝一ドルと固定したうえで、このＵＲＶと当時の通貨であるクルゼイロ・レアルのレートを日々改訂した。全ての商品の価格タグにまずはこのＵＲＶにもとづく価格とクルゼイロ・レアルのレートにもとづく価格の二つが表示された。

クルゼイロ・レアルベースではインフレが続いていたが、ドル・リンクのＵＲＶベースではほとんど値上げが起きない状況となった。ハイパーインフレの場合、最終的には実勢の対ドル通貨レートが市中での値上げの基準になっていたが、この実質通貨単位の導入と二つの価格表示は国民のインフレに対する意識に変化を与えた。最終的には一ドル＝二七五〇クルゼイロ・レアル＝一レアルに固定し、インフレマインドの完全解消を図った。こうした一連の経済安定策は「レアル計画」と呼ばれることになる。

インフレ撲滅と戦う連邦政府（竹下幸治郎撮影）

九四年六月の月間インフレ率は四六・六％であったが、七月は同四・五％となり、八月には三・三％にまで低下した。高インフレ抑制の際にドルなどの通貨にペッグ（連動）させる手法は過去も他の国で行われてきたが、ブラジルのケースでは間にＵＲＶという実質通貨単位を導入し、四か月間、徐々にインフレ期待にブレーキをかけるという手法がとられた。

インフレ収束により、経済、ビジネス環境の整備に向けてブラジルは大きく前進した。「自由な市場経済において同一の市場の同一時点における同一の商品は同一の価格である」という一物一価の概念が定着しつつあった。これにより、企業活動は正常な競争条件のもとで、品質、コスト管理をベースとした営業体制の充実を図る必要性が生じた。また、複雑なインフレ会計によって中長期戦略の策定が阻害されるという高インフレ下での困難な状況も大きく変化した。

消費面では耐久消費財消費にフォローの風が吹いた。つまり、高インフレの局面では、給与が支給されるやいなや、目減りを防ぐために生活必需品など非耐久消費財への支出が優先されていた。これが低インフレ局面になると、分割払いによる高額の耐久消費財の購入余地が生まれた。こうしたインフレ収束が生み出した社会の変化をまとめると、以下のとおりである。

・インフレ対応作業やそれにかかるコストの削減が可能になる。
・一物一価の概念が定着する（競争原理が働く）。
・資産を持つ者と持たざる者の所得格差拡大のスピードがハイパーインフレ時より鈍る。
・民間企業の経営戦略が劇的に変化する（肥大していた組織のスリム化、インフレ会計消滅により、海外からの進出企業も複雑なインフレ会計に悩まされず、長期戦略立案が可能になったことで対内投資にも追い風となる）。

このなかで一物一価の概念の定着は、この後発生する通貨安時におけるインフレのハイパー化の芽を摘むという意味でも特に重要だった。この概念の定着は、消費者のインフレマインドの払拭につながる一方で、企業間競争が促されたことによりサプライサイドにおける供給抑制という要素も排除できた。

2　安定成長のための基盤づくり

変動相場制移行に至るまでの紆余曲折

開放的な経済政策と財政均衡、そして一ドル一レアルに為替レートをまずはペッグした後、少しずつ切り下げていく為替制度（管理フロート制）の導入によるインフレ収束――これが九〇年代前半から中盤に行われた改革であった。

しかし、三つ目の管理フロート制の導入は、インフレがゼロにならない限り、次に述べる副作用を考えると、変動相場制導入までの「つなぎ」の施策にすぎなかった。つまり、為替を一定のレンジで固定するためには外貨準備を使ってドル売りを行う必要があり、潤沢な外貨準備高の確保が前提となる。外貨準備は、貿易収支の黒字や対内投資の増加などを通じて積み増しが可能だ。しかし、当時のブラジルのようにインフレが残存し、輸出競争力をもつ産業が少ない国では、時間の経過とともに通貨が割高に評価されるようになり、貿易収支、経常収支赤字になるという副作用が生じやすい。中央銀行は管理フロート制のもとではインフレに合わせて徐々にレートを切り下げるが、この切り下げ幅をインフレ率以上の幅にしてしまうと、そのレートの切り下げ自体がインフレ要因となる恐れがあるため、切り下げ幅はインフレ率以下にとどめるのが普通である。ただその分、通貨は過大評価されることになる。

いずれにせよ過大評価された通貨による貿易では輸出競争力が削がれ、同時に輸入品の価格が割安になるため、貿易収支は赤字に陥りがちとなる。この赤字分を国としてどうカバーするかが重要だ。対内投資や借款、外貨準備取り崩しなどで埋める必要があるが、海外からの特に短期の投資を引きつけるにはどうしても金利を高めに維持する必要がある。金利が高い状況が続くとインフレは安定するが、他方で景気拡大は抑制されてしまう。

こうした管理フロート制運用に伴う副作用は、ブラジルでも九七年から九八年にかけて顕在化した。以下図表５－３をみると、ブラジルの九〇年代後半の貿易収支、経常収支は赤字基調が続いているのがわかる。

こうした副作用の解消のためには変動相場制移行が有効である。しかし、経常赤字国であるブラジルの安易な変動相場制への移行は、移行直後に予想される為替の急激な切り下げとそれによる輸入物価の上昇圧力の急激な増加で、ハイパーインフレ再燃のリスクをはらんでいた。為替の切り下げ自体は、国内産品の輸出競争力を増す一方で、輸入には逆風となる（価格競争力を低下させる）ので貿易収支黒字を実現しやすい。しかし、輸出の担い手である企業の準備

図表５－３　経常収支と貿易収支の推移

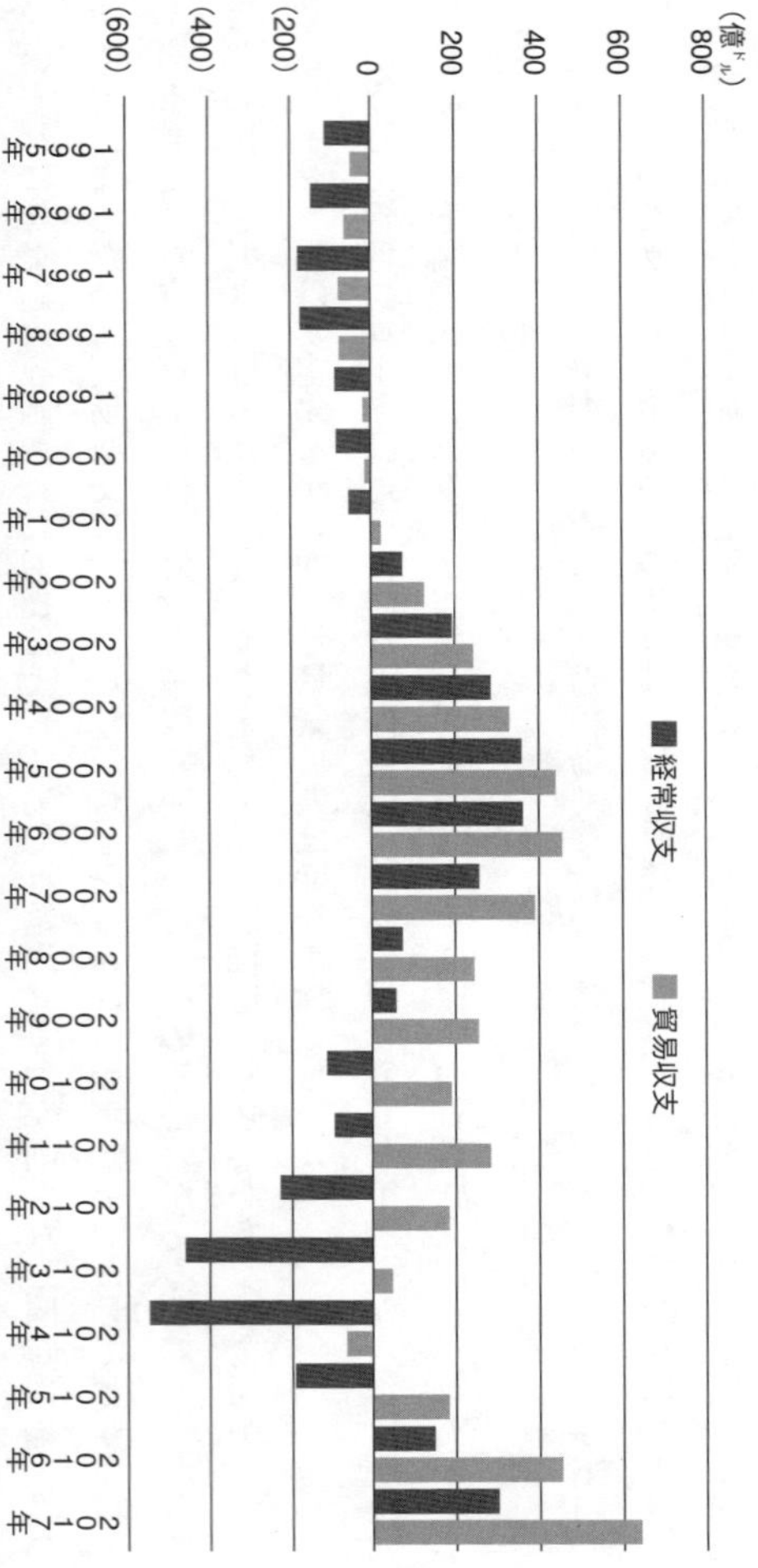

出所：中銀データにもとづき作成。

期間も必要であるし、輸出先市場の動向も関係するため、早期に黒字化を実現するのはなかなか容易ではない。統計上もJカーブ効果[*4]などで切り下げ直後は逆に輸出額が減少、輸入額が増加することもある。また、ブラジルにおける為替バランスの急激な変化は、主要貿易相手国のアルゼンチンとの貿易摩擦を生み、メルコスール（南米南部共同市場）の結束にも悪影響を及ぼすことが懸念されていた。

金融、通商政策面でこうしたジレンマを抱え続けていたブラジルではあるが、九八年に発生したルーブル危機は、変動相場制に移行せざるを得ない状況をつくり出した。

ルーブル危機の波及と国際金融のトリレンマ

ブラジルが変動相場制に移行するきっかけはルーブル危機の波及である。このため同危機を取り巻く当時の国際情勢を押さえておく必要がある。一九九七年以降、アメリカ経済は好調に推移し、ドル高局面にあった。ドル高は、ドルで取引される資源価格の下落を生む。代表的なものは原油であった。ルーブル危機当時の九〇年代末、ロシアの輸出における原油など天然資源依存度は、約八割となっていたことで原油価格の下落は同国経済に大きな打撃を与えた。ロシアは九八年八月にモラトリアムを宣言し、同国経済に連動する金融商品を取り扱っていた多くのヘッジファンドが損失を出し、その穴埋めのためにブラジル国債を売りに出すなどの処理に走った。ブラジルからの短期資金の流出の早さをみた金融市場は「ブラジルも危ない」として、株式市場などで運用していた同国からの資金引き上げを始めた。ブラジルの政府、企業による中長期債などの借り換え、新規借り入れも難しくなってきた。

金融市場が「ブラジルが危ない」とする根拠は、他にもあった。外貨準備を使って為替レートを特定の値幅に収める管理フロート制を採用していたことだ。そして当時のレアルは前述のように過大評価され、貿易収支、経常収支は赤字で推移しており、外貨準備を積み増す力は弱かったためだ。外貨準備高の水準に余裕がないということは、当局の為替介入には限界があるということを意味する。為替が大きく上下に振れるのであれば、為替を運用する側からみてもリスクがあるわけだが、上振れ（レアル高）よりも下振れ（レアル安）の確立が圧倒的に高いのであればドルを買ってレアルを売る取引のリスクは大幅に下がり、当該取引に資金投入を増やすことが可能となる。実際に、九八年後半より、外貨準備の減少とともに管理フロート制維持の限界が明らかになっていき、その脆弱な部分へのマーケットの関心は高まっていった。

こうした状況に際し、政府は国際金融機関と交渉し、九八年一一月にはＩＭＦ（国際通貨基金）、世界銀行、米州開発銀行等の国際支援パッケージ（四一五億ドル）を受けることで合意が成立した。ブラジルが金融支援を受けるための財政のさらなる改善に本腰を入れることとなり、いったん危機は小康状態となった。国際金融機関の支援が滞りなく行われる状況になれば、当局の介入原資が増え、為替市場においても一方的なレアル安を想定した取引がしづらくなるという効果が期待された。

しかし、IMFなどとの協定履行のためには、国民に痛みを伴うような改革により財政を改善する必要があり、その可否に注目が集まった。財政改革に対する疑念が高まるなか、金融市場に動揺を巻き起こしたのは、皮肉にもかつてカルドーゾを財務相に抜擢した元大統領のイタマール・フランコ本人だった。九九年一月に有力州であるミナスジェライスの州知事に就任していたイタマールは、州財政の悪化をきっかけに連邦政府への州債務のモラトリアムを示唆するコメントを出した。このコメントが直ちに連邦政府の財政に直接大きな影響を及ぼすわけではなかったが、「モラトリアム」の用語が広く報道されるに至り、動揺した金融市場では短期資金流出、激しいレアル売りの流れが一気に強まった。そしてついに中銀は、九九年一月一八日に変動相場制への移行を余儀なくされるに至ったのである。

変動相場制への移行は、インフレを抑える役目が為替から金利に移ったことも意味した。九九年六月に政府はSELIC（証券保護預かり決済特別制度）を指標金利とすることとインフレターゲット政策を発表し、現在に至るまでインフレ・アンカーはこのSELICが担うこととなった。つまり、二、三年先までのインフレ率の目標範囲を決め、それが目標値の範囲を超えそうな場合にSELICの引き上げが行われるということだ。金利政策の基準を明確化したことで予見性が高まった。執筆時点の目標値は、一九年四・二五％（上下一・五％の幅まで許容。以下同じ）、二〇年四％、二一年一二・七五％となっている。

国際金融では、「トリレンマ」ということがいわれる。①固定的な為替相場制、②自由な資本移動、③金融政策の独立性の鼎立は困難であるということである。「失われた」八〇年代を脱するため、九〇年代に行ってきた新自由主義下での経済改革の方向性を考えると、②と③の否定は当時の政府としてはとりえない選択肢であり、①の固定的な為替相場は、同制度の経常収支に及ぼす副作用も考慮すると、いずれ変更が必要なものであった。

固定的な相場の放棄に伴うリスクとみなされていたハイパーインフレの再燃は起きなかった。ブラジル国内における「危機意識の共有」がなされ適切な施策が打たれたことによる。つまり、変動相場制移行直後、為替は大幅に切り下げられたものの、その後の金利の大幅な引き上げと、危機感に乗じた小切手税創設の国会通過（国民に痛みを与える歳入増加策であり、この法案の可否がIMFなど国際金融機関からの金融支援の継続のカギと考えられていた）で、一方的なレアル売りは収まった。インフレを抑える役目（アンカー）を為替から金利に切り替え、それを周知させた財務省、中銀の仕掛けも有効だった。ハイパーインフレの時代の苦い記憶も国民が「痛み」を受け入れた素地になったであろう。

九〇年から積み上げてきた経済開放策により「他社より安く供給して顧客を確保する」というような企業間の競争環境の整備、またハイパーインフレの後に定着した一物一価の認識により「高いものは買わない」という消費者側の変化もデマンドプル・インフレ（総需要が総供給を上回ることによるインフレ）の要因を打ち消す効果があった。さらに、経済開放政策の推進を背景に国内で外資が生産を拡大させていたことも大きい。卑近な例では、通貨切り下げ前にサンパウロの東洋人街、リベルダージに並んでいた輸入インスタントラーメンは切り下げ後、見事に国産麺に入れ替えられた。

社会におけるこうしたさまざまな体質変化が高インフレの芽を摘み、ブラジルが早晩移行せざるを得なかった変動相場制への移行に伴うリスクを低減させたともいえよう。

変動相場制移行は、後にブラジルに降りかかることになる経済危機の局面でもスタビライザーとして機能したという点で重要である。例えば二〇一五年、一六年、ブラジルは世界恐慌時以来の二年連続のマイナス成長となったが、この変動相場制移行により、国内で原材料を調達できる製品の輸出競争力は増し、それによる貿易収支の大幅黒字転換はブラジル経済の「復元力」として働いた。また、対内直接投資面でも（国内市場のポテンシャルや多様なビジネス機会が素地にあるものの）、レアル安局面においてはドルの可用性の高さが対内直接投資流入にもプラスに働き、資本収支悪化を食い止める役回りを演じた。

安定した行政組織の構築、財政責任法とシステム化

肥大化した組織の効率化は、公的セクターにとっても必要不可欠であった。財政赤字の縮小は、対外的な信用を高めるとともに、インフレの芽を摘むという面でも重要であったからだ。ただし、過剰な歳出削減は真に必要な政策に資金が行き届かなくなる。そのため、ブラジルでは歳出の上限を定めるというアプローチがとられた。財政責任法は、二〇〇〇年五月四日の憲法補足法第一〇一号として制定された。対象は、連邦、州および基礎自治体（ムニシピオ）の各政府に加え、官営企業も対象に含まれ、厳格な歳出管理を義務づけた。実際には、ルセフ大統領弾劾の理由として連邦会計の不正操作が挙げられた点にもみられるように抜け道が残されていた。

また、将来にわたって行政の基盤となり得る取り組みとして九〇年代末期から手掛けられて

いることの一つに、行政プロセスの電子化が挙げられる。ヒトが絡むことによる恣意性とそれによる不確実性をＩＣＴ技術で一挙に取り除こうというものだ。九六年の選挙から電子投票が一部導入されたが、二〇〇七年から順次新たなモジュールが導入されてきた政府の公的電子帳簿システム（ＳＰＥＤ）は、これよりはるかに規模が大きいものである。会計や税務に関するデータを一元管理するこのシステムは、税務処理の効率化に加え、違法な処理の取り締まりを可能にする。例えば、近年導入が進んでいる eSocial という労務モジュールは最も大規模なモジュールである。雇用側は、従業員の登録をきちんと行うことが求められる。故意に二重の労働登録をしている労働者はあぶりだされ、本来まとめて取得すべき一か月休暇の細分化など違法な就労を強いている雇用側の情報も当局に伝わることとなる。順法精神の欠如というブラジル人の弱みとされる部分をシステムで補うという、まさに性悪説にもとづいた施策ともいえよう。

今後、ＡＩやブロックチェーン技術などを使った、より精緻なデータ追跡・抽出が可能となり、「不正を見逃さない」電子行政システムがブラジルの政治文化を変えることになるのかどうかも注目される。

3　競争力強化に向けた産業・企業の挑戦

金融機関のインフレ依存体質からの脱却

新自由主義下の改革で実現した低インフレによって経営に直接的な影響を受けたのは金融機関であった。高インフレ下時、金融機関は多くのメリットを享受していた。つまり、①実質的なマイナス金利（あるいは実質的に借入時より低い金利）での返済が可能であることを背景に、準備金を超える資金調達が可能、②負債の実質価値の減少による破産リスクの低下、③借り手への債務の支払いが容易であったことによる流動性の増加、④当座預金の短期金融商品での運用による利得、などである。これら高インフレを背景に得た利益は、銀行の経常収入の三割から四割を占めていた。経済全体におけるその割合は図表5－4のとおりだ。一九九五年以降はこうしたインフレのいわゆる「フロート」益がほぼ消滅したのである。一方、貸付の延滞率も九四年の五％から九七年には約一五％に上昇した。

こうした不良債権の増加は州債の信用をカバーする役割を担っていた公的銀行経営不安の要因ともなった。九四年から九六年にかけて一二の州立銀行が一〇億レアル以上の損失を出し、

図表５－４　90年代前半のインフレ益の規模と推移

年	インフレによる利益の対ＧＤＰ比（%）	インフレによる利益の対経常収入（金融機関）比（%）
1990	4.0	35.7
1991	3.9	41.3
1992	4.0	41.9
1993	4.2	35.3
1994	2.0	20.4

出所：Werner Bear, A economia brasileira, 2009, p. 339

四つの連邦銀行も九五年に約五〇億レアルの損失を出した。[*5]

こうした金融セクターの不安定化を踏まえ、中銀は、次の手法で金融機関の再編を図った。つまり①清算、②資本の再構成、③吸収・合併、④リストラの上での売却、の四つである。中銀は暫定的特別措置（ＲＡＴＥ―Regime de Administração Especial Temporária　法令二三二一号　一九八七年二月二五日付）にもとづくなどによって九四年七月から九七年一二月の間に民間の総合銀行二八行を含む四三行へ介入して、資本の再構成や清算を行った。

また、銀行業界全体の再編のため、吸収・合併を促進する手段として金融システム強化・再建促進計画（ＰＲＯＥＲ―Programa de Estímulo à Reestruturação e ao Fortalecimento do Sistema Financeiro Nacional　暫定措置令一一七九号、中銀決議二二〇八号　九五年一一月三日）をもとに、吸収・合併に向けての財務面でのインセンティブや必要な資金の貸し付けを低利で実施するなどした。これによりウニバンコがバンコ・ナシオナルを合併して、ラテンアメリカで第八位の規模になるなどの事例がみられた。

また、代表的な州立銀行であったリオデジャネイロ州立銀行、パラナ州立銀行、ゴイアス州立銀行は民営化プロセスを経て民間銀行イタウに買収され、サンパウロ州立銀行は、スペインのサンタンデール銀行に買収された。バエルによればこうした再編により、九四年から九七年にかけて公的銀行の資産増加率は六二％で、外資系銀行（三三五％）や民間銀行の伸び（二〇一％）に比較して低い状況にあった。このように金融部門においては公的銀行の役割が中銀主導の再編により外資系を含む民間銀行に移ったこととなり、その後の経済成長における金融セクターの基盤が整備されたという面でも重要である。

外資との競合、内資系企業の戦略変化

金融機関以外のサービス業やその他鉱工業部門も、九〇年代半ばには貿易自由化や民営化の進展、規制緩和、インフレ抑制による消費者行動の変化、外資系企業の子会社の増加により、内資系企業は適応を迫られた。新自由主義下での変化に内資系企業が対応すべき課題としては次の二点が重要であった。すなわち、①ブラジル国内で外資系企業の現地法人などと比較した

場合の優位性の確保および、②海外展開志向である。業種や企業により変化への対応も異なる。

しかし総じていえるのは、ほとんどのセクターが競争にさらされるとともに、単に資産をドル建てで保有しておくことが目的の「消極的な国際化」ではなく、競合企業に勝ち、企業として生存するための施策としての「積極的な国際化」を打ち出す企業が増えてきたことである。

図表5－5のAに当てはまる企業の場合、国内における競争力向上がうまくいかず外資に買収されたり、あるいは自ら身売りしたりという選択肢をとることもあった。逆に外資に十分対抗できるだけの競争力をつけることに成功した場合、図表5－5のように二〇〇〇年代にはBのパターンに移行し、国際的な事業展開で収益の拡大を目指すケースも出てくる。さらに、同業同士で合併することで外資に対抗したり、顧客との交渉力を高めたりする戦略をとる企業も出てきた。さらにはブラジル国内における競争力向上のため、生産コストの低い隣接国パラグアイに生産拠点を展開する事例も、皮革業界や自動車部品業界などでみられた。

Cについては、投資規制の緩和や基準認証プロセスの改善、あるいはM&A（合併と吸収）によってすでに規制をクリアしている同業企業の買収などで、外資が参入したケースもみられた（例―化粧品業界）。いずれAやBに移行したり、内資や外資に買収されたりとさまざまなパターンが生み出されたグループである。

図表５－５(a)　90年代以降のビジネス環境変化に伴う企業の戦略・ポジジョンの変化（イメージ）

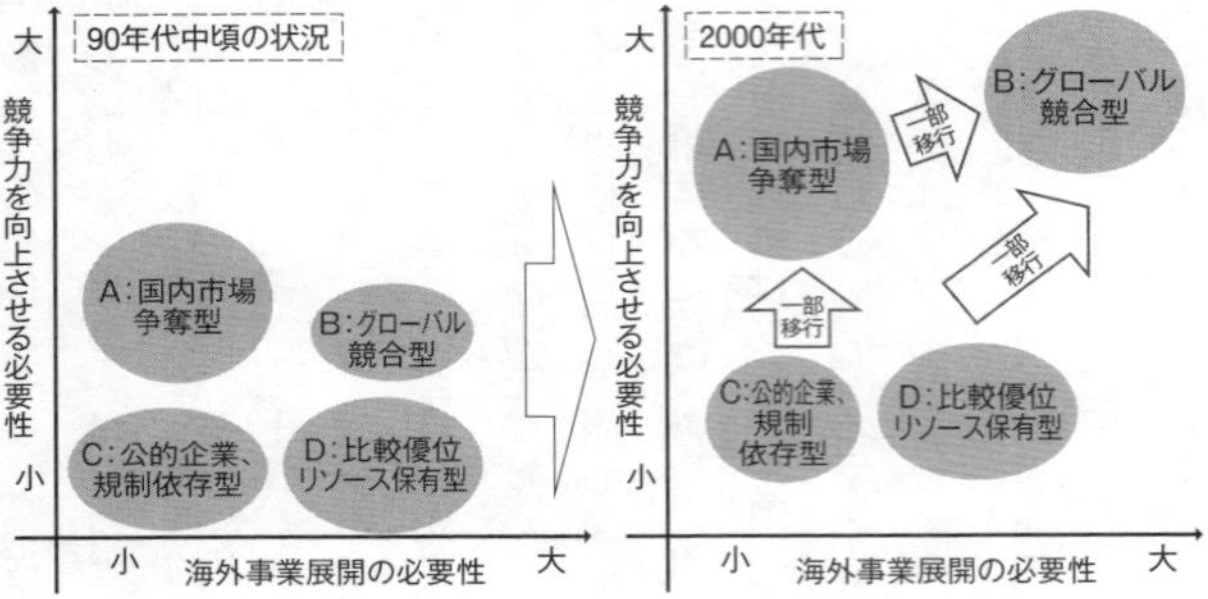

図表５－５(b)　上記カテゴリーの企業例

A：国内市場争奪型 ソフト・システム開発企業、自動車部品企業などの中間財、資本財、不動産、ホテル、倉庫、銀行など	**B：グローバル競合型** 空運、飲料、鉄鋼、レストラン、アパレル、大手ゼネコン、一部銀行など
C：公的企業、規制依存型 放送局、医薬品、化粧品など	**D：比較優位リソース保有型** 航空機産業、鉱山業、石油・ガス、一次産品加工など

出所：筆者作成（図表とも）。

Dの企業としては、民営化された国営企業や食肉企業などが当てはまるだろう。国内市場の飽和や世界における当該産業カテゴリー内での合従連衡が進んだことで、DからBに移行するケースもある。

図表5－5(a)でわかるように、時間の経過とともにCカテゴリーの内資系企業がAやDに移行し、AやDカテゴリーの企業もBに移行することが多くなり、ブラジル企業の国際化は進むものとみられてきた。

参考までにドンカブラル財団（Fundação Dom Cabral）の資料（Ranking FDC das Multinacionais Brasileiras 2017）によると、ブラジルの内資系企業の海外進出の八一・八％が九一年以降に開始されていることがわかる（図表5－6）。

また、二〇一七年の同財団のデータによると、内資系企業の海外展開先については、図表5－7のとおり地域的には北米、ラテンアメリカ内が多い。九五年時点のBNDES調査には、「メルコスールの発足」が「海外市場獲得」「海外生産拠点とのシナジー効果」に次ぐ、ブラジル内資系企業の海外展開の三番目の理由に挙げられていたという調査結果もある。ただし、多いときで三〇〇社以上のブラジル内資系企業がアルゼンチンに進出していたが、二〇〇一年の同国の経済危機後は急激に減少した。

図表５－６　ブラジル企業の海外拠点設置ないしフランチャイズ展開の最初の年

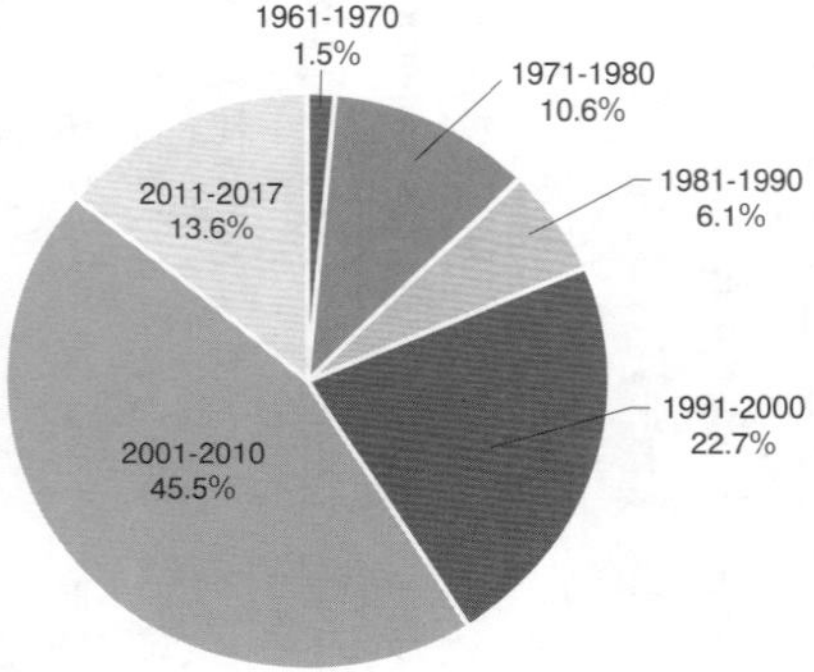

出所：Ranking FDC das Multinacionais Brasileiras 2017

図表５－７　海外拠点をもつブラジル内資系企業の地域別分散状況と地域別拠点保有率

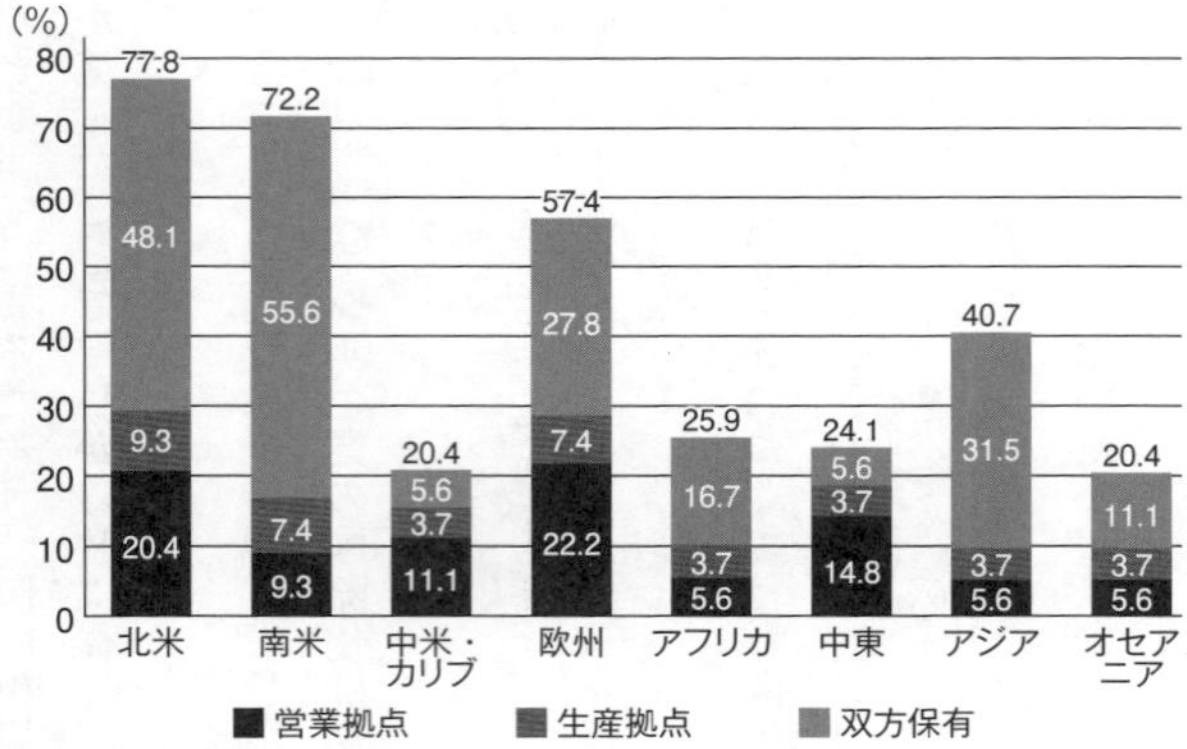

出所：Ranking FDC das Multinacionais Brasileiras 2017

ポスト・インフレ時代への適応

内資系企業の国際化の裏では、M&Aを通じた企業の淘汰・整理が行われていたことも見逃せない。九五年のM&Aの件数は二一二件であったが、翌年から二〇〇一年にかけて年間三〇〇件以上を記録した。業種別でみると、民営化や輸入品との競争激化など、経営環境の変化を踏まえた件数の増減がみられるのが興味深い（図表5－8）。

高インフレが収まったことを受けて庶民の消費行動も大きな変化を遂げたのは前述のとおりだが、これを受けて食品、飲料分野の件数が増加した。消費者の購買力増大を背景に外資系小売りの進出も、この時期のトランスボーダー（国境を越えた）M&A増加の主な要因となった。小売りの売り上げは大手小売りチェーンに集中したことで、小売り側の価格交渉力が増し、大量・多品種の製品納入ができない生産者、中間業者の淘汰が起きた。食品・飲料分野におけるM&Aの増加は、バリューチェーンの川下に位置する小売りの再編が川上の生産者・卸業者の再編につながった事例である。

自動車部品については、輸入代替工業化政策の放棄と、その後のインフレ鎮静化による自動車組み立て企業の新型車投入、新工場建設などのドラスティックな戦略変化、さらには割高な通貨を背景とする輸入部品の増加により、内資系企業が外資系企業に買収される事例が九〇年代後半に多くみられた。

通信分野は、九〇年代後半から二〇〇〇年前半にかけてM&Aの件数が急激に増えたが、これは次に述べる九八年のテレブラスの民営化の影響もある。応札したスペインのテレフォニカなどのオペレーターは、通信インフラの改善に向けて多くの資材やサービス企業との連携が必須であった。

1999年	2000年	2001年	2002年
25	36	32	29
16	18	17	20
47	26	27	22
28	57	36	13
10	20	36	16
9	11	15	13
6	28	40	26
6	12	7	4
17	23	19	12
9	6	7	5
13	6	6	4
5	5	2	4
24	10	8	4
13	5	2	2
5	7	9	1

通信部門の改革は、九五年八月に政府独占の廃止によって開始された。同年一二月に発表された民間投資促進のための電気通信拡充計画（PASTE—Programa de Ampliação e Recuperação do Sistema de Telecomunicações e do Sistema Postal）により民営化の方向性が明確となった。そして九七年に全国一〇エリアに区画されたBバンド・セル

図表5－8　カルドーゾ政権期のM＆A件数

	1995年	1996年	1997年	1998年
食品・飲料・タバコ	24	38	49	36
金融機関	20	31	36	28
通信	8	5	14	31
情報技術（IT）	7	11	8	8
エネルギー	1	9	17	11
金属、鉄鋼	9	17	18	23
石油	4	4	3	1
石油化学	13	18	22	25
広告、出版	2	5	9	19
保険	9	16	24	15
自動車部品	11	11	16	20
電気・電子機器	14	15	19	9
スーパーマーケット	0	2	9	13
建設、建機	2	15	8	10
木材・製紙	7	4	14	9

出所：会計監査法人KPMGのデータにもとづき作成。

ラー電話の落札で携帯電話の民間部門への開放が始まった。同年七月には新電気通信法が成立し、電気通信庁（ANATEL― Agência Nacional de Telecomunicações）が設置され、料金設定についての監視や通信サービスの品質管理、事業者免許の許認可の役割を担うことになった。

　またこの法律によって電信電話公社テレブラスの民営化が決定した。テレブラスの民営化は九八年七月実施された。通信インフラの整備に係る民営化収入も莫大なものとなり、テレブラスの民営化収入は二一三億ドルの売却益、その後の新規参入企業との合計で三一二億ドルの収入を国庫に生み出すこととなった。

テレブラスの民営化後、通信関連のＭ＆Ａが急速に伸び、九九年には四七件に達し、業種別Ｍ＆Ａ件数でトップとなった。通信インフラやその後のＩＴ産業のＭ＆Ａを刺激した。

また、前述のとおりインフレ鎮静化を受けた収益基盤の急速な変化で肥大化した金融機関は、短期間での経営体質改善を図る必要があったが、政府の金融部門再編のためのインセンティブもあり、金融セクターでも多くの買収・合併が行われた。

以上みてきたように、九〇年代後半から二〇〇〇年代初頭にかけての「ポスト高インフレ時代」に民間セクターは大きく変貌し、これにより二〇〇〇年代半ば以降の成長の基礎ができた。

グローバル企業への進化

輸入自由化、内外資差別の撤廃、民営化など「内なる国際化」で醸成された厳しい国内競争を生き抜いた内資系企業のうち競争力のある企業は、輸出から海外投資へのステージに進んだ。いわゆる「外なる国際化」段階への到達である。

国内のビール・ブランドの買収が繰り返され、勝者となったAmbevは海外へその買収先を求め、世界一のビール会社AB InBevに成長した。食肉部門では、国内での買収合戦を経てＢ

RFやJBS、マルフリグなどの食肉企業が、オーストラリアや米国の著名企業を傘下に収めた。食肉の場合、各国が家畜の疫病を理由に自国市場を開放していない例がみられる。ブラジルの食肉関連企業も、口蹄疫や豚コレラなどを理由にブラジルに対して市場を閉ざしている国に対し、すでに市場を開いている国の同業者買収で、「ブラジルの肉は輸出せずとも買収先の国の企業の肉を輸出する」という戦略で収益オプションを増やしている。

このように、九〇年代はほぼ一方的に先進国企業の買収対象であったブラジルの内資系企業が、二〇一〇年代には逆に先進国の企業を買収する事例も多くみられるようになった。こうした内資系企業のグローバル化は、二〇〇〇年以降に生まれた新しいタイプの内資系企業にもみることができる。投資ファンド3Gキャピタルは、バーガーキング（米国創業の世界第二位のハンバーガーチェーン）を買収したり、米国のクラフト・ハインツ（ケチャップ）に出資したりしている。

その他、航空機メーカー・エンブラエルは、巧みなマーケット戦略で同業のカナダのボンバルディアを抜き去り、世界の旅客機製造において、リージョナル・ジェット機市場トップのポジションを確実にした。

さらに二〇一〇年代からいくつかのスタートアップ企業、すなわち従来その国ではみられなかったビジネスモデルで成長し、最終的に上場するなど出口戦略をもつ企業が登場し、国際的な企業になる例も出てきた。代表例はライドシェアサービスやフィンテック関連企業が挙げられる。Easy Taxi（のちにEasyと改称）や99Taxiはウーバー参入以前からタクシー配車アプリで市場を握っていた。99は日本のソフトバンク・グループからも融資を受け、最終的には中国のDiDiに買収された。Easyは他の南米諸国やアジアなどに事業を拡大した。その他、低所得者層で銀行口座をもたない人たちを対象に金融サービスを提供するNubankや露店でも現金なしの決済を可能とするサービス提供のPagseguroなど、いわゆる「ユニコーン企業」（時価総額一〇億ドルを超えるスタートアップ。めったに姿を現さないことからユニコーン企業と呼ばれる）のフィンテック企業は株式をニューヨーク証券市場に上場した。

こうした企業は新たなグローバル企業であると同時に、ブラジルの社会に存在する課題のいくつかをそのビジネスモデルで解決した企業でもある、彼らのビジネスモデルが課題解決にどう貢献したのかは第Ⅳ部で触れる。

【注】

＊1　日本ウジミナスが保有していた一二・九％およびウジミナス従業員がもつ一〇％を除いた株式の売却。

＊２　https://www.bndes.gov.br/wps/portal/site/home/transparencia/desestatizacao/processos-encerrados/Privatizacao-Federais-PND（二〇一八年九月十八日アクセス）

＊３　厳密には「モノまたはサービス生産のためにブラジルに移入したモノ、機械、設備、もしくは経済活動拡充のために導入された金融または通貨資金で、外国に居住、住所または本店を有する自然人または法人に属するもの」と規定された。

＊４　為替レートの変化は、輸出数量・輸入数量に影響を与えるが、この影響が現れるまでには時間がかかること。

＊５　Werner Bear, *A economia brasileira: tradução de Edite Sciuli-3. ed. rev. ampl. e atual.* (São Paulo, Nobel, 2009), p. 344

第6章　国際関係

1　外交を巡る環境の変化

民主化と冷戦構造の終焉

第3章では、二〇一〇年代後半のブラジル外交の主な動きを取り上げた。政治経済が混迷するなかでの開催となったリオデジャネイロのオリンピック・パラリンピックでは、難民選手団の結成や性的マイノリティ選手の参加に加え、ブラジルが移住者によってつくられた社会であることを意識した開会式や閉会式など、開催国ブラジルの特徴である多様性を世界に伝える機会となったが、しかし、全般的にみると同国は国際社会のなかで存在感を発揮することが難しい内政状況にあった。こうした危機下でもブラジル外交にとって手掛かりになったのは、メルコスール（南米南部共同市場）やＢＲＩＣＳ（ブラジル、ロシア、インド、中国、南アフリカ）といった域内ならびに地域を越えた南の国同士の関係であった。

本章ではまず、メルコスールやＢＲＩＣＳなどの外交軸がつくられた時代に戻って、それらがなぜ誕生し、どう展開したのかを述べていくことにする。今日のブラジル外交のターニングポイントとなったのは、ブラジル内政においては一九八五年の民主化であり、対外的には冷戦終結後そしてグローバル化時代の到来であった。八九年にベルリンの壁が崩され、九一年にソ連邦が崩壊したことがきっかけとなり、東西の冷戦構造は終焉を迎えた。一方ラテンアメリカでは、六〇年代以降軍政であった国々が八〇年代前半から半ばにかけて、民主主義を取り戻した。民政二代目のコロル政権下で外相を務めたカルドーゾ大統領は当時、「ブラジルは変わり、世界も変わった」と述べた。冷戦が終わったことでブラジルも変わることの必要性を強調したのである。

冷戦終結とともに訪れた経済グローバル化のなかで、ブラジルはそれに適応していく方策を選択した。すなわちそれまでの保護主義的な輸入代替工業化戦略に終止符を打ち、経済自由化路線に舵を切ったのである。外国貿易や投資を積極的に受け入れるための制度整備やルールづくりが目指され、外交においてもブラジル製品の販路拡大やブラジルに進出する多国籍企業との関係づくりに、力が入れられるようになった。地域統合であるメルコスールも、こうした国際経済への参入のために必要なステップと考えられたのである。

ブラジルを取り巻く国際環境の変化や、あるいは政権が変わることで外交戦略は変わってくる。例えば、政治色が強かったルーラ時代のメルコスールに対して、テメル政権ではより地域貿易協定としての意味づけがメルコスールに求められた。アフリカとの関係も現在では経済援助や経済協力よりも、投資や貿易などビジネスの側面が強くなっている。

九〇年代以前——国際社会から「距離を置く外交」

まずは民主化あるいは冷戦終結前の状況について述べておきたい。ブラジル外交の研究者ビジェバーニとセパルーニ（Vigevani e Cepaluni）[*1]によると、一九九〇年代以前のブラジル外交は、「距離を置くことで自立性（オートノミー）を維持する」（ポルトガル語で *autonomia pela distância*）という言葉で表現される。すなわち国際社会の動きとは、一定の距離を置くことで自立性を維持しようとしたということである。

軍事政権時代のガイゼル大統領の外交は「責任ある現実主義的な全方位外交」といわれ、「距離を置く」という外交スタイルはこのなかでも表現されている。具体的には、以下の六つの行動原則にもとづき展開される外交であった。すなわち、①イデオロギーなどによって特定の性格づけをされることを極力避け、できるだけ選択の自由を確保する、②交渉に当たっては対立よりも協調を意図し、交渉の主導権をとるにあたっては慎重を期する、③経済的な利益が大きい場合には可能な限り政経分離で臨む、④多国間交渉より二国間交渉を重視し、関係の多角化を図る、⑤安全保障問題では南米域内やブラジルに直接影響を及ぼす場合にのみ関与し、直接関係しない事件についてはできるだけ距離を置く、⑥可能な限り発展途上国の立場を享受する。[*2]イデオロギーの面からみればブラジルは西側自由主義国家のグループに入るが、冷戦構造のなかで、東西対立に巻き込まれることを避け、政治イデオロギーよりもプラグマティズム（実利優先）の行動原則を重視することで、国際関係から一定の距離を置くことを意図するものであった。

ではこの時代のブラジルの南北関係における立ち位置はどうであったのか。ここでもブラジルは第三世界の国々との連帯を目指すインドやエジプト、またラテンアメリカでもメキシコやキューバとは一線を画し、第三世界主義のもとに北側先進諸国に対抗するという立場を必ずしもとらなかった。七七か国グループ（G77）や非同盟諸国会議にも積極的ではなかったし、資源国として同じ立場の国々と資源カルテルをつくる動きにも加わらなかった。ただそれは国際関係のなかで孤立するというのではなく、一つのイデオロギーや集団的行動から「距離を置く」というスタンスであり、ブラジル外交の民主化以前、あるいは冷戦時代のブラジル外交の特徴であった。そうした姿勢が変わっていくのが一九九〇年代である。

九〇年代以降――グローバル課題の共有と「参加外交」

冷戦後の国際関係では、貿易や投資などのアジェンダに加え、貧困や格差、また人権や環境といったテーマが多国間協議の場でより積極的に議論されるようになり、ブラジルもまたそうした場に参加するようになった。図表６－１はブラジルが一九九〇年代に顔を出すようになった多国間会議や批准した国際条約である。軍政時代には扱われなかった核不拡散や軍縮、人権といったテーマに民主国家としてコミットするようになったことが表れている。先に挙げたビジェバーニらはこの時代のブラジル外交は、グローバル課題に積極的に関わっていくことで、国際社会における立ち位置を得る、すなわち「参加を通した自立」(*autonomia pela participação*) を目指すものであったと説明している。東西のイデオロギー対立のなかで距離を置くことをよしとしたブラジル外交の前提条件が成立しなくなり、国際関係の動向に自発的に参加する方向にブラジルの外交戦略が変化したのである。

ただ、一九八五年に発足した初代文民政権サルネイの時代は「参加」する外交には完全には転換できずにいた。債務交渉に縛られ、一九八七年には中長期債務の返済不履行（モラトリアム）を宣言するなど、むしろブラジルの国際社会における信用を大きく傷つける行動もみられた。経済政策面ではこの時期はまだ保護主義色が強く、国内産業の育成や保護の立場から、米国と

図表6－1　1990年代にブラジルが参加した国際条約や多国間協議

人権、女性、開発	米州人権委員会（1992年）、第2回国際人権会議（1993年）、人口と開発に関する国際会議（1994年）、第4回世界女性会議（1995年）、社会開発サミット（1995年）、国連人間居住会議（HABITAT）（1996年）、世界食糧サミット（1996年）
国連平和維持活動（PKO）	(PKOを展開した国）アンゴラ、モザンビーク、南ア、リベリア、ウガンダ、エルサルバドル、ニカラグア、グアテマラ、ハイチ、キプロス、クロアチア、マケドニア、ボスニア＝ヘルツェゴビナ、カンボジア、東ティモール
軍縮・核不拡散	トラテロルコ条約（1994年）、核拡散防止条約（NPT）（1998年）、包括的核実験禁止条約（CTBT）（1998年）
環境	国連地球環境開発会議（リオ・サミット、開催国）（1992年）

出所：各種資料から筆者作成。

の間にはコンピュータソフトや医薬品を巡る貿易摩擦が起こっていた。

九〇年に就任したコロル大統領は、経済政策では輸入代替工業化戦略から脱却し、経済自由化路線に舵を切り、貿易や投資の自由化などブラジル経済の対外開放に着手した。地域統合に向けた動きが本格化したのはこの時代である。ブラジルとアルゼンチンによる二国間共同市場議定書が九〇年七月に結ばれ、同一二月にはブラジル・アルゼンチン経済補完協定の調印、翌九一年三月にはパラグアイ、ウルグアイも加わって南米四か国による共同市場の完成を目指すアスンシオン条約が締結された。

コロル大統領は九二年六月に国連地球環境開発会議（リオ・サミット）を招聘したが、同年九月、不正蓄財などの汚職嫌疑により弾劾され、判決の前に辞職に追い込まれた。その後を継いだフランコ政権は、二年間の短い任期ではあったが、外交面では多国間協議への積極的な参加が評価された。[*3] つづくカルドーゾ大統領は国際社会学者としての知名度、またフランコ政権時代に経済安定化政策「レアル・プラン」を策定し実施した財務相としての人望が高く、ブラジルに対する国際的評価を高める要因の一つであった。

メルコスールと南米地域インフラ統合計画

一九九〇年代の米州地域では、九四年に入り北米自由貿易協定（NAFTA）が発効し、同年末に開催された第一回米州サミットでは米州自由貿易圏構想（FTAA）が発表された。[*4] 翌九五年一月一日にはメルコスールがスタートし、米州において地域主義や地域統合の流れが定着した。ラテンアメリカでは六〇年代にも地域主義の動きはみられたが、当時は、域内市場保護主義的な地域主義であったのに対し、九〇年代の地域主義は、域外に向け開かれた地域主義であり、ブラジルはメルコスールを軸に、南米そして国際経済に参入することを目指した。

九五年に関税同盟としてスタートしたメルコスールは、九六年、九七年にチリ、ボリビアとそれぞれＦＴＡ（自由貿易協定）を締結した。九八年には、メルコスールを機能させるうえで加盟国の民主主義遵守が不可欠であることを規定したウスアイア議定書が発効する。

準加盟国のチリやボリビアを含むメルコスール域内貿易は発足当初、順調に拡大傾向をみせたが、九〇年代末以降、ブラジルやアルゼンチンの経済危機や両国間の貿易摩擦問題の発生、さらにアジアやロシアで発生した金融危機の影響を受け、域内貿易も縮小傾向に変わった。こうしたなかで、域内関税の引き下げや、第三国に対する対外共通関税の実施は当初の計画通りには進まず、その後幾度となく関税同盟メルコスールは「存亡の危機」に立たされることになった。

二〇〇〇年代に入り、南米各国ではブラジルのルーラ政権を含め、左派政権が次々と誕生する。アルゼンチンのネストル・キルチネル政権、チリのミシェル・バチェレ政権、エクアドルのラファエル・コレア政権、ボリビアのエボ・モラーレス政権、そしてベネズエラのウーゴ・チャベス政権など、穏健左派と急進左派の違いはあるものの、南米大陸は左派政権が多数を占めるようになった。ルーラ大統領はこうした南米左派政権との関係を強化し、メルコスールも次第に左派イデオロギー色の強い統合体としての性格が強まり、その分、経済統合としてのメルコスールの意味合いは弱くなった。

二〇〇六年のベネズエラによるメルコスール加盟申請も、メルコスールの左傾化を示す一つの兆候となった。〇八年には、南米諸国連合（UNASUL）が誕生し、メルコスールとともにルーラ政権の南米外交の軸となった。ベネズエラは一二年七月にメルコスール加盟が認められる。しかし、一三年に病死したチャベス大統領の後を継いで大統領に昇格したニコラス・マドゥロ副大統領の反体制勢力に対する強権的政治を理由に、メルコスール加盟国は民主主義遵守を定めた「ウスアイア議定書」にもとづき、一七年八月、ベネズエラをメルコスールの無期限資格停止の処分とした。テメル政権のメルコスール再構築に向けた取り組み表明は、こうしたメルコスールの変遷に対するものであった。

メルコスールはブラジルの南米戦略の基軸となったが、貿易活動やヒトの動きをより活発に、スムーズに行うためには南米域内のインフラ整備が不可欠であった。二〇〇〇年八月末、カルドーゾ大統領の呼びかけで歴史上初めて南米一二か国首脳がブラジリアに集まり、南米首脳会議が開催された。そこで発表されたのが「南米地域インフラ統合計画」（IIRSA）であった。交通網（道路、鉄道、河川など）、水力や天然ガスなどのエネルギー網、そして情報コミュニケーション網のインフラを整え、ヒトやモノ、サービス、情報の流れを容易にすることで、域内に住む人々の生活の質の向上や、南米諸国同士の信頼醸成にもつながると考えられたのである。[*5] 具体的には統合と開発のための軸を定め、その軸ごとに必要なインフラ整備プロジェクトを策定、実施するというものであった。二〇〇四年に三三五のプロジェクトを四〇のグループに分け、見積もりで総投資額およそ三七四一億ドルのプロジェクト実施計画がまとまった。

ＩＩＲＳＡのもとで定められた開発と統合の軸は一〇[*6]あり、各々の軸に複数の国が関係する多国間インフラ整備計画であった。ブラジルは、北はアマゾン軸、南はパラナ水系軸といった具合に、合計七つの軸に入っている。「ペルー・ボリビア・ブラジル軸」では太平洋道の建設が始まった。大西洋に面したブラジルにとって、大陸対岸の太平洋への出口は悲願であった。〇六年にはアクレ州とペルーを結ぶ国際架橋が完成し、一〇年末までにブラジル、ペルー側双方の道路舗装が終了した。ペルーについては、アジア太平洋地域へのブラジルやボリビアからの製品輸出の推進を目的に、港湾インフラの整備が着手された。[*7]

2　二一世紀ブラジルのグローバル外交

中東とアフリカに広がる「多角化外交」

民主化と冷戦構造の終焉はブラジル外交において大きな転換点となり、その後ブラジルは国際社会により積極的に参加する外交を展開するようになった。そうしたブラジル外交をさらに前に進めたのが、貧困層出身で元労働組合委員長のバックグラウンドをもつルーラ大統領であった。

大統領就任後は南南外交に力を入れ、新興国ブラジルのグローバル・アクターとしての知名度を上げることに貢献した。ルーラ政権二期八年の外交を支えたのはアモリン（Celso Amorim）外相であった。アモリンはイタマール・フランコ政権でも外相経験があり、一九九三年以降、国連で軍縮や核不拡散関係の交渉に携わったのち、英国大使も務め、二〇〇三年のルーラ政権発足とともに外相に就任した人物である。外交顧問であるマルコ・アウレリア・ガルシアもまた、ルーラ政権の外交ブレーンであった。

ビジェバーニらによると、ルーラ政権では「対外関係の多様化を通した自立」（*autonomia pela diversificação*）が進んだ。それはブラジルの輸出先の分布にも表れている（図表6－2）。在外公館の新設ラッシュも続き、ルーラ政権の八年間で、アフリカで一六か所、ラテンアメリカ・カリブで八か所、欧州で六か所、アジアで五か所、中東で二か所、合計三七か所が開設された。[*8]

ルーラ大統領による多角化外交は、なかでも中東やアフリカを中心に開花した。先進国寄り

図表6－2　ブラジルの輸出分布（地域、主要国）

（億ﾄﾞﾙ）

	1997年	2001年	2005年	2008年	2011年	2014年	2017年
アジア	**78**	**70**	**187**	**378**	**771**	**739**	**787**
中国、香港、マカオ	16	24	77	183	465	439	501
アセアン諸国	15	9	29	66	93	114	111
その他アジア諸国	9	10	27	37	71	81	91
日本	31	20	35	61	95	67	53
韓国	7	7	19	31	47	38	31
欧州	**166**	**175**	**319**	**551**	**623**	**509**	**415**
EU	151	155	271	466	532	421	349
EU 以外の欧州諸国	7	9	19	38	49	50	39
ロシア	8	11	29	47	42	38	27
南米	**128**	**103**	**212**	**383**	**452**	**367**	**352**
メルコスール	90	64	117	217	279	204	226
アンデス諸国	18	14	36	66	73	66	71
その他の南米諸国	20	25	59	100	100	97	55
北米	**107**	**167**	**285**	**336**	**329**	**330**	**341**
米国	93	142	225	274	258	270	269
メキシコ	8	19	41	43	40	37	45
カナダ	6	6	19	19	31	23	27
中東	**14**	**20**	**43**	**81**	**123**	**104**	**117**
アフリカ	**15**	**20**	**60**	**102**	**122**	**97**	**94**
中米・カリブ	**12**	**16**	**53**	**89**	**83**	**59**	**42**
その他	**7**	**10**	**21**	**46**	**48**	**40**	**22**
オセアニア	**3**	**3**	**5**	**14**	**9**	**5**	**6**
総額	**530**	**584**	**1185**	**1980**	**2560**	**2250**	**2176**

出所：商工サービス省の統計から筆者作成。

の外交を展開したカルドーゾ大統領は就任中、中東への訪問は一度もなく、アフリカ諸国への訪問もアンゴラ、モザンビーク、南アフリカにとどまった。ルーラ大統領の中東訪問は、トルコ（二回）、カタール、サウジアラビア、エジプトなど一〇か国、アフリカ訪問は南ア、モザンビーク、リビア（三回）、アンゴラ（二回）、CPLP（ポルトガル語諸国共同体）のカボベルデやサントメ・プリンシペなど計一八か国を訪問した。

ルーラ大統領が南南外交を重視した理由の一つに、左派の労働者党（PT）政権であるにもかかわらず、経済政策では前政権のカルドーゾ大統領の現実主義的な路線を踏襲したことから、外交政策では〝左派政権らしく〟、世界のなかで貧困や格差などの社会問題に取り組む「南」の国との関係を強化することで、国内外でバランスをとる必要があったともいわれている。アフリカとの関係に力を入れた背景には、ルーラ大統領自身もアフリカ諸国を訪問した際にスピーチで述べたことがあるが、ブラジルの奴隷貿易の歴史に対する道義的責任があったともいわれる。同時にまた経済援助を通してアフリカの経済発展を促し、ブラジル製品の輸出先として、またブラジル企業の投資先としてアフリカ市場を開拓することも念頭においていた。

中東やアフリカとの関係は二国間ベースに加え、地域間ベースの関係もルーラ政権のもとで新たにスタートした。二〇〇三年にルーラ大統領の呼びかけで始まった南米・アラブ諸国首脳会議は、アラブ連合に所属する三四か国と南米一二か国をメンバーとして、〇五年から一五年までの一〇年間で計四回の首脳会議が開催された。もう一つは南米・アフリカ諸国連合である。アフリカ連合五四か国（モロッコ以外の全独立国）と南米一二か国が参加する会議体で、一三年に赤道ギニアのマラボで開催された第三回首脳会議のテーマはまさしく「南南協力の強化に向けた戦略とメカニズム」であった。

包括的なラテンアメリカ統合戦略――UNASULとCELAC

南米統合の動きは、ベネズエラのメルコスール加盟を呼びかけ、より包括的な統合体である南米諸国連合（UNASUL）を発足させるなど、ルーラ政権時代に政治色が濃くなった。ルーラ大統領はその後、統合の対象をラテンアメリカ・カリブ海地域全体に拡大させる方向で働きかけ、ラテンアメリカ・カリブ諸国共同体（CELAC）[*9]設立につながった。ブラジルの関心が南米の枠を超えラテンアメリカやカリブ海諸国へ広がったことは、勢力範囲やラテンアメリカの一国としての帰属意識の観点から重要な変化であった。

UNASUL発足までの経緯をまとめておこう。二〇〇四年一二月に開催された南米首脳会議で南米共同体（CASA）創設が決定したのちに、〇七年四月の第一回エネルギー・サミットで南米諸国連合（UNASUL）という名称に改められ、〇八年五月のUNASUL臨時首脳会議で設立条約[*10]が採択されて正式にUNASULとしてスタートする。南米諸国間の政治的対話を強化し、南米として国際社会に参加し、意見を発信すること、貧困撲滅や格差是正のために経済・社会両面での開発を推進すること、また持続可能な経済発展のためのインフラ整備によって域内を物理的に統合すること、などが主な目的とされた。

UNASULは、その後誕生したCELACに比べると組織的にも法制面でも整備された統合体であった。最高機関である首脳会議は原則年一回開催され、半年に一度外相会議も開催されることが定められた。事務局はエクアドルのキトに、南米議会はボリビアのコチャバンバに設置され、議長国は原則一年で交替するシステムである。南米地域の安全保障や防衛問題を議論する南米防衛評議会が設けられた。

南米共同体（CASA）を経てUNASUL発足に至る過程で、ルーラ大統領は強いイニシアティブを発揮したが、それを支えたのは、ベネズエラのチャベス大統領、アルゼンチンのネストル・キルチネル大統領、ボリビアのモラレス大統領、そしてチリのバチェレ大統領など、穏健、急進の差はみられたものの、左派リーダーたちの存在であった。

二〇一八年四月現在、UNASULは加盟メンバーの半数の六か国（ブラジル、アルゼンチン、チリ、コロンビア、パラグアイ、ペルー）が参加中止を発表し、事実上機能停止状態に陥っている。南米左派政権台頭の時代が過ぎ、環境が大きく変化していることを物語っている。

新興国外交の場

リーマンショックによって世界中に金融危機が広がった二〇〇八年、G20（主要二〇か国・地域）首脳会議がワシントンで、その翌年には第一回BRICS首脳会議がロシアで開催された。いずれも既存のG7[*11]を中心とする国際秩序形成に対して「待った」をかける存在とみなされ、ブラジルは両方のグループに名を連ねた。

ブラジルで開催された第六回BRICS首脳会議については第3章で触れたが、ここではBRICSの成り立ちやブラジルにとっての意味をもう少し詳しく述べておこう。BRICSはブラジル、ロシア、インド、中国、南アフリカの頭文字を並べてつくられた造語として、二〇〇〇年代以降経済成長を続けた五つの国を指す用語である。二〇〇三年に米ゴールドマン・サックス社がDreaming with BRICs: The Path to 2050と題する投資家向けのレポートを発表した際に使った用語がBRICsである。当初は南アフリカが含まれておらず、最後の小文字sは複数形を表すとされたが、この時点ですでに南アの参加についても示唆されていたといわれている。

その後一一年に開催された首脳会議で南アフリカが加わり、それ以降は全て大文字からなるBRICSで表記され、今日に至っている。BRICs四か国の安定した経済成長や国土面積、人口規模、保有する資源量などを勘案すれば、当時のスピードで経済成長を続ければ、日米先進国を凌ぐ、もしくはそれに匹敵する経済大国になると注目されたのである。[*12] 当初は単に四か国経済の将来性を示す言葉としてBRICsが使われたが、〇九年以降、BRICs首脳会議が開催されるようになったことで、BRICs四か国自らが国際社会のアクターとなることを意識するようになったと目された。ブラジルもまた、遅ればせながらBRICsを外交軸の一つと考えるようになったのである。

BRICSより三年早く、新興国リーダーが集まり、地域や世界の課題について議論する場として誕生したのがIBSA（ポルトガル語ではIBAS）対話フォーラム（インド・ブラジル・南アフリカ対話フォーラム）である。二〇〇三年六月にフランスのエビアンで開催されたG8（ロシアを加えた主要八か国先進首脳会議）の拡大対話（アウトリーチ）に招待されたルーラ大統領、シン首相（インド）、ムベキ大統領（南ア）による会談がIBSA誕生につながった。民主主義、人権、社会的包摂そして持続可能な発展を互いに共有する価値観とし、南米、アジア、アフリ

BRICS インド首脳会議に臨む5か国首脳─左端ルセフ大統領
出所：ブラジル大統領府［写真 Roberto Stucker］

カという三つの異なる大陸の首脳が、ともに抱える問題について話し合うだけでなく、地球規模の課題についても議論し、国際社会に意見を発信することを目的として〇六年に正式に発足した。

ＩＢＳＡ対話フォーラムは〇六年から一一年まで五回首脳会議を開催し、ブラジルでも第一回（〇六年）および第四回（一〇年）会議が開催された。一三年以降首脳会議の開催はないが、外相会議は一七年に二回開催されている。ＢＲＩＣＳが首脳会議など一体となって具体的な活動を行うようになる前までは、ＩＢＳＡがブラジルの新興国外交の中心であった。現在は、中国が加わるＢＲＩＣＳと加わらないＩＢＳＡを、ブラジルは使い分けている。

ＩＢＳＡの活動内容としては、〇四年に三か国の自発的な出資にもとづき設立されたＩＢＳＡ基金がある（運用開始は〇六年から）。ＩＢＳＡ基金の正式名称は「貧困および飢餓撲滅のためのインド・ブラジル・南ア・ファシリティ」である。国連南南協力事務所（ＵＮＯＳＳＣ）との協力のもとに貧困や飢餓、内戦や紛争後の国家再建に取り組む途上国や下位低所得国で実施されるプロジェクトに資金援助を行っている。一七年以降は各国が毎年一〇〇万ドルずつ出資するとの合意が新たに締結された。

一七年一一月に公表された報告書『ＩＢＳＡ基金―プロジェクトポートフォリオ二〇一七年概観』によると、基金創設以来、合意に至った二六のプロジェクトのうち一五件はすでに完了し、八件が進行中、残る三件が承認済みで、案件内容も保健医療、漁業や農業などの産業、ゴミ収集やリサイクルなど多様である。援助の六割以上が下位低所得国向けという。こうしたＩＢＳＡ基金の活動に対して、国連開発計画（ＵＮＤＰ）、非政府組織（ＮＧＯ）の「ミレニアム開発目標賞委員会」、およびＵＮＯＳＳＣの三団体からそれぞれ賞が授与されている。

ＢＲＩＣＳやＩＢＳＡは新興国首脳間でグローバルアジェンダを共有する場であるが、地球温暖化問題に特化した新興国外交の場としてはＢＡＳＩＣがある。ＢＡＳＩＣは〇九年一二月、コペンハーゲンで開催されたＣＯＰ15（気候変動枠組条約締約国会議）で結成されたグループである。メンバーであるブラジル、南ア、インド、中国の頭文字をとって「ベーシック」と名付けられ、ＣＯＰが先進国主導で進まぬように歯止めをかける意図をもつとともに、新興国の利益を集約する目的を有する。先進諸国が二酸化炭素排出量の削減義務を新興国や途上国に課そうとする一方的な動きに反対するとともに、地球温暖化問題に取り組む新興国や途上国に対する支援を引き出そうとする狙いがある。[*13]

Ｇ20もまた、ブラジルにとって重要な新興国外交の場となってきた。Ｇ20は一九九九年に財務相・中央銀行総裁会議として発足し、その後二〇〇八年に首脳級レベルに格上げされ現在に至っている。一九九〇年代には日米欧を中心とするＧ７諸国が世界のＧＤＰの七割を占めていたのに対して、二〇〇七年を境に先進国と新興国の世界のＧＤＰに占める割合が逆転した。こうしたなかで新興国抜きに国際政治経済や金融問題について議論することは非現実的であるとして、Ｇ20首脳会議が発足したのである。Ｇ20はＧ７およびオーストラリア、アルゼンチン、ブラジル、中国、インド、インドネシア、韓国、メキシコ、ロシア、サウジアラビア、南ア、トルコ、欧州中央銀行の二〇か国・地域によって構成される。

二〇〇八年一一月、ワシントンでの第一回首脳会議を一週間後にひかえ、二〇か国財務相・中央銀行総裁会議がサンパウロで開催された（議長国はブラジル）。議題の中心はリーマンショックに端を発する国際金融危機であり、中国とともにルーラ議長の厳しい見解が先進国に対して発せられた。

その一〇年後の一八年一一月にはG20首脳会議がアルゼンチンで、翌一九年は大阪で開催される。ラテンアメリカでの開催は一二年のメキシコに次いで二回目。昨今では参加国が多いために議論がまとまらないなど、G20に否定的な声も聞かれるが、多極化が進むなかで先進国と新興国が広く国際政治経済の問題を議論する場としてG20の重要性は今なお大きい。近年のG20の動きをみていると首脳会議が開催される国で、外相や労働相会合が事前に開かれるなど、G20の枠組みを使ってさまざまな国際社会の問題に対応しようとする動きがみられる。一八年九月には貿易相会合が開催され、WTO（世界貿易機関）改革や米中貿易摩擦の問題などが議論されている。

ところで、このG20とは別に、二〇〇三年のメキシコ・カンクンで開催されたWTO閣僚会議において、ルーラ大統領の呼びかけで発足した、もう一つの「G20」がある。カンクン会議では、農業、非農産品（鉱工業品、林産品、水産品）、投資などのルールを含む五つのグループに分かれて交渉が行われ、農業分野の交渉において、ブラジルやインドが中心となって途上国グループを結成し、先進国に対して輸出補助金の撤廃を求めた。この途上国グループもまた加盟国数からG20と呼ばれていた。

両者とも同じＧ20なので前者のＧ20は「金融版Ｇ20」、後者のＷＴＯの方は「貿易版Ｇ20」[*14]といわれた。金融版Ｇ20は先進国と新興国がメンバーであるのに対して、貿易版Ｇ20は新興国と途上国によって構成される点が異なっており、ブラジルはそのどちらにも属し、貿易版Ｇ20では発足時の中心的な存在であった。ＩＢＳＡやＢＲＩＣＳとともに、ルーラ政権時代の新興国外交の一角をなすものであった。

カンクン会議は、最終日になっても結論が出ず、議長を務めたメキシコ外相によって交渉は打ち切られ、閣僚宣言がまとまらずに終了となったが、当時は新興国や途上国が交渉力をつけた表れとも受け止められた。ブラジルは、ＷＴＯが掲げる自由貿易推進の理念や世界貿易のルールづくりを重視する立場を基本的に支持している。しかしながら実際の交渉においては、途上国の立場をとり、先進国主導でＷＴＯ交渉が進まないよう歯止めをかける戦略さえみせていた。そうした姿勢は二〇〇一年、ドーハ・ラウンド開始に際してカルドーゾ大統領が農業補助金撤廃問題や感染症などの医薬品の特許保護問題など、いずれもブラジルを含む途上国にとって重要なイシューを交渉議題のなかに盛り込ませることに成功したことにも表れている。

ＷＴＯ発足から二〇年、ドーハ・ラウンド交渉開始から一四年となった一五年一二月、ケニアのナイロビで第一〇回ＷＴＯ閣僚会議が開催されたが、ドーハ・ラウンドを継続するべきかについての議論では先進国と途上国の意見がまとまらず、閣僚宣言は双方の見解が併記されることにとどまった。

3　外交のリソース（資源）

一九八八年憲法と外交理念

国家は外交理念や外交原則のもとに、国益を確保し最大化するために外交政策を立案し、実行する。今日では外交アクターは国家（＝政府）だけに限られないが、それでもなお外交における国家の役割は大きい。ブラジルの場合、その役回りとしてとりわけ重要なのが大統領府と通称イタマラティ（*Itamarati*）と呼ばれる外務省である。

ブラジルの外交理念や外交原則は、一九八八年憲法に盛り込まれている。第一編「基本原則」の第四条で、ブラジルの国際関係は以下の一〇の原則によって規律されると記されている。①国家の独立、②人権の尊重、③民族の自決、④内政不干渉、⑤国家の平等、⑥平和の擁護、⑦紛争の平和的解決、⑧テロおよび人種差別の排除、⑨人類の進歩のための諸国民の協力、⑩政治亡命の許与である。加えて単項で「ラテンアメリカ諸国の共同体の形成を目的として、諸国民の経済的、政治的、社会的および文化的統合を追求する」[*15]と謳う。

ラテンアメリカとの関係構築は、ブラジル外交にとって戦後常に重要な関心事であった。とりわけ軍政時代には南米統合は重要な外交テーマであった。アマゾン地域を共有する国々との間でアマゾン協力条約が、南部のラプラタ川を共有する国との間ではラプラタ流域諸国条約が締結（それぞれ七八年、六九年）され、ブラジル南部ではパラグアイとの国境河川に世界最大級のイタイプ水力発電所を建設（八二年）、さらに債務危機をきっかけにライバルと目されていたアルゼンチンとの間で経済統合へと踏み出すことになったのである。この統合構想には前述のように、緩衝国のパラグアイ、ウルグアイが加わることで南米南部共同市場、メルコスールに結実することになる。今世紀に入ってからはラテンアメリカ・カリブ諸国共同体（ＣＥＬＡＣ）の結束によって、ブラジルの目指す地域統合の範囲は南米からラテンアメリカへと拡大した。既述のようにメルコスールは太平洋同盟との関係構築にも前向きに動き出しており、憲法第四条単項が謳う「共同体結成」に符合するような動きにも映る。

メルコスールを軸とする南米統合は、グローバル化する国際経済に参入するための手段とみなすことができるが、南米やラテンアメリカのなかでの安定した立ち位置を確保する意味でも重要な役割をもつ。ブラジルは南米一一か国のなかでチリとエクアドルを除く九か国並びに仏領ギアナと国境を接する。国境線の長さは一万六八八六キロと中国、ロシアに次いで世界第三位である。最も長く国境を接するのはボリビア（三四二三キロ）、次いでペルー（二九九五キロ）、ベネズエラ（二一九九キロ）、コロンビア（一六四四キロ）となる。このようにブラジルは、スペイン語圏諸国との長い国境線を有する唯一のポルトガル語圏でもある。国土面積や人口は南米大陸のほぼ半分を占め、アルゼンチンや、国境は接していないもののメキシコとはしばしばライバル関係として目されることが少なくない。ブラジルが国連安全保障理事会での常任理事国入りを目指すことに対して難色を示してきたのは、この二か国である。

二〇一八年に国交樹立五〇周年を迎えたガイアナとは五番目に長い国境線をもち、国境付近にはそれぞれの国の移住者が暮らすコミュニティができている。パラグアイも同様で在パラグアイのブラジル人は一二万人から一五万人と推察され、ブラジル側のデータによると海外在住ブラジル人コミュニティのなかでは米国に次ぎ二番目の規模である。

ブラジルはインドや中国など他の新興国と違って、これまで軍事大国を目指すことはなかった。カルドーゾ大統領やルーラ大統領は自らの立場を意味する用語として、リーダーあるいはグローバルなリーダーという言葉を使ったが、そこには覇権的なトーンは感じられない。カルドーゾ大統領が第一回南米首脳会議で述べた「リーダーシップの共有」(*liderança compartilha-*

da）という表現も、ブラジルは南米のなかで突出することなく、南米そして国際社会のなかで、自国の経済力や国土面積、人口規模に相当する責任を遂行しようとの姿勢を表したものと受け止められる。

多国間協調主義の伝統

ブラジルは国連の創設メンバーであり、国連総会の一般演説では、各国首脳に先駆けてブラジル大統領が冒頭で行うのが慣例となっている。[*16] 安保理非常任理事国の選出回数は日本の次に多く、二〇一八年現在、計一〇回（通算二〇年間）に上る。国連を舞台とする多国間協調主義もブラジル外交のリソースの一つといえる。

国連改革の論議は民政第五代のルーラ政権（二〇〇三～一〇年）時代に本格化した。ブラジル、日本、ドイツ、インドによるG４（四か国グループ）は〇五年七月に、既存の常任・非常任理事国のメンバー構成に加え、常任理事国六議席、非常任理事国四議席を追加するG４案を提出した。この案はいったん廃案となったもののG４による国連改革や安保理改革に関する会合は、一〇年九月に五年ぶりに再開され、それ以降は国連総会に合わせて毎年開催、首脳会議ないしは外相・局長レベルの会合がもたれている。

地球規模の課題を共有し解決に向けて国際社会がともに取り組む必要性はますます高まっている。二〇一七年九月一九日、国連総会の一般演説において、テメル大統領は「不安定な時代こそ多国間主義すなわち国連の役割は重要である」と述べた。国連改革の必要性についても言及し、二一世紀の国際関係を反映した国連安保理メンバーの拡大を強調した。

ブラジルは一九九〇年代以降、平和維持活動（PKO）への参加を積極化させている。二〇一七年末の時点で、世界で展開するPKO二〇のうちブラジルは一六に加わっている。なかでもブラジルが特に深く関わってきたのが、〇四年から一七年まで一三年間続いた国連ハイチ安定化ミッション（MINUSTAH）であり、ブラジルは軍事要員として二六部隊、通算三万七〇〇〇人の軍人を派遣した。

MINUSTAHの主な業務は、治安の回復、選挙など民主的制度の再開に向けた支援、そして難民帰還など人道分野における支援協力であった。それに加え、二〇一〇年に首都ポルトープランスで発生した大地震や一六年のハリケーンによって被害を受けた道路や橋などインフラ復旧作業にも参加した。MINUSTAHは一七年一〇月一五日で終了したが、[*17]最後の司令官を務めたのは、ブラジル陸軍のピニェイロ将軍であった。

図表6-3にあるように、国連をはじめとする国際機関や委員会にはブラジル出身者が選出

図表6－3　国際諸機関におけるブラジルおよびブラジル人の活躍状況（2017年現在）

組織名	職名／名前	任期
国連人権理事会（ラテンアメリカ・カリブ諸国から8か国）	ブラジル	2017～2019年（計4回目）
国際司法裁判所（ラテンアメリカ・カリブから2人）	裁判官：Antonio Augusto Cançado Trinidade	2009～2018年
国連食糧農業機関（FAO）	事務総長：José Graziano da Silva	2012年～
世界貿易機関（WTO）	事務総長：Roberto Azevêdo	2013年9月に就任。4年任期で2期目
コーデックス委員会（Codex Alimentarius）委員長	委員長：Guillermo Costa	2017年6月～
米州人権委員会	委員：Flavia Piovesan	2018～2021年
米州人権裁判所	判事：Roberto de Figeiredo Caldas	2013～2018年
国際コーヒー委員会	事務局長：José Dauster Sette	2017年～
国連人種差別撤廃委員会	委員：Silvio José Albuquerque e Silva	2018～2021年
国際刑事警察機構（Interpol）執行委員会	米州地域理事：Rogério Galloro	2017～2020年

出所：ブラジル大統領府が作成した資料 *Ações e resultados 2017* から筆者作成。

されることも少なくない。かつて東ティモール暫定行政機構（ＵＮＴＡＥＴ）事務総長で、その後イラクのバグダッド国連事務所で起きた爆発事件に巻き込まれ死亡した国連人権高等弁務官のセルジオ・ヴィエイラ・デ・メロもブラジル出身の外交官であった。国連などの多国間交渉の枠組みを重視するブラジルを評価する国際社会の立ち位置を表すものといえよう。

多様性と人道主義の精神

人道や人権にコミットする姿勢を外交理念そして外交政策に反映させている点も、今日のブラジル外交の特徴である。図表６－３でみられるように、国連、米州双方のレベルで人権関係の委員会にブラジル人が名を連ねている。八八年憲法第一編第四条の国際関係における一〇の原則のうち第二、第三、第八項目でも「人権の尊重」「民族の自決」そして「テロおよび人種差別の排除」を盛り込んでいる。

この点で、八八年憲法第二編「基本的権利および保障」の第一章「個人および集団の権利と義務」の第五条の人権に関わる部分も特筆される。同条では「全ての者は、いかなる性質の差別なく法の前に平等であり、国内に居住するブラジル人および外国人に対し、次の規定のもとに生命、自由、平等、安全および財産権に関する権利の不可侵が保障される」（傍点は筆者）と規定している。なかでも「いかなる性質の差別なく」と「国内に居住するブラジル人および外国人に対する権利」の二箇所は、移住者として多民族を受け入れ多様な社会となったこの国の成り立ちを反映している。

ハイチ難民やシリア難民の受け入れにブラジルが積極的であることは既述したが、二〇一七年以降、北の国境を接するベネズエラからの流出民を前に改めてどう対応すべきか、ブラジルは岐路に立たされている。ベネズエラでは、一八年五月の大統領選挙でマドゥロ大統領が再選されたが、主要野党の参加がなく、公正な選挙ではなかったとして、米国や日本、EUなどは選挙結果を認めなかった。主要輸出品である原油価格の下落や経済制裁が続くなかで極度の物資不足や猛烈なインフレによって、ブラジルを含む周辺国に脱出するベネズエラ人の流れに拍車がかかっている。

ベネズエラのマドゥロ政権に対してはOAS（米州機構）やメルコスールなどさまざまな外交ルートを通じて民主主義への復帰や経済再建を呼びかけてきたものの、状況は悪化の一途をたどっている。こうしたなかで二〇一八年九月三日、四日の二日間、エクアドルのモレノ大統領の呼びかけでブラジルを含む近隣諸国によるベネズエラ流出民への対応を話し合う国際会議が同国の首都キトで開催され、二日目に「キト宣言」が採択された。宣言には今後も関係各国が適正規模の流出民を受け入れていくこと、極端に多い流出民を受け入れる国に対しては財政支援を行う必要性を確認したこと、国連やＯＡＳ、その他の国際機関と協力・調整を図りながら問題に対応していくことが盛り込まれた。

テメル大統領はこの会議に合わせて、「ベネズエラ国民との連帯」というタイトルの一文を発表した[*18]。そのなかで同大統領は、これまでもブラジルはベネズエラから押し寄せる流民を尊厳をもって受け入れてきたこと、ベネズエラの人々は友人であり、ブラジルはベネズエラと連帯する国家であること、そしてブラジルは伝統的に世界中から多くの人々を受け入れてきた国であり、常に人道や人権に関する国際的な取り決めを遵守してきたこと、これらの行動全てがブラジルの難民問題に対する立ち位置を表しており、今後とも継続すると述べている。

その一方でテメル大統領は、ブラジル国内の対応に苦慮する現状にも対応すべく、流入する人々を収容するキャンプを増やすなど連邦政府として、ベネズエラとの国境に接する北部ロライマ州への支援を行っていくことにも言及し、ブラジル国民の不満を解消しようとする姿勢も示している。憲法で記されたブラジルの人道主義や人権擁護の原則に則ってどう対処するのか、ベネズエラ問題はまさしく多民族国家ブラジルの人道外交の試金石となっている。

【注】

＊1　Vigevani, Tullo e Gabriel Cepaluni, *A política externa brasileira: a busca da autonomia, de Sarney a Lula*, 2ª edição, São Paulo, Fundação Editora da UNESP. 2009.

＊2　堀坂浩太郎「中進国ブラジルの対外関係—現実主義の自主外交」（細野昭雄、畑惠子編『ラテンアメリカの国際関係』新評論、一九九三年）、二七八ページ。

＊3　ブラジル外交の専門家モニカ・ハーストは「フランコ政権の外交は多国間交渉において意義があった」と述べている。

＊4　一九九〇年に米ブッシュ（父）大統領が提出した中南米支援構想（ＥＡＩ）の三本柱（投資、貿易、債務削減）のうち、貿易について、「アラスカから（アルゼンチン最南端にある）フエゴ島まで」を一つの自由貿易圏にしようという構想がもとであった。

＊5　メルコスール諸国間のヒトの移動は、ビザなし渡航で、かつ通関に当たっては、メルコスール加盟国人と書かれたゲートが用意されている。

＊6　アンデス軸、南太平洋軸、アマゾン軸、南部軸、中央太平洋軸、メルコスール・チリ軸、ペルー・ボリビア・ブラジル軸、パラグアイ・パラナ水系軸、ガイアナ軸、南アンデス軸、の一〇である。

＊7　二〇一八年現在一〇の軸のそれぞれのプロジェクトの進捗状況に関するまとまった情報は得られなかったが、南米諸国連合（ＵＮＡＳＵＬ）のホームページにはプロジェクトの概要などが掲載されている

(http://www.iirsa.org/infographic)。

＊8　ブラジルは現在北朝鮮を含め全ての国連加盟国（二〇一八年現在一九三か国）ならびに未加盟国（バチカン市国やクック諸島、南太平洋のニウエ）と国交をもち、二九六の在外公館を有する（わが国外務省によると二〇一八年一月現在、日本の在外公館総数は二六九）。

＊9　二〇一一年にキューバを含む三三のラテンアメリカ・カリブ海諸国によって結成。リオグループの考え方をルーツに、域内の問題は域内で解決することを目指し、米国やカナダが入らない地域組織として誕生した。三三か国による政治対話や統合のためのメカニズムづくりを目的とする。ＣＥＬＡＣ発足の過程でもブラジルはリーダーシップを発揮した。

＊10　第二条で設立目的として「南米諸国民の文化、社会、経済及び政治面における統合と団結の場を構築すること」と記されている（日本外務省ホームページの南米諸国連合（ＵＮＡＳＵＬ）概要より）。

＊11　カナダ、フランス、ドイツ、イタリア、日本、英国、米国の先進七か国および欧州連合（ＥＵ）。

＊12　ゴールドマン・サックス社のレポートでは、二〇五〇年の世界ＧＤＰランキングは上から順に中国、米国、インド、日本、ブラジル、ロシア、英国と予想された。

＊13　ブラジル外務省ホームページでは、二〇一七年四月の北京で開催された第二四回ＢＡＳＩＣ閣僚会議の共同声明まで記録として残っている。

＊14　実際は二一か国（アルゼンチン、ボリビア、ブラジル、チリ、コロンビア、コスタリカ、キューバ、

エクアドル、エルサルバドル、グアテマラ、メキシコ、パラグアイ、ペルー、ベネズエラ、中国、インド、パキスタン、フィリピン、タイ、エジプト、南アフリカ）であった。その後トルコが入り、二二か国になった。

＊15　矢谷通朗編訳『ブラジル連邦共和国憲法一九八八年』（アジア経済研究所、一九九一年）。

＊16　ブラジルが最初に国連への加盟を申請した国であること、また冷戦構造のなかで米国、ソ連のどちらを最初に演説を行う国に選んでも両国が反対する可能性があり、結果的にそれ以外の国としてブラジルが最初に演説することが慣例化されたともいわれる。

＊17　その後はＭＩＮＵＪＵＳＴＨＨに引き継がれ、政治や人権などの分野で国内の政治勢力間の対話が行われるべく支援を行っていくことになった。ＭＩＮＵＪＵＳＴＨＨには軍事要員は入らない。

＊18　ブラジル外務省ホームページに掲載。Temer, Michel, "Solidariedade com os venezuelanos," *EFE*, 3/9/2018.（www. itamaraty.gov.br.）アクセス日二〇一八年九月八日。

第Ⅲ部　歴史・地誌・人と社会

現代ブラジルを理解するうえで、第Ⅲ部ではこの国をもう少し広いコンテキストのなかに置いて、すなわち歴史、地誌、人と社会の三つの側面からみてみよう。

第7章　歴　史

1　ブラジルの「発見」から共和制まで

ブラジルの発見はポルトガルの大航海時代の歴史と深く関係する。一五世紀初頭、ポルトガルは大西洋の大海原に乗り出した。一四一五年の北アフリカのセウタ征服後、西アフリカ沿岸への進出や大西洋島嶼への入植を行い、金や奴隷を手に入れた。一五世紀後半になると、ポルトガルの関心は香辛料を求め、アフリカからインドへと変わっていく。一四九二年のコロンブスによる「新大陸」発見後、ポルトガルは一四九八年、ついにヴァスコ・ダ・ガマ率いる艦隊が喜望峰経由でインドに到着した。そのあとを引き継ぎ、インド遠征を行ったのが司令官ペドロ・アルバレス・カブラル率いる一三隻の船団であった。一五〇〇年四月二二日、カブラル艦隊はインドに向かう航海中、アフリカ沿岸から進路を西に迂回、のちにブラジルと名付けられる土地に到着したのである。

カボベルデ諸島の西三七〇レグア（一八五〇キロ）の子午線（西経四六度三七分）を境界線として、東側をポルトガル領、西側をスペイン領としたのがトルデシーリャス条約である。現在のブラジル地図でみてみると、西経四八度二九分に位置するパラ州のベレン市近辺を通って南北に引かれた線が、後ブラジルとスペイン領アメリカとを区分ける線となった。一七世紀以降、奥地探検隊（エントラーダとバンデイランチ）[*1]が内陸部に進出したことでブラジルの国土は西方にさらに広がった。二〇世紀に入り、一九〇二年から一二年まで外相を務めたリオ・ブランコ男爵のもとで、主だったスペイン語圏諸国との国境を巡る交渉が進められ、今日に至る国境線が画定された。

ではなぜ「ブラジル」と命名されたのであろうか。当初カブラルは自分が到着した場所（現在のバイーア州ポルトセグーロ）を「島」と思い「ベラクルス島」(Ilha de Vera Cruz) と名付けた。ブラジルではポルトガルやスペインが求めていた貴金属や香料は当初発見されなかったが、赤い染料が取れる原木「パウ・ブラジル」が自生していた。欧州で勢いをつけつつあった織物産業で使われるために染料の需要は高く、ポルトガルはパウ・ブラジルの伐採・搬出を植民地ブラジルで独占的に行うことになった。今日のブラジルという国名はこれに由来する。

　搬出しやすい沿岸部のパウ・ブラジルは三〇年ほどで枯渇し、その後マデイラ島[*2]から運ばれたサトウキビを原料とする砂糖が植民地ブラジルの商品作物となった。砂糖生産の中心地はブラジル北東部であった。サトウキビ農園と製糖工場を併せもつエンジェーニョ（*engenho*）がつくられ、そこにはポルトガル人の農園主一族とアフリカから連れてこられた大量の黒人奴隷からなる一つの社会が形成され、プランテーション型農業が展開された。ブラジルでは先住民インディオの数は少なく、しかも狩猟民族であったため農業には向かなかったこと、さらにはキリスト教の布教を行うカトリックのイエズス会がインディオの労働を禁じたことから、ブラジルの砂糖プランテーションの労働力は黒人奴隷によって担われた。

　一〇〇年程続いた砂糖経済の全盛期が終わるのとほぼ同期で、一六九二年、ミナスジェライス州で金の鉱脈が見つかった。金の時代が始まったことで植民地ブラジル経済の中心は、北東部から南東部の内陸部（現在のミナスジェライス州）に移動することになった。ブラジルはポルトガルの重商主義政策に応えるべく、時代の変化とともに数々の国際商品（一次産品）を開発・生産する拠点の役割を担ったのである。言い換えれば、国際商品を生産し輸出する国際経済体制に編入され、それは一九世紀中頃からブラジル経済を担ったコーヒーの時代においても続くことになった。

帝政、そしてオリガルキーの支配へ

ブラジルは三〇〇年近く続いた植民地時代を経て、一八二二年に独立を果たした。独立後のブラジル政治史は、以下のように区分される。

・独立→帝政時代　一八二二〜八九年
・旧共和政時代　一八八九〜一九三〇年
・ヴァルガス時代　一九三〇〜四五年
・第二次世界大戦後の大統領民選時代（ポピュリズムの時代）　一九四五〜六四年
・軍事政権時代　一九六四〜八五年
・再民主化時代　一九八五年〜現在

ブラジルは独立後、ただちに共和政に移行せずに帝政となった、ラテンアメリカでは唯一の国である。ヨーロッパでナポレオンの勢力が拡大するなか、英国との断交を迫られたポルトガル王室はブラジルへの遷都を迫られた。一八〇八年三月に北東部のサルバドールを経てリオデジャネイロに到着した後、一三年間にわたってポルトガル王室はブラジルに置かれることとなった。

一八二一年、本国ポルトガル立憲革命が勃発し、国王ジョアン六世は帰還、ブラジルに摂政として残った長子ドン・ペドロ一世によって、一八二二年九月七日、独立が宣言された。[*3]ドン・ペドロ一世は一〇月一二日に初代皇帝として即位し、その後帝政は六七年間、一八八九年まで続いた。立憲君主制国家となったブラジルでは、その後も奴隷制や外国市場に国際商品を供給するプランテーション型経済構造が継続した。

帝政崩壊の最大の要因は、労働力である黒人奴隷の全面解放に踏み切った帝政に対する大土地所有者層の不満であった。一八六四年にアメリカ合衆国で奴隷解放が実現したこと、同じく六四年から七〇年まで続いたパラグアイ戦争において、アルゼンチンやウルグアイなど共和政体の国とともに戦った経験から、軍人が共和主義思想の影響を受けたことなどがきっかけとなって、ブラジルでは奴隷制廃止に向けた動きが起こった。一八七一年に奴隷の母親から生まれた子どもの自由を定めた「ベントレ・リブレ（自由な子宮）法」が施行され、八五年には六〇歳以上の奴隷を解放、八八年五月一三日の「黄金令」(*Lei Áurea*) によって奴隷制度は廃止された。

こうしたなかで一八八九年一一月一五日、デオドーロ・ダ・フォンセカ将軍率いる陸軍のクーデター（無血クーデター）が勃発し、帝政は共和政へと移行した。九一年に初代共和国憲法が発布され、大統領が強い権限をもつ大統領制と各州がある程度の自治権をもつ連邦制の、今日に至るブラジル政治システムの基本が築かれた。

一九三〇年まで続く旧共和政は、コーヒー農園主や牧畜業者などの地方エリートが政治経済を支配し、国政レベルにも影響を及ぼすオリガルキー（寡頭支配勢力）の時代であった。この時代を表す言葉に「カフェ・コン・レイチ体制」（ミルク・コーヒー体制）がある。コーヒー生産州のサンパウロと牧畜産業が盛んなミナスジェライスから交互に大統領を輩出した権勢の実態を象徴する用語である。経済的に強い二つの州を中心に、リオデジャネイロやリオグランデドスルなど限られた州に政治権力が集中し、そうした州のオリガルキーたちが国全体の政治を支配する、地方中心の時代であった。旧共和政時代の大統領の出身州は、サンパウロが六人、ミナスジェライスが四人、その他の州が五人（うち三人は初代から三代目まで続いた軍人）であった。

2　「ヴァルガス革命」から軍事クーデターまで

中央集権的な国家づくりと「ブラジリダージ」の高揚

一九三〇年一〇月三日、カフェ・コン・レイチ体制に不満を募らせた地方州の政治勢力や同じく旧体制を批判した青年将校たち（ポルトガル語でテネンチ＝中尉）に担がれたリオグランデドスル出身で地主階級の政治家ジェトゥリオ・ヴァルガスの指揮のもと、クーデター（政変）が発生した。政治学上は「革命」とはいえないが、ブラジルでは一九三〇革命（*Revolução de 1930*）と呼ばれ、日本語の文献では「ヴァルガス革命」と表記されているものもある。旧共和政時代最後の大統領となったワシントン・ルイスはクーデターによって辞任に追い込まれ、臨時政府の首班となったヴァルガスは、大統領令を発布し、一八九一年憲法を廃止するとともに、暫定大統領に就任した。

一九三〇年から四五年までの一五年間（ヴァルガス時代）[*4]のブラジル近現代史における意義は大きい。すなわち、①特定の州が強い力をもつ地方主義的（地方分権的）な国家から中央集権的な国家づくりが始まったこと、②一次産品輸出経済から国家主導の工業化が開始したこと、③国民意識の高揚（ポルトガル語でブラジリダージ＝ブラジルらしさ）に力が投入されたこと、である。統一国家ブラジルに向けた動きがこの時代から本格的にスタートしたといってよい。その意味において、一九三〇年はクーデター（政変）というよりも「革命」であったと受け止められた。

この三つの点を象徴するものとして、まず①に、一九三八年のブラジル地理統計院（ＩＢＧＥ）の設立や、四一年にブラジル全土を五つの地方に行政区分（北部、北東部、東部、南部、中西部）したことが挙げられる。それまでの拠点ごとの開発からブラジル全土を見据えた開発を意図したものとなった。

②の工業化を進めるものとしては、一九三四年憲法に「鉱物資源、水力発電、国防上必要な産業の国有化」が明記されたことや、三八年に国家石油審議会が創設され、流通を除く石油の開発・輸入・精製部門の国有化が発表されたことが挙げられる。経済における国家の役割を重視したものである。③の国民意識の高揚は、日本移民の入国制限を念頭においたといわれる「外国移民二分割当法」や、三八年の外国語学校閉鎖など外国移民の同化政策に表れている。「ブラジルの旗は唯一国旗のみであり、ブラジルには大きな州も小さな州もなく、あるのはブラジルという大国のみである」との三七年一一月のヴァルガス大統領の演説もこの線に沿ったもの

だ。

第二次世界大戦後の大統領民選時代（ポピュリズムの時代）

ヴァルガス大統領は、一九三七年以降独裁色を強めた。スペインのフランコ政権やイタリアのムッソリーニ政権をモデルとした「新国家体制（エスタード・ノーボ）」では、政党活動は認められず、議会も廃止され、市民権の停止や戒厳令の布告など市民社会に対する統制も厳しくなった。

一九四一年に第二次世界大戦が勃発するなか、全体主義的な色彩が強いその言動ゆえに、ヴァルガス大統領は、当初、枢軸国寄りとみられていたが、次第に連合国寄りの行動をとるようになった。四二年に日本とも断交し、日本移民の渡航は停止された（再開は一〇年後の一九五二年）。米国のルーズベルト政権に接近し、同国からの経済・技術協力により、南米初の一貫製鉄所をリオデジャネイロに建設した。第二次世界大戦が終結し、世界で民主主義が広がりをみせるなかで、四五年一〇月、軍部による無血クーデターが発生し、ヴァルガス大統領は辞任し故郷のリオグランデドスルに戻った。

戦後の大統領民選時代の大統領は、ドゥトラ、ヴァルガス（第二次政権）、クビシェッキ、クワドロス、ゴラールの五人である。ドゥトラは陸軍将軍、残りは文民であった。一九四六年憲法が発布され、三権分立のもとに、大統領権限の制限、議会の自律性、司法権の強化など、当時としては民主的な内容が盛り込まれた。国民による大統領の直接選挙が復活し、全国政党がブラジルで初めて誕生した。

戦後のこの時代は、ブラジルを含めラテンアメリカ諸国の多くでは「ポピュリズムの時代」と呼ばれる。強いカリスマ性をもったリーダー（＝大統領）が国民に対して、権利付与や財政支援と引き換えに政治動員を図った。任期半ばで保守層や軍部によって辞任を迫られ自殺した（一九五四年八月）ヴァルガスのあとを受けて大統領に就任したクビシェッキ大統領（一九五六－六一年）は、ポピュリズム時代を象徴するリーダーの一人である。「五〇年の進歩を五年で」のスローガンのもとに、ブラジル初となる国家五か年計画である「メタス計画」を発表し、国家主導の工業化と国土開発を、強いリーダーシップのもとに推し進めた。

メタス（*metas*）とはポルトガル語で目標や目的を意味する。動力（エネルギー）、運輸、農業、基礎的工業の分野に対して、大型の開発資金を投入し、政府主導の工業化を進めるための基盤づくりを進めた。水力発電所や高速道路の建設に重点が置かれた。一九六〇年に首都をリオデジャネイロから内陸部のブラジリアへと移したこともメタス計画の一環であった。それまでのブラジルは主として海岸線に開発の拠点が置かれてきたが、全土を見据えた国土開発を行ううえでブラジリアへの遷都は歴史的な念願であった。

ブラジリアの建設は北東部などからの内国移民の流れを促し、ブラジリア近郊に衛星都市がつくられた。クビシェッキ政権時代はメタス計画によって、国民総生産（GNP）は年率七％、工業生産は一二・七％、農業生産は四・八％の成長を遂げたが、急速な経済発展の反動で、猛烈なインフレを招くことになった。また国内に十分な開発資金がなかったこともあり、メタス計画は欧米を中心とする外資への依存度が高く、ブラジルの対外債務拡大の一因となった。

3　軍事政権時代

軍政令と「ブラジル経済の奇跡」

一九六四年三月三一日深夜、軍部によるクーデターが発生した。ポピュリズム時代最後の大統領ゴラールが六三年一月に発表した「経済社会開発三か年計画」のなかで農地改革を含む構造改革が提案されたこと、政府に対する北東部農民の抵抗運動をゴラール大統領が支持したこと、また対外利潤送金制限法や米国系電力会社の国有化を行ったことなど、左傾化するゴラール政権に対して、東西冷戦構造のなかで軍部や保守層そして米国が危機感を募らせたことがクーデターの背景にあった。

二一年間という長期にわたって軍部が組織的に政治を行ったのは、ブラジル近現代史のなかで初めてであった。ブラジルではこの間、チリやアルゼンチンなどと違って、完全に憲法が廃止されることはなかったが、一九六四年から六九年の間に発布された一七本の軍政令の存在は軍事政権の法的な基盤となった。とりわけ第五号は、反政府活動を行う政治家や公務員などのパージ（公職追放）や、逮捕状なしに任意の逮捕を可能とするものとして最も恐れられた。また軍事政権時代を通して国会（連邦議会）や地方議会は原則開催されていたが、第五号の発動により一時的に閉鎖されることもあった。これに先立つ軍政令第三号では、憲法改正提案権や大統領令の発布を定め、六七年憲法で禁止された死刑禁止を反故にし、反政府勢力者に対する死刑を認める内容が盛り込まれるなど、軍政令は超憲法的な存在であった。

ブラジル政治の表舞台に登場した軍部をイデオロギー的に支えたのは、冷戦構造のもとでブラジル軍内部に広がった「国家安全保障と開発ドクトリン」であった。すなわち、ブラジルを西側資本主義諸国の一員と位置づけ、そのなかで軍政の役割とは、さまざまな形で社会に浸透する共産主義の脅威を水際で食い止め、治安維持に努めることであり、国家の安全保障を高めるためには国力増強、経済発展が不可欠であるとするものであった。軍事政権時代、国家主導による輸入代替工業化が推進され、技術官僚、いわゆるテクノクラートが政府中枢に多数登用されたことも、軍部の経済発展重視の表れであった。

一九六八年から七三年には「ブラジル経済の奇跡」と呼ばれる年率一〇%前後の高度成長を記録したが、一方でこの時代は、政治的には軍政による市民社会に対する締め付けが最も高まった時期である。当時のメジシ大統領（一九六九〜七四年）は「最も強権的で抑圧的」な大統領といわれた。軍政令第五号を含む多くの軍政令を合法化した六九年憲法が発布され、反政府勢力に対する抑圧が増大した。日本人総領事を含む外交官の誘拐事件[*5]が続発したのもこの時代である。対外借り入れに依存した国家主導型の工業化政策が長期間続き、七〇年代半ば以降の二度の石油危機や米国の高金利政策など世界経済情勢が変化するなかで、軍事政権は累積債務問題を抱えるようになった。二桁、三桁の猛烈なインフレや低成長が続き、所得格差や貧困状況が悪化するなかで軍政に対する信頼は完全に崩れた。

軍政のサイクルと再民主化への道

ブラジル軍政の二一年間は、一つのライフサイクルをもっていた。先に述べたように、国家安全保障・開発ドクトリンのもとに軍政令など法制度的な整備を進め、支配体制を固めた七〇年代前半までの時期を経て、七四年に軍政四代目の大統領に就任したガイゼル政権のもとで緊張緩和（ポルトガル語で*distensão*）の動きが始まった。軍政二代目のコスタ・エ・シルバ大統領、三代目のメジシ大統領はともに軍部内でタカ派といわれる人物であったのに対して、ガイゼル大統領は軍部のなかでは穏健派・国際派であったことも、この時代にブラジルで緊張緩和政策が始まった理由の一つである。

ガイゼル政権の緊張緩和政策は、緩めては引き締める、いわば「ストップ・アンド・ゴー」の形で展開された。七四年一一月に行われた下院議員選挙における野党ＭＤＢ（ブラジル民主運動）の躍進や軍政を批判する学生運動などが広がるなかで、ガイゼル大統領は国会を閉鎖、その間に選挙制度を中心とする憲法改正を行い、次の七八年の総選挙で野党ＭＤＢのさらなる勢力拡大を阻止しようとした。

七八年、軍政時代初のストがサンパウロの工業地帯（通称ＡＢＣ地区）で発生した。指揮をしたのはＡＢＣ地区のＢを表すサンベルナルドドカンポ（São Bernardo do Campo）およびジアデマ（Diadema）の金属労組委員長であった後のルーラ大統領であった。翌年にも、同じＡＢＣ地区で三〇〇万人に及ぶ工場労働者が参加するストが起こった。こうしたなかで政府は軍政令の廃止、政党活動の規制緩和、軍部穏健派のフィゲイレド将軍の次期大統領候補としての選出、メディアの事前検閲廃止、政治犯の国外追放処分の一部解除などを行った。

七八年一一月の総選挙はかろうじて与党ARENA（国家革新同盟）が勝利したが、下院議員選挙では、ARENAの得票数一五〇〇万票に対してMDBは一四八〇万票と、MDBの勢いは止まらず、翌七九年に発足したフィゲイレド政権のもとで政治自由化（政治開放、ポルトガル語で *abertura*）に向けた動きが始まった。軍政は六四年以来非合法となっていた全学連（UNE）再結成の動きを黙認し、政治犯の釈放を行った。さらに政党法が改正され、六五年以降規制されていた二大政党制から多党制へ改編が行われた。労働者党（PT）の発足も八〇年である。

政治自由化を示す動きは、経済や外交面でもみられた。国立経済開発銀行（BNDE）を国立経済社会開発銀行（BNDES）に改編し、軍政が社会問題にも関心があることを示そうとした。また六三年以来となる国会議員のソ連訪問も行われた。しかしながらガイゼル政権時代の「緊張緩和」にせよフィゲイレド政権の「政治開放」にせよ、その中身は上からの自由化の動きであった。

一部の軍部タカ派はこうした政治自由化の動きに抵抗しようとした。八一年四月にリオデ

「ジレッタス・ジャー！（大統領の直接選挙を今すぐ！）」
出所：Wikimedia Commons
https://commons.wikimedia.org/wiki/File: Diretas_Já!_(4996343919).jpg

ジャネイロの会議場リオ・セントロでの音楽ショーの開演前に、乗用車内で爆弾が爆発し、乗っていた軍人二人が死傷するという事件が起こった。現場の状況から軍人が、左翼による犯行とみせかけ、ショー会場に爆弾を持ち込もうとしたものとみられたが、政府による調査の結果は軍人の責任は認めないというものであった。

一九八三年一一月、労働者党（PT）による大統領直接選挙を求める一万人規模のデモがサンパウロで実行された。その後、八四年一月にサンパウロで始まった大統領の直接選挙を求める運動、いわゆるジレッタス・ジャー（*Diretas Já*）が全国各地に広がり、ブラジルは民主化に向け一挙に動いていった。ジレッタス・ジャーのジレッタスは英語のダイレクト・ボート、すなわち直接選挙を指しており、ジャーは今すぐという意味である。「今すぐ直接選挙で大統領を選出する」ことを要求する運動であった。七九年のフィゲイレド政権発足時には、後継政権はもう一期軍政との見方が国民の間でも一般的であったが、八二年秋以降深刻化した対外債務問題による経済失速によって、軍政の政権運営は混乱し、その間国民の民主化を求める気運が一層高まったのである。

一九八五年一月の大統領選挙は軍政時代と同じく間接選挙で行われたが、軍人ではなく文民を選出するものとなった。野党ＭＤＢの流れを汲み、多党制に改編後誕生したＰＭＤＢ（ブラジル民主運動党）とＰＦＬ（自由戦線党）[*6]が結成した民主連合（ＡＤ）の候補となったタンクレード・ネーヴェスが、軍政を継承するＰＤＳ（民主社会党）候補のマルーフを四八〇票対一八〇票の大差で破り、再民主化後初の文民大統領の選出となった。副大統領にはＰＦＬ党首のジョゼ・サルネイ上院議員が選出された。大統領選挙が直接選挙で行われるようになるのは、四年後の八九年の大統領選挙である。

ネーヴェスは、ミナスジェライス州出身の法律家で、戦後のヴァルガス政権では法務大臣、クビシェッキ政権ではブラジル銀行やＢＮＤＥ総裁を歴任した人物である。また六〇年代初頭、ゴラール政権が急進化するなかで混乱する政治の収拾のため一時期設けられた首相職に就いたこともある、豊富な経験が買われた政治家であった。

大統領就任式前夜、ネーヴェスは消化器系の疾患により入院した。副大統領サルネイが大統領代行を務めたが、七回に及ぶ手術の甲斐なく、八五年四月二一日、タンクレード・ネーヴェスは死去した。それを受けて、大統領代行のサルネイが正式に初代文民大統領として就任した。

【注】

＊1　エントラーダは主に北東部沿岸から内陸を目指す公的な遠征隊で、主たる目的は地図作成のための調査と貴金属探査であった。バンデイランチは主にサンパウロから南部や中西部を目指す私的な遠征隊である。

＊2　ポルトガルの首都リスボンから南西に約一〇〇〇キロの大西洋上に位置するポルトガル領の諸島の一つ。面積は七一四平方キロである。ポルトガル人は一五世紀半ばからすでにマデイラ島でヨーロッパ市場向けに砂糖生産を行っていた。当時ヨーロッパでは砂糖に対する需要が高まり、ブラジルでつくられる砂糖に対する期待も大きかった。

＊3　一八二二年九月、訪問先のサンパウロにおいて、その行動に対して本国ポルトガルから「祖国反逆罪に値する」と書かれた書簡を受け取り、「独立か死か」と叫び、事実上の独立宣言となった。

＊4　一九三〇年から四五年までの一五年間は三つの時期に区分される。三〇年から三四年の暫定政権期、三四年から三七年の「一九三四年憲法」にもとづく政権期、一九三七年から四五年の「新国家体制」(ポルトガル語でエスタード・ノーボ)といわれる全体主義的な色彩の強い政権期である。

＊5　一九七〇年三月一一日、左翼テロ団による大口サンパウロ総領事の拉致誘拐事件が発生した。ブラジル政府が人道的見地から誘拐犯の要求する政治犯五人の釈放に応じ、大口総領事は四日後に解放された。

＊6　軍政時代の与党ARENAを改称したPDS(民主社会党)から分離したメンバーによって結党された。

第8章　地　誌

1　広大な国土と豊かな自然

東へ流れるアマゾン川、西へ北へと傾くブラジル高原

ブラジルの面積は日本の二三倍（八五一万平方キロ）と広大だ。衛星写真や地図ソフトなどでその国土を俯瞰してみよう。北東から南西にかけて斜めに引いたライン（マラニョン州の南の州境付近からマットグロッソ州の南の州境近辺まで）から北の方向に緑が広がり、それ以外は赤茶けた土地が国土の中央に広がっているのに気付くだろう。緑に覆われた地域の大部分はアマゾン水系に沿ったアマゾン平野である。アマゾン水系はアンデス山脈に源流をもつがその傾斜は非常に緩く、コロンビア、ペルーとの国境にあるソリモンエス川沿いにあるタパチンガでも標高は一〇〇メートルに満たず、三〇〇〇トン以上の船も行き来できるほどだ。衛星からみた赤茶けた土地の大部分は標高一〇〇〇メートル程度の広大なブラジル高原であるが、大西洋岸に近い海岸山脈付近の標高は高く、西ないし北に向かって標高が下がっていく。それゆえ、海岸付近の山脈を

図表8－1　ブラジル全図

出所：IBGE

水源とする主要河川も西のラプラタ水系や北のアマゾン水系の方に向かって下っている。帯水層分布をみても地下水量の最も多いのがパラグアイ国境側に広がるパラナ堆積盆地であり、二位がアマゾン地域となっている。主要河川のなかで同山脈に水源をもち、東の方向に流れるものとしてはジェキティニョニャ川、ドセ川、パライバ・ド・スル川、そしていったん北に流れるが途中で西に方向を変え、アラゴアス州とセルジッペ州の州境付近に河口をもつサンフランシスコ川がある。ちなみに、ブラジリア建設の位置は高原を北に流れるトカンチンス川、北東部から東に流れるサンフランシスコ川、西に流れるパラナ川という三つの主要河川の分水嶺付近である。

地質図で国土全体を俯瞰すると、海岸山脈付近に古い地層が多い。具体的には、ブラジルの北東部から南東部にかけて、先カンブリア界・古原生界（二五億年前〜一六億年前）やそれより古い冥王界の古い地層（花崗岩、変成岩）や新原生界の閃緑岩などが分布している。

他方、アマゾン川流域には比較的新しい地層がみられる。顕生界の新生代や中生代の堆積岩などだ。鉄鉱石や金、ダイヤモンド、銅などの鉱脈は古い地層が多い海岸山脈近辺で発見され、採掘されてきた。

また、原油や天然ガスなどの炭化水素エネルギー資源は、南東部沖の大陸棚に広がっている。一九七〇年代から浅海油田の開発が始まり、八〇年代には深海油田の存在も確認された。エスピリトサント州からリオデジャネイロ州沖にかけては重質油が分布している。なお、二〇〇〇年の後半以降、サントス盆地のプレソルト（ポルトガル語ではプレサル）層から軽質油が発見され、この後海外資本も交えた石油・天然ガス資源の開拓が進んだ。

ブラジルイコール「トロピカル」ではない

ブラジルの気候といえば、アマゾンやリオデジャネイロなど多雨な熱帯気候というイメージをもたれがちだ。確かに北部の気候は、ほぼ乾季がない熱帯雨林気候（Af）がアマゾン川上流部に広がるが、中流は弱い乾季をもつ熱帯雨林気候（Am）となっている。アマゾン中流域にあるマナウス近辺は年間に一〜二か月程度、もう少し下流に位置するサンタレンは一年に三か月程度の乾季を有する。下流はまた乾季の少ない熱帯雨林気候となり、河口のベレン近辺は乾季のない熱帯雨林気候（Af）となる。

大西洋岸に突き出した北東部地域は海岸部に熱帯湿潤気候が広がり、昔からサトウキビが栽培されてきたが、この北東部地域も実はマッタ（森林）地帯、アグレステ（灌木林地帯）、セルトン（内陸乾燥地帯）、北部漸移《ぜんい》地帯に分けられており、内陸部に入るにつれ、乾燥地帯が広がる。セルトンやアグレステなどは度々激しい干ばつに見舞われる。激しい気候差のある北東部からリオデジャネイロやサンパウロなど人口が集中する南東部に入る。南東部のなかでも東に位置するエスピリトサント州ヴィトリア、リオデジャネイロ、そしてサンパウロ州のサントスと大きな港湾を抱える三つの都市は、熱帯ないし熱帯湿潤気候で蒸し暑く、トロピカルな風景が広がる。しかし、熱帯雨林気候（Af）のサントスから車で一時間半ほど海岸山脈を登ってサンパウロ市に着くと、湿度は下がり、熱帯高地気候で過ごしやすくなる。サンパウロからさらに内陸部に六時間ほど進んで行くと気候も変化する。内陸部のアラサッーバあたりの気候はサバンナ気候（Aw）となり、雨季と乾季が明確に分かれている。さらに大陸中心部の北西へ向かって行くと気温は上がってきて、乾季がほとんどない熱帯雨林気候（Af）のパンタナール地域に入る。しかし、パンタナールからアマゾン地域までの間は四〜五か月の乾季があるセラード地帯となる。

ブラジル南部はパラグアイ、アルゼンチン、ウルグアイとの国境に接しているパラナ州、サンタカタリーナ州、リオグランデドスル州からなる。パラナ州の北から西部にかけて、またサンタカタリーナ州の海岸部などでは針葉樹で幹の上部に葉が密集している特異な形状をもつピニェイロスなどに覆われた森林地帯もみられる。南部はほとんどが亜熱帯気候であるが、冬季は冷え込みの厳しい時期もあり、標高の高い地域では降雪もみられる。

2　多彩な産業の形成

農業から生まれた工業も

古い地質構造に根差した豊かな鉱物資源と広大で多様な気候を利用した農業のポテンシャルが、ブラジルの産業の特徴のひとつだ。二億人を超える人口をもちながら、国内消費を賄うにとどまらず、なお巨大な輸出が可能なその資源は、後の多彩な産業形成の背景となってきた。また、特に農業においては全てが自然の恵みとして与えられたものではなく、「ヒト」特に移民が開発を進めてきたこと、そして、その農畜産物を活かした工業の発展も興味深い。

古くはパウ・ブラジル、砂糖、綿花、ゴムなどのブームがあったが、一瞬の輝きの後は過去の遺産となった。しかし、一七世紀にブラジルに伝わり、一九世紀後半から南東部で広がったコーヒーは、それまでの奴隷による栽培・収穫ではなく、欧州からの移民により栽培・収穫が行われ、耕地もリオデジャネイロから西進し、サンパウロまで広がった。奴隷ではなく、移民は給与労働者であるため、そうした労働者向けの消費財を生産する者も現れ、これが同地域の軽工業勃興の背景となった。

図表8－2　ブラジルの地域区分

出所：ジェトロ

農業から派生した産業が発展した例は、他にもある。サトウキビからは砂糖だけでなく、七〇年代前半の石油危機をきっかけに代替エネルギーとしてのエタノールが生産されるようになった。国家プロジェクトとして有名な七〇年代以降の中西部のセラード（*cerrado*）開発も新たな産業の呼び水となった。不毛の地と呼ばれた大地を豊かな大豆生産地に変えたセラード計画。この計画で栽培地域が広がった大豆は、大豆油だけでなく、その絞り粕を飼料とする鶏肉産業を産んだ。

ちなみに、ブラジルは、首都ブラジリア（連邦直轄区）を含め二七州に分かれている。広大なこの国の特徴を掴むには

図表８－３　就業者数の地域別割合

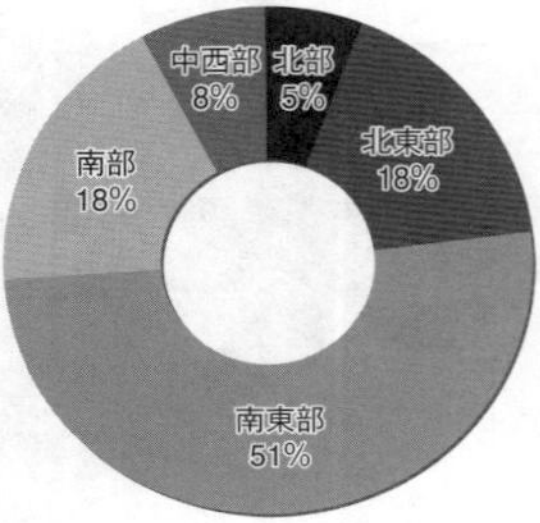

図表８－４　企業数の地域別割合

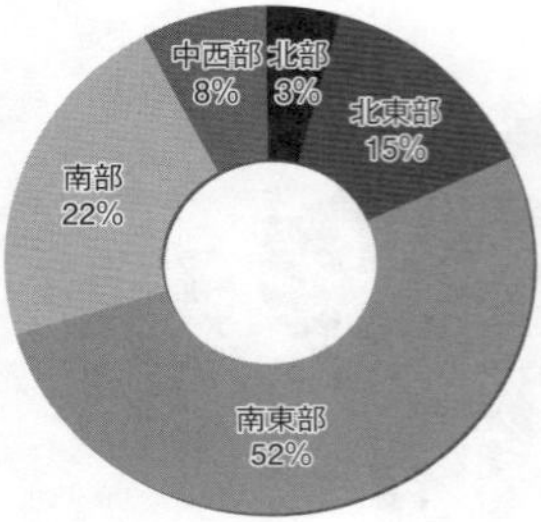

出所：IBGE データをもとに筆者作成（２点とも）。

州単位よりもＩＢＧＥ（ブラジル地理統計院）によってつくられた地域区分（南東部、南部、北東部、北部、中西部）でみた方が容易である。

上記区分を踏まえつつ、就業者数や企業集積で地域別割合をみると図表８－３、８－４のとおり、南東部が企業の集積という点でも就業者の数でも圧倒的な存在感を示しているのがわかる。南部は製造業、運輸・倉庫などの分野で企業の集積があり、特に製造業は就業者数も多い。他方、経済的に発展段階にある北東部や北部は「行政・防衛・社会保障」などの公的セクターが商業や建設業とともに雇用の受け皿になっているのが特徴だ。中西部は首都ブラジリアを擁するため、国際機関、行政が集積し、就業者数をみても同部門が雇用に貢献しているのがわかる（図表８－５、８－６）。

以下、それぞれの地域区分にしたがって地理的特徴や気候およびそれらに根差した現在の産業の様子を紹介する。

アマゾン依存からの脱却――北部経済

北部地方はパラ州、アマゾナス州、アクレ州、ロンドニア州、ロライマ州、アマパ州、トカンチンス州からなる。面積は三五八万平方キロで国土全体の四二％に当たるが、IBGEの二〇一七年一〇月時点の推計（以下他地域も同じ）によると人口は一七九〇万人で総人口の八％にとどまる。アマゾン川の傾斜は緩いが、北部地方の地形全体が平坦であるというわけではない。北半分はサバンナ気候のギアナ平原が広がり、南側は一部ブラジル高原にもかかる。マディラ川の南は結晶質岩高原となっている。水の流れにより形成された（砂の層や粘土層からなる）沖積地は河川沿いに若干みられるだけであり、氾濫期にも浸水しない標高一〇〇メートル以下の低い台地「テラ・フィルメ」が存在する。

産業構成を概観すると、北部の特色はブラジル全国平均より農業と工業が盛んであることだ。同地域の産業を付加価値額（二〇一五年時点）で部門別にみた場合、農業が占める割合は一〇％と全国平均（五％）の二倍だ。また工業が占める割合は二五％と全国平均（二二・五％）より高く、この割合は南部に次いで高い。アマゾンの密林に覆われた地域で工業の割合が高いとい

図表８－５　業種ごとの地域区分別割合（就業者数）

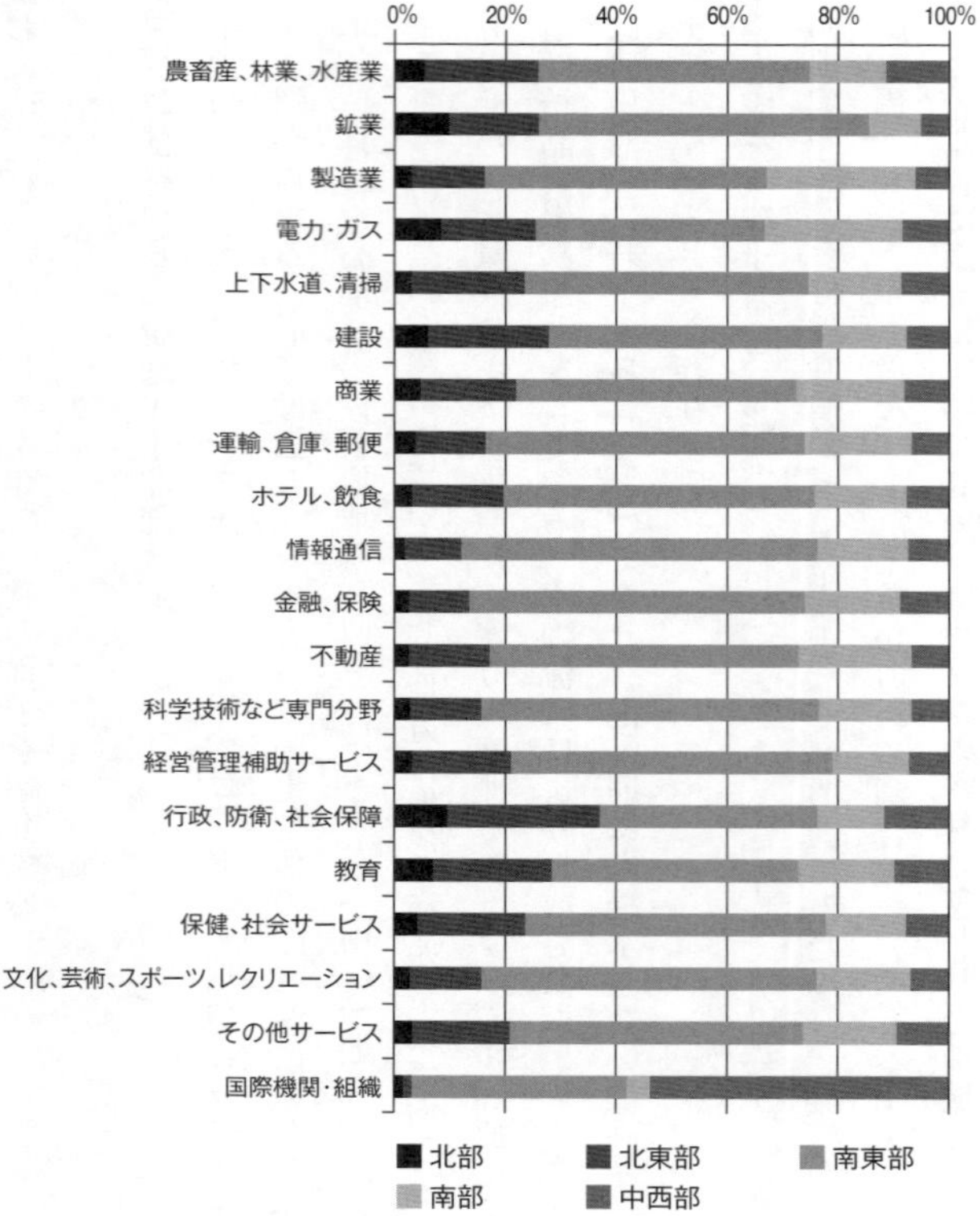

出所：IBGE データをもとに筆者作成。

図表8－6　業種ごとの地域区分別割合（企業数）

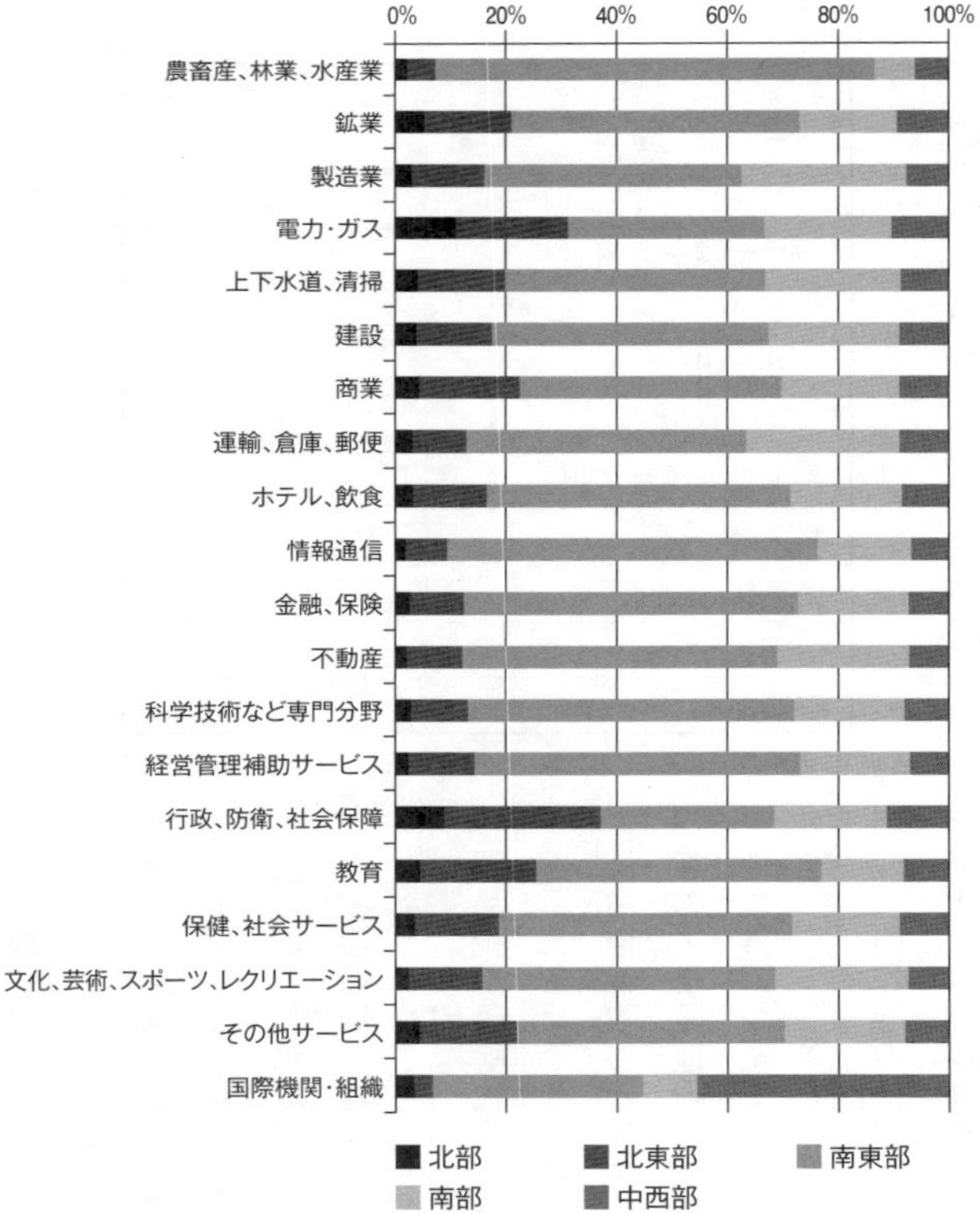

出所：IBGE データをもとに筆者作成。

図表８－７　付加価値額ベースでみた林業、漁業（養殖含む）地域別割合（2015年）

（%）

北部	**23.3**
ロンドニア州	1.5
アクレ州	0.5
アマゾナス州	8.8
ロライマ州	0.2
パラ州	11.3
アマパ州	0.4
トカンチンス州	0.6
北東部	**20.2**
南東部	**22.7**
南部	**22.7**
中西部	**11.1**

出所：IBGE

うのは一見不思議だが、その背景にはマナウス・フリーゾーンの存在がある。同地域で操業する企業は、マナウス・フリーゾーン監督庁（ＳＵＦＲＡＭＡ）の認可が下りれば、製造に使われる消費財や製造設備、再輸出のために保管される製品などは、連邦税である輸入税や工業製品税が免除になるなどの税制恩典を受けられる。そのため一四年一二月時点で日系企業四一社を含む二三四社がマナウスの工業団地内で操業している。工業団地以外の企業で優遇税制を受けている企業も、二〇〇社以上を数える。

部門ごとの付加価値額の州別割合をみると、ブラジルのなかでシェアが高いのは林業・漁業である。パラ州を中心に木材産業と川魚、汽水域でのエビの養殖などが背景にある。パラ州のみで全国の一一・三％、北部全体でのシェアは二三・三％となっている（図表8－7）。

北部地域を覆う熱帯雨林により、大都市はアマゾン川流域に点在している。しかし、七〇年にトランスアマゾニカ（アマゾン横断道路）建設が始まり、陸路で地域内および他地域との物流網が整備され始めた。そのため、アマゾン川中流域にあるサンタレンは中西部で収穫された穀物を貯蔵・出荷するためのターミナルが整備され、その重要性を増している。人種としては白人が二割で七割が混血、黒人は一割未満となっている。

いにしえのブラジル跡が残る北東部

北東部はマラニョン、ピアウイ、セアラ、リオグランデドノルチ、パライバ、ペルナンブーコ、アラゴアス、セルジッペ、バイーア州（および大西洋の島フェルナンド・ジ・ノローニャ直轄領）からなる。ブラジル全土の一八％（一五五万平方キロ）を占め、人口は全国の約三割を占める。バイーア州の州都であるサルバドール（都市別人口全国三位の二九四万人）はじめ、セアラ州・フォルタレーザ（同五位、二六一万人）、ペルナンブーコ州・レシフェ（同九位、一六三万人）が上位一〇位内に入っている。しかし、北東部のGDP全体に占める割合は一四・五％にすぎない。就業者数でみると、公的性格をもった部門の割合が高いのが特徴である。図表8－5をみると「行政、防衛、社会保障」の就業者数が全国的にみても非常に多いのがわかる。

この地域の経済・産業については、地形、気候、植生、水系などの自然の特性が人口の分布に強く影響している。また、一六世紀初めにポルトガル人の入植が開始された地という歴史を抜きには語れない地域でもある。北東部の大都市は全て海岸沿いにある。入植したポルトガル人はエントラーダ（奥地探検隊）を組織し、内陸部の開拓を始めた。またサトウキビの栽培が導入され、アフリカからの奴隷が連れてこられてからは生活に必要な作物も栽培され始めた。

北東部の経済地域区分はマッタ（森林）地帯、アグレステ（灌木林地帯）、セルトン（内陸乾燥地帯）、北部漸移《ぜんい》地帯に分けられる。サトウキビ栽培は主に湿潤な海岸地帯で行われた。レシフェは距離的に欧州やアフリカに近いことに加え、レシーフェ（岩礁）や水路などの地形により港湾都市として発展した。ポルトガル人が内陸部を開拓するに当たり行政区の設置が必要となり、ポルトガル王室はカピタニアと呼ばれる一四の世襲の行政区を定めたが、これが後々土地所有の偏りにつながり、セルトンやアグレステなど度々激しい干ばつに見舞われる厳しい気候・地理的条件とも相まって、内陸部の発展を遅らせ、水を得やすい河川沿いや海岸に人口が集中する背景となった。

厳しい気候と歴史を背景とする人口の偏りと格差の問題により、北東部の開拓は特にゼトゥーリオ・ヴァルガス政権以降のブラジル政府にとり、国土全体の統一と発展を目指すうえで大きな課題の一つとなった。

政府は北東部開発庁（SUDENE）を設置し、連邦政府による税制優遇措置を講じるなどして企業誘致を図ったり、サンフランシスコ川流域開発公社（CODEVASF）主導で同河川の水資源を利用した灌漑農業などの振興を図るなどした。その結果、バイーア州には石油化学分野でラテンアメリカ最大級の化学コンビナートがつくられた。バイーア州政府の経済研究局（SEI）によると、同州の工業のなかでは石油派生品、化学製品の生産が工業の売り上げの約半分を占めるまでになった。その他にカマサリ工業団地ではフォードが二〇〇一年から乗用車の生産を開始するなど、税制優遇措置を使い外資の製造業誘致にも成功している。北東部のなかでは例外的に工業発展している州の一つといえる。ちなみに付加価値額の地域別・州別割合をみると製造業における北東部のシェアは一〇・七％にすぎないが、このうち三・九％はバイーア州、二・三％がペルナンブーコ州である。

サンフランシスコ川流域開発公社は多くのダムを設置してきたが、ジュアゼイロ（バイーア州）、ペトロリーナ（ペルナンブーコ州）を中心に果実の大規模な栽培が行われるようになってきており、ブドウなどが欧州などへ輸出されたり、ワイン製造がブラジル南部のワイナリーの進出によって可能となったりしている。

さらにブラジル政府は一五年のルセフ政権時、ＭＡＰＩＴＯＢＡ地域と銘打って、マラニョン州、ピアウイ州、トカンチンス州（北部の州）、バイーア州の州境近辺の大規模な開発に着手した。同地域には日本の総合商社もこぞって現地企業の買収などを通じて特に穀物ロジスティックスの分野に参入した。しかしその後、一部商社の撤退が発表され、ボルソナーロ政権の農業開発方針もルセフ政権時と異なるものとなってしまった。

人種構成としては白人が四分の一、黒人が一割、六割強が混血である。

中心地――南東部

南東部地域はミナスジェライス、リオデジャネイロ、エスピリトサント、サンパウロの四州からなり、ブラジルの全面積の一〇・八％（九二万四〇〇〇平方キロ）で全人口の四二％が集中している。

経済面では全国のＧＤＰの五四％のシェア（三兆二四〇〇億レアル）を誇るが、サンパウロ

図表8－8　南東部主要州の産業構成割合（付加価値額ベース、2015年）

（%）

	サンパウロ州	リオデジャネイロ州	ミナスジェライス州
全体	**100.0**	**100.0**	**100.0**
農畜産業	**1.6**	**0.5**	**5.3**
農業	1.3	0.3	2.8
畜産業	0.3	0.2	1.6
林業	0.1	0.1	0.8
鉱工業	**21.9**	**23.6**	**26.1**
鉱業	0.5	8.8	3.6
製造業	14.8	6.9	13.3
電力、ガス、水道	1.6	2.3	2.8
建築	5.0	5.6	6.3
サービス	**76.4**	**75.9**	**68.6**
商業	13.5	10.6	12.6
運輸、倉庫、郵便	4.8	5.5	4.6
宿泊、レストラン	2.3	3.0	2.2
情報、通信	5.2	4.6	2.7
金融、保険	12.5	5.0	4.3
不動産	9.9	9.4	10.2
専門職（技術等）	10.6	10.0	7.5
経営、教育、社会保障	10.1	19.9	17.2
教育、民間保健	4.6	4.5	3.9
芸術、文化、スポーツ	1.9	2.0	1.9
家庭向けサービス	1.1	1.3	1.4

出所：IBGEデータより作成。

州とリオデジャネイロ州という二つの経済の中心地を抱えていることが大きい。サンパウロ州だけで全国のGDPの三分の一（三二・四％）を占め、リオデジャネイロ州が一割（一一％）を占めている。企業および就業者数の業種別割合はいずれも頭抜けている。

付加価値額をベースに各州の産業の特徴をみてみると、サンパウロ州では製造業、商業（自動車修理等含む）、金融・保険が上位となっている（図表8－8）が、リオデジャネイロでは経営・教育・医療・社会保障関連、鉱業、技術・経営補助などが上位にきており、公的なセクターと国営石油会社ペトロブラスなど資源に関係した業種が上位にきているという違いがみられる。また、エスピリトサント州は天然ガスや大理石などの石材産業を擁することで鉱業（採掘）の割合が高く、その次に商業（自動車修理含む）と続いている。ミナスジェライス州も経営・教育・医療・社会保障関連が最も高いが、製造業が二位となっている。イタリア系のフィアットの工場やゲルダウ、ウジミナスをはじめとする鉄鋼などがある。

人種構成としては白人が五二・二％で最も多く、混血が三七・六％、黒人が九・〇％となっている。

ものづくりの盛んな南部

リオグランデドスル、サンタカタリーナ、パラナの三州からなる南部は南回帰線の南に位置している。面積はブラジルのおよそ七%の五八万平方キロ、人口は二九六〇万人でブラジル全人口の一四%である。南東部から延びる海岸山脈はサンタカタリーナ州まで続いている。パラナ州やサンタカタリーナ州の海岸地帯、ポルトアレグレから南西部に延びる高原は花崗岩や片麻岩からなるクリスタリーノ高原となり、それを越えるとガウシャ内陸低地と呼ばれる平均高度二〇〇～四〇〇メートルの平原が広がる。そしてさらに内陸に進むと砂岩、玄武岩からなる平原となる。南部の内陸部では緩く傾斜した硬軟の地層が侵食を受けたケスタ地形もよくみられる。ケスタ地形の斜面を利用したブドウ栽培そしてワイン製造などが古くから盛んである。なお、ウルグアイ国境に近い地域はカンポスと呼ばれる草原地帯が広がり、牧畜が盛んである。

　わずか三つの州ながら全国のGDPの一六・八%を占める南部の特徴は、「ものづくり」である。企業数でみるとブラジルにおける製造業の三〇・三%の企業が南部地域にある（図表8−9）。

　南部地域就業者全体の約四分の一も製造業に従事している。各州の付加価値額の部門別構成比をみると、サンタカタリーナ州は付加価値額全体に占める工業の割合が二八・七%と全国首

図表８－９　製造業企業数の地域別分布（2015年）

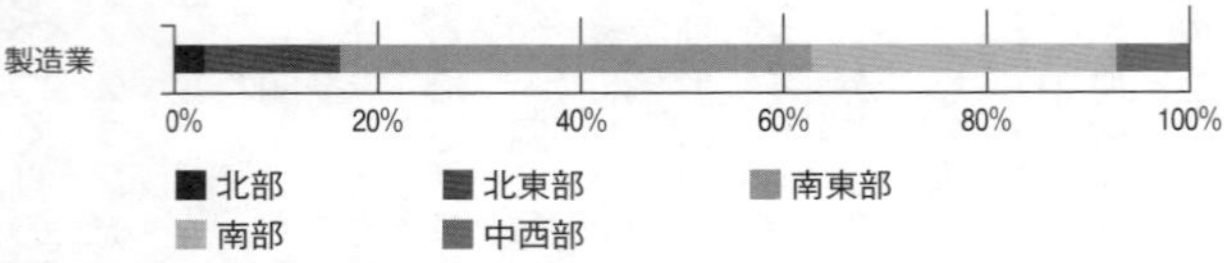

出所：IBGEデータより作成。

位で、しかも製造業だけで同二〇・四％（二〇一五年）と二割を超えている。古くは繊維産業がブルメナウ市を中心に発展したが、その後電機部門（三相モーター世界大手のＷＥＧ本社、日本電産がのちに買収したコンプレッサー世界大手のEmbracoや、家電のConsulやBrastemp等）も発達した。パラナ州、リオグランデドスル州にはそれぞれ独フォルクスワーゲン、米ＧＭといった外資系自動車メーカーの組み立て工場があるが、内資系のバス組み立て産業（代表的な企業としてはマルコポーロ社が挙げられる）や貨物車メーカーのハンドン（Randon）も立地している。

また、パラナ州、リオグランデドスル州とも農業が盛んであるため、農業機械や食品産業の集積もみられる。さらに、リオグランデドスル州は、一部にパンパスが広がり、牧畜に適した地理的条件を備えているため、昔から靴などの皮革産業も盛んであった。また、窯業などでもグローバル企業となっているトラモンチーナ社のように先進国市場にも輸出している企業や、ブラジルを代表する銘柄のワイナリーが多数存在する。

人種構成としては白人割合が高いのが特徴（七六・八％）であり、混血が一八・七%、黒人は三・八%にすぎない。

アグリビジネスのメッカ――中西部

中西部は首都ブラジリアがあるブラジリア連邦区、ゴイアス州、マットグロッソ州、マットグロッソドスル州からなる。北部に次ぐ面積（一六一万平方キロ）をもつ。地域内にはシャパーダと呼ばれるテーブル状の高地を含むブラジル中央高原がある一方、日本の本州がすっぽり入る規模の大水郷地域パンタナールのような低地の湿地帯も存在する。気候も、明確な乾季のあるサバンナ気候（Aw）地域と熱帯モンスーン気候（Am）が存在する。マットグロッソ州を水源とし、北に流れる大河川シングー川は、アマゾン川の主要支流の一つであり、急流の多さが特徴である。

人口は一五七〇万人で人口密度は一平方キロあたり九・七人と低い。しかし、経済は順調に発展を遂げている。ＳＵＤＥＣＯ（中西部開発省）がブラジル地理統計院（ＩＢＧＥ）のデータにもとづきまとめたところでは、二〇〇二年から一二年のＧＤＰの伸び率は三・三倍で北部と並んで最も高く、かつブラジル全体のＧＤＰのシェアは八・八%から九・八%と一%も伸びた。これはブラジルの全地域のなかで最大の伸びとなった。また、マットグロッソ州の場合、二〇

果てしなく広がる大豆畑（本郷豊氏提供）

一〇年と一五年のGDPの伸びは州別では首位の二四・三％増、マットグロッソドスル州は同三位の一九・六％増となった。

この地域は、人口密度の低さと広大な地域から想像できるように、農畜産業が盛んである。大豆などの食糧生産、それに全国最大の牛の放牧地であることからわかるように畜産業の躍進が地域経済の中心となっている。この地域の付加価値額のシェアは全国の九・九％にすぎないが、農業のシェアは二〇・二％、畜産のシェアは一九・六％と高い。

人種構成は最も多いのが五割強の混血、次いで白人が約三割、黒人が一割未満となっている。

3　広さの壁に挑む国土開発

地形は当然ながらその国の開発に大きく影響する。ブラジルの北部は、アマゾン川がベネズエラのギアナ高地に隣接する古い地質の台地と、広大な中央高原の間を西から東へ流れる。そしてアマゾン川から南にある中央高原および南東部地域においては、アマゾン川とは逆に、西から東に流れる水系が多く存在する。アマゾンの熱帯雨林、そして中央高原の激しい乾季といった気候は当該地域開発のハードルとなってきた。

歴代の政権は、度々国家のインフラ開発計画を打ち上げてきた。ブラジルの地域開発、国家統合は、前述の気候・植生との調和の必要性および国土の物理的な広さへの挑戦でもあった。また、鉱業資源、食糧資源の輸出はブラジル経済を支える柱であるが、それら内陸で生産されたものを港に輸送するロジスティクス（流通システム）構築の難しさも克服する必要があった。しかも、中央高原で採掘・採集された鉱物資源や食糧資源の港湾への輸送に際しては、大西洋岸を南北に走る海岸山脈が大きな障害となっていたわけだ。以下、数字や地図でブラジルの地域と地域を結びつけ、重要産物の輸出を支える主なインフラの状況について紹介する。

輸送の中心、道路網

広大な国土から想像できるように、ブラジルの道路の総延長距離は一七年の時点で一五六万キロに達する。これは米国・CIAのワールドファクトブックによると米国、インド、中国に次ぐ四位（日本は六位）の長さだ。ちなみに、舗装道路はこのうち二一万キロにすぎない。

ブラジル高原の東側にある海岸山脈の存在により、道路網は、海岸線沿いおよび内陸とも南北を軸に形成されてきた（図表8－10）。

道路運送状況を貨物別でみてみると、まず陸上における燃料輸送は一億三六一〇万立方メートル（国家石油庁データ、二〇一七年）、農産物の輸送量は二億三七七〇万トン（ブラジル国家食糧供給公社、同）となっている。農産物輸送に関し、道路輸送の重要性は今も変わらない。運輸省の年報（Anuário Estatístico de Transportes 2010-2017）の数値にもとづき一七年の大豆およびトウモロコシを港湾まで運搬した手段の割合をみてみよう。道路輸送が四八％、鉄道が三八％、河川航行が一四％と道路輸送が全体の半分近くのシェアを占めている。このように道路輸送は貨物輸送で重要な役割を果たしている。それがゆえ、一八年五月の全国規模のトラック業者によるストで、物流がストップした事例にみられるように、道路ロジスティクスの麻痺はブラジルの物流全体をストップさせるものとなっている。国家陸運庁（ANTT）によると、国内のトラックの一七年の所属別割合は、運輸企業所属六二・二%、自営業者三六・四%、協同組合が一・三%となっている。ちなみにトラックの平均使用年数をみると、自営業者は一四・九年、運輸企業所属のものは一〇・〇年となっており、自営業者所有のトラックの年数がだいぶ長くなっているのがわかる。

運輸企業の業態は先進国に近づきつつある。近年、単一の運送契約において複数の輸送手段を組み合わせてサービスを提供するマルチモーダル企業が増加しており、一〇年は四〇八の業

図表8－10　70年代以降の道路網の整備推移

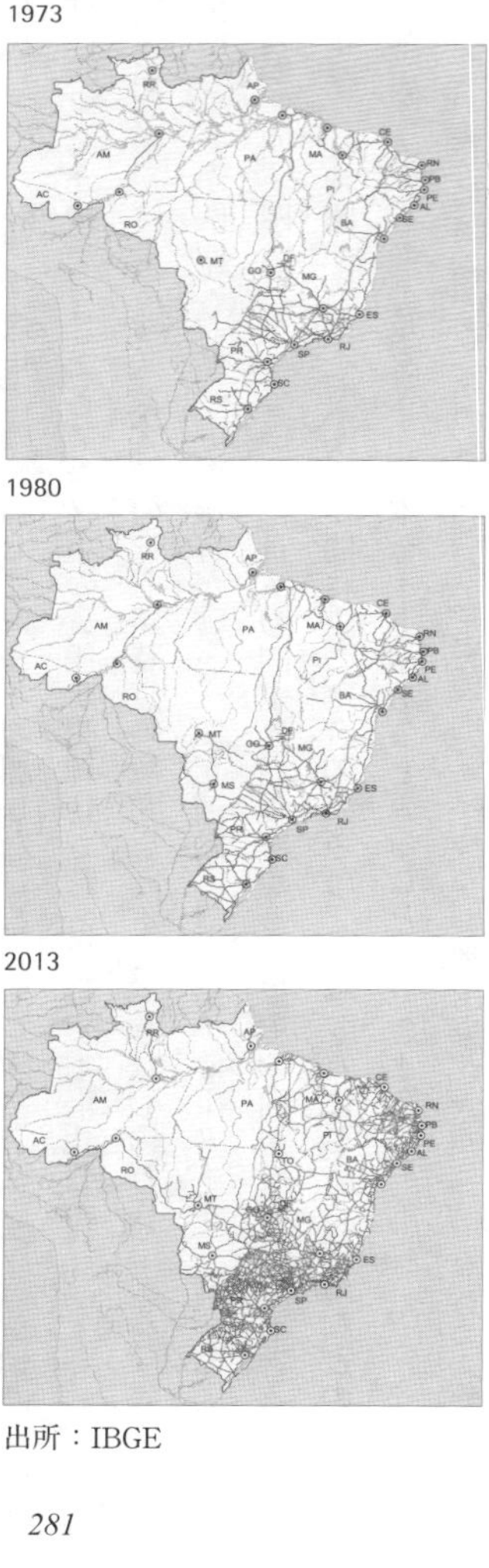

出所：IBGE

者が存在していたが、一六年には五九七社にまで増加した。このマルチモーダルの普及は九八年二月に法律第九六一一号で各アクターの責任が明確化されて以降、本格化した。

他方、道路輸送による輸送旅客数の一七年時点の数字をみると、八八七〇万人である。郊外と都市間の乗降が四四・六％、国際旅客が〇・三％、通勤・通学用チャーターが一〇・七％、州間移動が四四・四％となっている。日本の国土と同程度かそれ以上の面積をもつ州もあるなか、長距離、長時間の搭乗を要する州間移動の割合の高さは、ブラジルにおける鉄道などの大量旅客輸送システムの不足を示す基本データであるとみることができよう。

ちなみに、登録済みの車両の量と割合を車種別にみると、乗用車が六四一〇万台（六六・一％）、オートバイが二六二〇万台（二七・〇％）、トラックが五八〇万台（五・九％）、バスが一〇〇万台（一・〇％）となっている（一七年時点、運輸交通局DENATRANによる）。

貨物輸送で重要な役割――鉄道、河川航行、沿岸航行

ブラジルの鉄道は一九九二年一〇月より連邦鉄道会社RFFSA（*Rede Ferroviária Federal, Sociedade Anônima*）の民営化プロセスが始まり、現在では図表8‐11のようになっている。鉄道網も道路網同様に南北に走っているが、総延長距離に関する二〇一六年時点の国家運輸イ

図表８－11　ブラジルの鉄道網

出所：ANTF

ンフラ局（ＤＮＩＴ）のデータによると、三万六二一キロにすぎない。ワールドファクトブックによれば世界第九位（日本は一一位）となっている。計画中の一万七一九一キロを加えると四万七八〇〇キロの規模になる見通しだ。

鉄道部門における旅客輸送はモータリゼーションの発達と航空網の整備により長期低落傾向にある。ＡＮＴＴによると観光・通勤向けの路線の総延長距離は一九三〇キロにすぎない。長距離旅客鉄道としてはＥＦＣ（*Estrada de Ferro Carajás*）とＥＦＶＭ（*Estrada de Ferro Vitória Minas*）がメインとなっており、双方ともヴァーレ社が運営している鉱物搬出を主たる目的とした鉄道である。二〇一七年の利用者数は前者が九四万人、後者が二七万人である。

ＡＮＴＴによると貨物については一七年時点の輸送トン数で五億三八八〇万トンに達している。内訳は七七・三%が鉄鉱石、八・九%が穀物などの農産物、その他一三・八%となっている。重量ベースのため、鉄鉱石が八割近くを占めているわけだ。

国家水運庁（ＡＮＴＡＱ）によると、合計で二万一〇〇〇キロの河川が河川航行など経済活動に利用されている。中心となっているのは、北部のアマゾン川、トカンチンス川、サンフランシスコ川などの北東部が多いが、南東部のサンパウロでもチエテ川やパラナ川に五一の公営港はじめ多くの河川港が存在する。

沿岸航行の状況をみてみよう。三七の港湾と一四一の民間港が存在する。

貨物種類別輸送割合は全体の約一〇億トンのうち、固形貨物が六五・八%と最も多く、次いで液体貨物が一九・八%、コンテナ貨物が一〇・一%、一般貨物が四・四%となっている。

他方、輸出に関して重量ベースで貨物取扱量をみてみると、北部のポンタ・ダ・マデイラ港がカラジャス鉄鉱山の鉄鉱石の搬出港ということもあり、一億六五〇〇万トンで首位、続いて南東部のツバロン港、サントス港という順になる。

図表8－12　貯蔵能力と農産物生産量

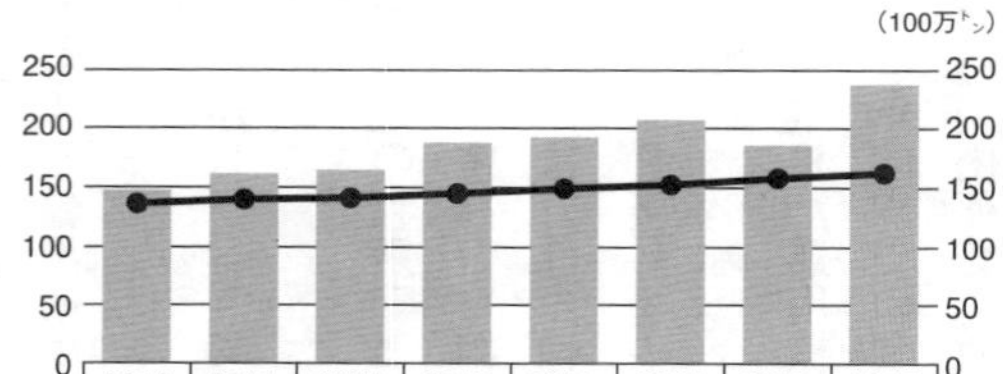

	2010年	2011年	2012年	2013年	2014年	2015年	2016年	2017年
農産物生産量	149.3	162.8	166.2	188.7	193.6	207.8	186.6	238
貯蔵能力	137.8	140.5	142.5	145.5	149.5	152.4	157.6	162.3

出所：*Anuário Estatistico de Transportes 2010-2017*

これらの陸上、水上輸送ロジスティクスで問題となりつつあるのが倉庫不足の問題である。ブラジル国家食糧供給公社（CONAB）によると、重量ベースで農業生産量に対して一〇年は倉庫の容量が九二・三％あったものが、一七年には六八・二％にまで落ち込んでいる（図表8－12）。農業部門はブラジルが比較優位をもつ産業であるが、この産業の制約要因にならないよう継続的な投資が必要とされる。

ちなみに、輸出に関しては、中西部の農畜産物も南東部の港から搬出される割合が高く、消費市場までの輸送距離が遠くなることから、ブラジル産農産物のコスト競争力を減じる一因とされてきた。最近になり、より産地から大西洋に近い南緯一六度以北の港から搬出される割合も高くなってきている。これにより、産地から港への内陸輸送と港から輸出先への輸送コストおよび時間が削減されることになる。前述の運輸省の年報によると、二〇一七年の南緯一六度以北の港からの大豆、トウモロコシの搬出割合は全体の四一％となっている。二〇一〇年はこの割合は二三％にすぎなかった。このように、地域経済の振興を図るなかで、単に国内の輸送を円滑化するのみならず、輸出競争力を意識したインフラの整備が進んできたこと、そしてそのインフラには穀物メジャーや日本の総合商社などが一〇年代半ばあたりから目立った投資活動をしていることにも注目すべきであろう。

国内線の利用率上がる航空網

山脈や密林帯に阻まれることなく移動でき、目的都市への移動時間が短い航空輸送は、広いブラジルにおける輸送手段としては早くから注目されてきた。二〇一七年の民間航空庁（ANAC）データによると定期便が運航している空港が一一二あり、うち一八の空港では国際線が運航されている。また、民間飛行場が一八〇六と非常に多い。定時運航（国内線、国際線）のみに限定した運用機体の数は六四三機（一七年時点）である。

一七年時点での利用者は、国内線九〇六〇万人、国際線二一〇〇万人となっている。また、同年の国内便発着数は八〇万五四〇〇回、国際線は一三万四六〇〇回である。さらに一七年の搭乗率をみると国際線で八四%、国内線でも八二%といずれも八割を超えている。一〇年以降、国際線の搭乗率は八割近辺の高い割合で安定している。他方、国内線は一〇年に六割強の水準から八割以上に搭乗率が上昇したのが注目される。

また、貨物輸送については、国際線が七九万七八〇〇トン、国内線利用が三五万八〇〇〇トンと国際線が六九%を占めるのが特徴的だ。つまり、国内輸送手段としてより輸出入における利用がはるかに多いことになる。輸出貨物では果物が二七・六%を占め、その次が機械（一六・〇%）、電子機器（七・七%）となっている。国内貨物は、グアルーリョス空港（サンパウロ）が重量ベースでは二三・七%を占め、マナウス空港が一二・七%で続く。国際貨物ではグアルーリョス空港、ヴィラコポス空港（カンピーナス市）、ガレオン空港（リオデジャネイロ市）の順となる。

インフラ投資予算の振り分け

広大な国土を一体化させ、均衡ある経済発展を目指すためにインフラ投資はブラジルにとって欠かせない。しかし、公的部門のみでこの莫大なコストを負担すると、過去のように財政赤字と高インフレを招き、経済成長を逆に阻害する要因になりかねない。したがって、近年では民間資金とノウハウを活かしたインフラ整備の取り組みがなされている。ブラジルにおけるインフラへの投資は、連邦政府によるものとコンセッションにより落札した企業が行った投資に分けられる。二〇一七年における公的投資は一五五億レアルであり、うち五三％は道路輸送インフラに充てられた。航空は六％、鉄道は四％であり、圧倒的に道路への投資が多い。他方、落札企業による民間投資額は九〇億六〇〇〇万レアルであり、道路インフラへの投資（全体比三五％）より鉄道インフラへの投資（五七％、五二億レアル）の方が多いことになる。ちなみに航空関係のインフラへの投資は三億レアルにすぎない（全体の三％程度）。二〇一〇年以降のコンセッション絡みの投資は一五年まではほぼ一貫して増加傾向にあったが、一六年以降、政治停滞を背景に減少してきている（一七年は前年比で七・六％減）。連邦政府による投資減少はさらに顕著であり、同一六・二％の減少となった。

第9章　人と社会

1　カラフルなブラジル社会

ブラジル社会は実に多様である。街頭を歩いている人々から受ける第一印象を一言で言い表すと、「カラフル」ではないであろうか。それは単に肌の色とか髪の色とか容姿によるものだけではない。顔立ちはもとより、身なり、仕草、話し方、そして行動様式も、千差万別である。多人種多民族多文化社会といわれるブラジルであるから当然といえば当然かもしれないが、同じように一五、六世紀の大航海時代以降、海外からさまざまな成り立ちをもつ人々を受け入れてきた新世界・ラテンアメリカ諸国のなかでも、「カラフル」度は際立っている。その一方で、日本の二三倍の広大な国土を有しながら、三〇〇近いといわれる少数民族の先住民（インディオ）言語を別とすれば、どこに行っても国語であるポルトガル語があまねく行きわたっている、こうした点を捉えると、一体性を保った国でもある。*1

歴史が織りなす多彩な人種・民族構成

ブラジル地理統計院（ＩＢＧＥ）によると、同国の人口は二〇一七年の推計で二億七一〇万人である。中国、インド、アメリカ、インドネシアに次いで世界で五番目、世界人口のおよそ二・八％を占める大国である。

国民を把握するに当たってブラジル政府は、これまで「肌の色ないしは人種」（*cor ou raça*）という、何とも中途半端な括りで、五つに分類し捉えてきた。白人（*branca*）、褐色（*parda*）[*2]、黒人（*preta*）、黄色人（*amarela*）、先住民（*indígena*）の五つである。原則一〇年ごとに実施される国勢調査の最新版（二〇一〇年、総人口一億九〇七六万人）では、回答者の自己申告によるものだが、白人四七・八％（九一〇五万人）、褐色四三・一％（八二二八万人）、黒人七・六％（一四五二万人）、黄色人一・一％（二〇八万人）、先住民〇・四％（八二万人）であった。

このカラフルな構成は、第7章の「歴史」で取り扱ったブラジルの成り立ちが、みごとに織りなした社会である。ＩＢＧＥの推計で、ポルトガルによる〝発見〟当初、数百万のオーダーでいたとされる先住民の住む〝新大陸〟ブラジルに、征服者・植民者としてポルトガル人（白人）が入植、一次産品の砂糖を大量生産・輸出するために、一六世紀から一九世紀前半にかけ四〇〇万人に上る黒人がアフリカから奴隷として導入された。

さらに一九世紀後半からは、ヨーロッパ、中東、アジアから多数の移民を受け入れてきた。移民のラッシュが続いた一八八四〜一九三三年の半世紀に、同じくＩＢＧＥの推計によると、イタリアから一四〇万人、次いでポルトガル一一五万、スペイン五九万、ドイツ一五万、日本一四万、[*3]シリアおよびトルコ合わせて九万人が入植した。その他の四三万人のなかには、ロシア、オーストリア、リトアニアや、ポーランド、ルーマニアなど、実にさまざまな国から移住してきている。

そして忘れてはならないのは、これらの多彩な人々の間で人種混淆が進み、異なるルーツをもった文化が混在しミックスしてきた点である。四半期ごとに実施されている全国家計サンプル調査（ＰＮＡＤ）の結果から、ＩＢＧＥが推計しているところによると、二〇一七年時点での人種構成は、白人四三・六％、褐色四六・八％、黒人八・六％となっており、[*4]先の一〇年版国勢調査の結果と比べても数値の上では明らかに白人は減り、褐色・黒人が増え、年々、肌の色が濃くなっている社会である。混血が進んだことに加えて、自分のオリジンに自信をもつ人が増えていることにもよるとみられている。

一九七〇年代初頭まで、非日系人との結婚を頑なに拒んだといわれる日系社会でも、もはや「親族のなかに非日系人がいない家族はない」といわれるほどである。前述の国勢調査における分類もあくまでも回答者による主観的なもので、肌の色、人種の幅はそれぞれ大変幅広いレンジで捉えられているといえる。なかでも「褐色」は、主として黒人との混血を指す用語だが、先住民との混血を含め、かなり異なる人種を包含していると解すべきであろう。

地域により異なる〝顔〟とポピュラー・カルチャー

カラフルであるという点は、地域別でみた場合にもはっきりと表れる。

先の全国家計サンプル調査（二〇一七年）の推計からみると、ほぼアマゾン地域に相当する「北部」では褐色、黒人がそれぞれ七一・二％、七・一％を占める。砂糖プランテーションのため奴隷が大量導入された「北東部」も似ていて、褐色が六四・一％、黒人は一〇・五％である。白人はそれぞれ二〇・一％、二四・八％であった。

これに対してヨーロッパ移民が多数入植した最南の「南部」三州は、白人が七五・六％と圧倒的に多い。褐色は一九・六％、黒人は四・二％にすぎない。国家として、また経済圏としても一体性を強めてきたブラジルではあるが、肌の色だけをとっても、オス・ブラジス（*Os Brasis*）、すなわち国名のブラジル（*Brasil*）を複数形でもって、いくつものブラジルがあると言い表してきたことの意味合いが今日でも失われていないことを示している。

人口が多い「南東部」は、白人五一・二%、褐色三八・四%、黒人九・三%、また農業フロンティアが大きく一九七〇年代から開発の勢いが増した「中西部」も、域外からの人口流入が多かったこともあり、白人三六・三%、褐色五四・四%、黒人八・二%で、北と南の中間的な色彩となっている。ちなみに、先住民が多いのは、「北部」と「中西部」(二〇一〇年国勢調査ではそれぞれ一・九%と〇・九%)であるが、他の地域でも数値こそ小さくなるものの、存在が認められる。[*5] 黄色人は、日系人の多い「南東部」(同八九万人、人口比一・一%)が数の上では最も多いものの、どの地域においても人口の一%前後は占めている。

地域によって異なる人々の構成は、自然の多様性と相まって、祭り、踊り、音楽、衣装、食文化、文芸といったポピュラー・カルチャー(民衆文化)に地方色をもたらしてきた。先住民色あり、アフリカ色あり、ポルトガル、スペイン、イタリア、ドイツ、中東、日本といった移住者を送り出した国々の文化色ありである。

宗教も多様だ。歴史的には、ポルトガル人によってもたらされたカトリックが世界最大規模の信者数を誇り支配的な存在であり続けてきたが、二〇一〇年の人口調査では一億二三二八万人で、信仰をもつ国民の七割強に減っている。代わりに信者を急速に伸ばしているのが、ペンテコステ、ネオペンテコステと呼ばれるアメリカに起源をもつプロテスタントの新派、通称エバンジェリコで、一五％（二三三七万人）を占め、伝統的なプロテスタント（四・五％、七六九万人）を大きく上回る。このほかフランスから持ち込まれた心霊主義（スピリティスム）、アフリカの流れを汲むウンバンダやカンドンブレ、信者こそそれほど多くはないが仏教、イスラム教、ユダヤ教、このほか移住者とともに持ち込まれた新興宗教を含むさまざまな国の宗教・宗派や先住民の伝統的アニミズムが併存する国である。

バリエーションに富んだ社会階層

社会階層の違いも、ブラジル社会に彩りを与えている。遠く遡れば、植民地時代の大土地所有制に起源をもつ伝統的な二階級社会ではもはやなくなったものの、富裕層と貧困層の間には、住む場所から始まり、住宅のサイズ、教育や医療、毎日利用する交通手段から消費パターンまで大きな違いがみられる。そもそも所得に大きな格差がある。それを象徴しているのが最低賃金（SM— *salário mínimo*、一八年時点で月九五四レアル）を一単位として計算する所得水準の捉え方だ。従業員の給与がどのレベルにあるかを示すに当たっても、「最低賃金何倍」といった表現が使われる。

国勢調査（二〇一〇年）も所得階層を最低賃金で階層化している。一〇歳以上で所得を有する国民（一億六一九九万人）のうち最低賃金一倍までの層が四三・七％、一倍超から一〇倍までは五三・七％である。残り二・六％が一〇倍超で、なかでも〇・三％は最低賃金三〇倍超に達する。ちなみに、最低賃金一〇倍超の階層のうち白人は八〇・八％であるのに対し、最低賃金一倍までの層では、黒人および褐色が合わせて七七・五％を占めている。

二〇一三年に行われた「全国健康調査」（ＰＮＳ）では所得階層別に生活実態をみている。それによると、所得階層最上位二〇％の世帯では、農村部を含めて上下水道・ゴミ収集のサービスを受けている世帯が八七％であるのに対し、最下位二〇％では四二％と半減する。自宅に洗濯機をもつ世帯は最上位二〇％で八六％、これに対し最下位二〇％では二五％にすぎない。インターネットの普及でも差は大きく、それぞれ七九％、一六％との違いがみられる。

こうした差異は、人々の身なり、仕草、話し方、そして行動様式にも違いをもたらす。中間層が厚く同質性の高い日本社会とは異なり、「ブラジル人だから」ということで、ひと括りにしてみることを難しくしている。

2　男性主役の世界に大きな変化

司法に女性進出

二〇一七年九月、女性としては初の検事総長ハケル・ドッジ（Raquel Dodge）が就任した。すでに大統領ポストに女性（ルセフ大統領）を擁したブラジルだから、「女性初」はそれほど驚きではない。とはいえ、史上最大の汚職事件ラバジャットの告発・公判がいよいよ佳境を迎える段階で、検察トップに女性が就いたことはマスコミの話題をさらった。しかも前年の九月には、女性としては二番目だが、最高裁判所長官にカルメン・ルシア（Cármen Lúcia）判事が就任している。[*6] ラバジャットを告発する側、裁く側のトップがともに女性ということになり、女性であることが事件の先行きに特別な意味合いをもつのか、マスコミの関心を呼ぶことになった。

最高裁長官、検事総長の人事は、ともにテメル大統領の裁可を得ているとはいえ、必ずしも政治的な決定によるものではない。むしろそれぞれがキャリアを積み重ね、かつ同僚からの熱いバックアップがあっての就任であった。時を同じくして、日本の法制局長官に当たる連邦総弁護庁および連邦高等裁判所のトップ二人、グラセ・メンドンサ、ラウリタ・ヴァス両長官も初の女性からの起用であった。

司法の頂点を女性が占めたことになったが、ルシア最高裁長官は、司法分野における女性の進出を取り上げたセミナー（駐ブラジリアのフランス大使館）において、「たまたまそうなったにすぎない」、ブラジルの「世襲的、マチスタ（男尊女卑）で、女性に対する偏見が強い」社会には変わりがないと述べ、〝女性の時代〟といった見方が独り歩きすることに警戒感を示した。実際に、連邦議会の上下両院議員に占める女性議員の比率はともに一〇％台と世界のなかでも比率が最も低い部類に属し、女性議員を何とか増やせないものかといった議論が続いている。

女性の社会進出と家族形態の変化

こうした側面があるものの、「マチスタ」といわれ続けてきたブラジル社会においても、二一世紀に入って女性の存在は、確実に高まってきていた。

まず仕事の面だが、地理統計院（ＩＢＧＥ）の調査報告書「労働市場における女性」（二〇一二年三月）によると、一〇歳以上の女性人口に占める就業率が二〇〇三年時点では四〇・五％であったのが、一一年では四五・三％に増えている。この間の男性の就業率の増加が、六〇・

買い物の主導権は男性から女性へ？（竹下幸治郎撮影）

八％から六三・四％であるから男性に比べ二倍近い伸びであった。特に、二五歳から四九歳までの若い層の伸びが大きい。

仕事の分野別（一一年時点）では、建設部門ではさすがに女性の比率は六・一％と低いものの、工業で三割台、企業の間接部門では四割台を占め、公共部門では六四・一％と男性の三五・九％を大きく上回る。しかも、日本の高校卒にほぼ匹敵する修学年数一一年以上の従業員比率をみると、建設を含めほぼ全ての業種で女性の方が男性を上回っている。なかでも公共分野では八九・二％（男性八五・四％）が女性である。大学レベル以上の高等教育になると、女性の方がさらに男性を上回る比率となっている。雇用主および自家営業に占める女性比率がそれぞれ三割、四割に上っている点も、社会進出の観点から注目されるところだ。

ただ、女性の平均報酬は、〇三年の男性比七〇・八％の水準よりは若干改善されたものの、一一年でも七二・三％にとどまっている。男女間の報酬格差は、高学歴者においても違いはあまりみられない。

女性の社会進出は、家族形態の変化とパラレルに進んでいるとみた方がよいであろう。『ブラジル―住民と制度』（*Brazil: People and Institutions*）の著者リーン・スミスは一九七二年出版の同書で、「ブラジルの標準的な家族の規模は夫婦二人に子供五人の計七人」とし、小家族化が始まっていた当時のアメリカとの比較で、大家族ぶりに注目している。血縁・地縁、さらに移住者の場合は出身国をベースとした相互扶助、人工妊娠中絶を認めなかったカトリック、親や子供との同居をあまり気にしない気風と、さまざまな要素が加わっての大家族主義であった。

それが二一世紀に入って変貌の勢いを急速に増している。ＩＢＧＥの「社会指標の要点―ブラジル国民の生活状況分析」[*7]二〇一六年版によると、全国家計サンプル（ＰＮＡＤ）から推計した子供のいる家庭は一五年時点で六割を切り、五八・六％である。このうち一人っ子の家庭が五三・四％と過半を占め、子供二人は三一・九％で、三人以上は一四・七％にすぎない。もはや子供三人以上の世帯は全世帯の一割（八・六％）にも満たないのである。一〇年前の〇五年時点では子供のいる世帯は全体で七割近く（六八・三％）を占め、三人以上子供のいる家庭も全世帯の一五・六％であった。急速に少子化が進んでいる。

ちなみに単身世帯は一五年時点で一四・六％、母子家庭は一六・三％であった。また単身世帯のうち六三・七％が五〇歳以上（〇五年時点では五七・三％）で、同居の子供が全て一八歳以上の世帯が四分の一に迫るなど、家族形態は多様化している。日本の「世帯主」のように法制上厳格なものではないが、世帯の代表者（*referência da família*）として女性を挙げる世帯が子供のいる夫婦でも四〇・五％に達している。

こうした背景には、長寿化、都市人口の増加、学歴の向上、女性の社会進出、核家族化などの変化に加えて、婚姻制度の〝自由化〟によるところも大きい。カトリック教会の教義のもと、離婚に厳しかったブラジルだが、軍政下の一九七七年に一定期間の別居を条件として離婚そして一回のみの再婚が認められ、民主化後の八八年憲法で事実婚が、二〇一〇年の憲法改正で別居期間抜きの離婚が、さらに一三年には同性婚が認められるに至っている。*8

消費の主導力は

二〇〇〇年代になると「新たな中間層」(*nova classe média*) という表現が登場する。Cクラスと呼ばれてきた中間層の数が急速に増えてきた現象を指してのことだ(第2章参照)。D、Eと呼ばれた貧困、極貧層からの上昇がCクラスの増員をもたらしている点が注目された。景気の好転に加え、労働者党(PT)政権下での継続的な最低賃金の引き上げ、条件付き現金給付制度ボルサ・ファミリアの普及、教育・職業訓練等への公共支出の増額などが寄与して経済階層の引き上げに結びついたとみなされた。研究結果によって時期にはズレがあるものの、二〇〇〇年代後半にはCクラスの人口がブラジル人の過半数に達し、三千万人に上る国民が貧困から脱したとの見方が大勢を占めたのである。

もっとも「新たな中間層」との定義づけには、これまでも社会のなかでそれなりにウエイトをもっていた「従来の中間層」とどう違うのかといった反論や、一般的に使われてはきたもののブラジル独特の基準である主として生活のスタイルの違いをベースとした所得区分(富裕層から下へA、B、C、D、Eの五階層区分)による議論が適当かといった疑問が出され、この用語は下火となった感がする。ただ、中間層の消費者が増えたのは確かで、クレジットカードやインターネットの利用、スーパーマーケットやコンビニといった商業施設の全国展開、国内航空便の増発やレジャーのあり方等、社会生活全般が変わりつつある。

先の最高裁長官の発言のなかでは、〝女性の時代〟到来といった受け止め方に警戒感を示しているると述べたが、消費の面では〝女性の時代〟到来の側面が観察され始めている。「女性にはどんなに優しくても、財布をしっかり握っているのは夫」といったのが、ブラジル人夫婦の一般的なイメージであったが、民間の調査会社ダタ・ポプラルが一三年に全国四四の都市で行った調査が、既成概念を覆すものとして話題を呼んだ。スーパーでの買い物の八六％、家族旅行の七九％、夫の衣服、自家用車、パソコンの購入のそれぞれ七一％、五八％、五三％は妻の側が決定しているというのである。女性向けの商品は同じ男性向けの商品よりも一割は高いという〝ピンク・タグ〟の存在も別の調査で報告されている。

日本企業を含めた多国籍企業の投資にも、こうした変化に着目している行動様式がみてとれる。

3　歪《ひず》み温存の社会

人口ピラミッドは過去の話に

前述の家族構成の説明からもある程度うかがえることではあるが、ブラジルの人口構成は、もはや発展途上国に典型的なピラミッド（あるいは富士山型）ではなくなっている。ピラミッドであったのは一九八〇年代までで、二〇〇〇年代以降急速に釣り鐘型にシフトしている（図表9－1）。ブラジルはもはや「若い国」ではない。

このペースでいけば、三〇年後の二〇四七年には人口増加が二億三三二〇万人で頭打ちになるとブラジル地理統計院（IBGE）は推計している。しかも本書執筆の四年後の二二年から二三年にかけて、労働人口が扶養者数より多い「人口ボーナス」が頂点に達するという。労働力の増加

図表9－1　ブラジルの人口構成（2017年）

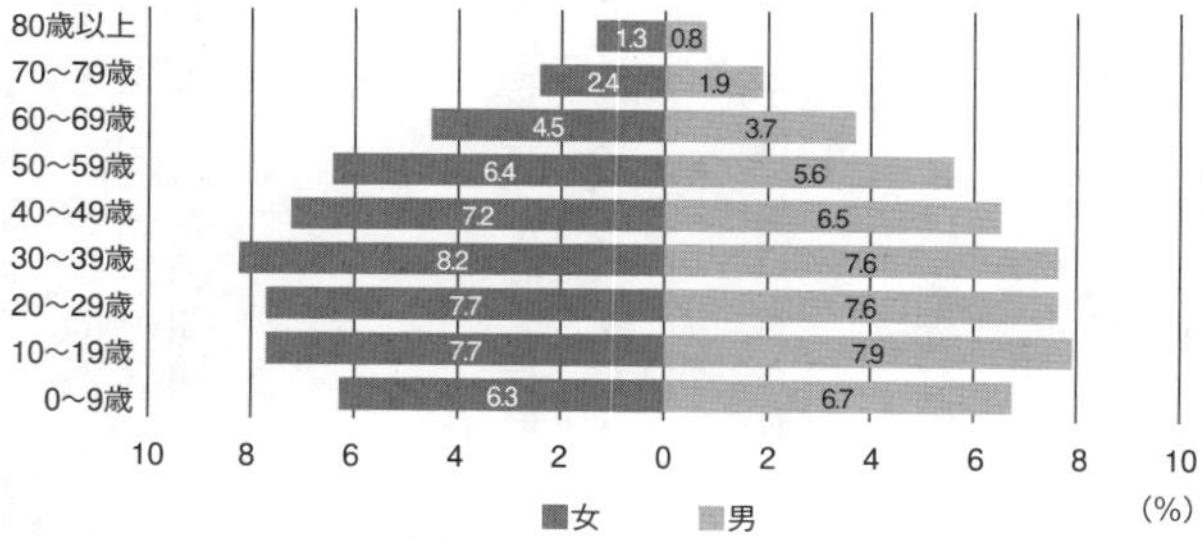

出所：ブラジル地理統計院

を当てにした成長はほとんど余地がなくなった段階に差し掛かっている。その一方で、高齢化が進んでいる。過去五年間で六〇歳以上の人口が五〇〇万人増え、一七年には三〇二〇万に上った。そのうちの五六％は女性である。国民経済にとって年金の負担が喫緊の問題となっている背景である。

格差の是正はほど遠く

国民が、自分の能力を存分に発揮できるような環境が用意されているのかを測る指標に、国連の人間開発指数（human development index）がある。長寿で健康な生活を送れる環境[*9]（具体的指標としては出生時平均余命）、知識獲得の環境（平均就学年数と就学予測年数）、人間らしい生活の水準を達成する環境（一人当たり国民総所得ＧＮＩ）の三つの指標を使って計算されているもので、一九九〇年から毎年発表されている。

その二〇一八年版『人間開発報告書』（数値は一七年）によると、ブラジルは調査対象一八九か国中七九位（指数は〇・七五九。〇～一の間の数値で表し、一が開発の最高値）にある。一二年からはランクを七位上げてはいるものの、この三年は七九位止まりである。寿命は伸びてはいるものの、教育指数には向上がみられず、経済指標は大きく落ち込んでいる。ラテンアメリカのなかでは、チリ（四四位）、アルゼンチン（四七位）、ウルグアイ（五五位）の後塵を拝し、キューバ、メキシコとほぼ同位である。ラテンアメリカ全体の指数が〇・七五八であるから、ブラジルの状況はラテンアメリカの標準ともいえよう。

ただ、人間開発指数に社会の不平等度を加味すると、ブラジルのランクは一七位も落ちる（不平等調整済み人間開発指数〇・五七八）。所得分配の不平等度を示す代表的な指標であるジニ係数（〇・五一三。数値は〇と一の間をとり、一に近づくにしたがい不平等度が増す）がラテンアメリカ諸国のなかでも最悪、世界のなかでも悪い方から数えて九番目に入ることが大きく影響している。ブラジル政府（応用経済研究所ＩＰＥＡ）の統計でジニ係数の足取りをみると、一九九〇年代の〇・六台の段階から二〇〇〇年代に入ると下降線をたどり、一四年では〇・五一八にまで下がった。一定の改善はみられたものの、世界のなかでは、極めて大きな歪みを残した状態で、安閑としていられない状況である。

伸びない教育開発力

「中等教育は崩壊状態だ」。二〇一八年九月、教育省が基礎教育開発指数（Ideb）を発表するに当たってロシエリ・ソアーレス教育相が思わず発した一言である。

ブラジルの教育制度は、民主化のもとで急速に整備が進んだ分野だ。八八年憲法で連邦、州、ムニシピオ三政府共通の責務とされ、歳入の一定額（連邦は一八％、州・ムニシピオは二五％）を教育に振り向けることを義務づけ、これを運用するために基礎教育開発基金（ＦＵＮＤＥＢ）が設けられた。学校制度は、基礎教育と高等教育に二分され、基礎教育は義務教育である初等教育（六～一四歳）と中等教育（一五～一七歳）および初等教育前の幼児教育（保育園とプレスクール、〇～五歳）からなる。日本の制度に当てはめると、初等教育は日本の小・中学校に、中等教育は日本の高校にあたり、本項冒頭の教育相の発言は、高校レベルの教育が危機的状況にあるとの懸念を公にしたものだ。

基礎教育開発指数は、二年に一度全国で実施される学力テストと毎年集計する学校センサスのデータを基に、全国、州、ムニシピオ、学校ごとに教育力（数値は〇と一〇の間をとり、一〇が最高）を判定するもので、先進国を参考に、政府としては「六」への到達を中期目標においている。一七年実施の結果は、初等教育前半の五年次までが五・八で、年度目標の五・五を超えたものの、初等教育後半の九年次までが四・七（年度目標五・〇）にとどまった。中等教育はこれをさらに下回る三・八で、年度目標の四・七を大きく割る結果に終わった。一八年総選挙を念頭に「教育を最優先しなければ先がない状況にブラジルは追い込まれている」というのである。

ブラジルが教育につぎ込んでいる予算は決して少なくない、というのがブラジル財務省の見解だ。同省が一七年七月に発表した「ブラジルの教育における財政状況*10」によると、一四年の数値ではあるが、ブラジルが教育に投入した公共支出はＧＤＰ（国内総生産）比六％。隣国のアルゼンチン（五・三％）やチリ（四・八％）はもとよりＯＥＣＤ（経済協力開発機構）諸国の平均（五・五％）をも上回っているという。そのＯＥＣＤが実施した一五年の国際学力調査（ＰＩＳＡ）でのブラジルは、七〇か国中、読解力で五九位、科学的リテラシーで六三位、数学的リテラシーで六六位の下層順位に甘んじている。

教育制度の枠組みがおおむね整ったなかで質をどう担保するのか、その一つの試みとして一七年末に成立したのが、初等教育を対象に、教科内容およびその教育法、進展の度合いを全国で統一させる共通カリキュラム基礎指針（ＢＮＣＣ）の導入である。中等教育にも取り入れるべく教育界を挙げて審議されている。急速に変貌を遂げる社会のなかにあって生じたさまざまな〝歪み〟解消には、冷静な現状認識と一つ一つの努力の積み重ねが不可欠である。

【注】

＊１　上智大学出版からは、本章のテーマをより詳細に扱った田村梨花・三田千代子・拝野寿美子・渡会環

共編著による『ブラジルの人と社会』（二〇一七年）が出版されている。

＊2　パルダ（*parda*）は主として白人と黒人の混血を指し、文献によっては「混血者」と訳しているものもあるが、混血にはさまざまな組み合わせがあることを考え、本書では「褐色」と記載した。

＊3　日本側の統計によると、第二次世界大戦前（〜一九四一年）に一八万八九八六人、戦後（五二〜八八年）は五万三五六二人がブラジルに移住している。

＊4　この時点での調査では、「黄色人」「先住民」については統計上優位な数値が得られなかったとしている。

＊5　今日でも未接触の種族が見つかったとの報道がある。例えば、二〇一八年八月二一日、先住民の調査・保護・施策に当たる国立インディオ財団（ＦＵＮＡＩ）が一七年にドローンを使いペルー国境地帯のアマゾン地域で未接触の種族を確認したと発表している。Folha de São Paulo紙電子版二〇一八年八月二一日。

＊6　カルメン・ルシア最高裁長官は、二〇一八年九月に任期二年を終え男性のディアス・トフォリ判事が最高裁長官に就任した。

＊7　IBGE, *Síntese de indicadores sociais: Uma análise das condições de vida da população brasileira,* 2016.

＊8　人工妊娠中絶は、医師によって、母体の生命に危機が及ぶ、あるいは強姦、胎児が無脳症と判断された場合を除き、「生命に対する犯罪」として刑法で罰せられる。

＊9　国連の日本語版資料では「能力」と記載しているが、ここでは文脈に照らして「環境」とした。

＊10　Ministério da Fazenda, "Aspectos fiscais da educação no Brasil," 2018.

第Ⅳ部　独立二〇〇周年（二〇二二年）に向けて

「はじめに」で述べたように、本書刊行直前に発足したボルソナーロ政権は、ブラジルの独立二〇〇周年に当たる二〇二二年に、四年の任期がひとまず終わる。[*1] 歴史を紐解けば、一九二二年の独立一〇〇周年は記録に残る年となった。例えば、同年二月開催のサンパウロ市立劇場における「近代芸術週間」によって、それまでの旧いスタイルからの脱皮を模索していた文学・音楽・美術活動が一気に花開き、ブラジル独自の道を歩みだすきっかけをつくった。政治や社会面でもしかりである。しかしボルソナーロ政権発足（二〇一九年一月）直後の現時点では、それを考える余裕は、この国の国内には全くといってよいほど感じられない。

しかし、一〇〇年前とは、政治、経済・ビジネス、国際関係の状況は大きく異なりはするが、歴史的に節目である二〇〇周年の足音が近づくにしたがって、「この先、どのような方向に進むべきか」、さまざまな意見や希望が国民の間から生まれてこよう。本書の最後に、「政治」「経済・ビジネス」「国際関係」の三つの分野において、これからのブラジルを考える上で外せない視点を、執筆者それぞれの観点からまとめてみた。

1　国民の自信を取り戻せるか？

「政治の一時代が終わりつつある。国民から立ち退きを迫られたのではない。起こりつつある新たな事態がわかっていなかったし、わかろうともしなかったため、国民の支持を得られなかったからだ」

この一文は、過去三回、上院議長を務めたヘナン・カリェイロス議員が、ボルソナーロ政権発足直後の二〇一九年一月、上院出版部から発刊した著書『デジタル・デモクラシー』（*Democracia Digital*）[*2]の「はじめに」で書いた一節である。前年、一八年一〇月の総選挙で上院の改選ポスト五四のうち、再選された現職議員はわずか八人。カリェイロス議員が主たる政治基盤とする北東部九つの州でみれば、上院改選ポスト一八のうち再選にこぎ着けたのはわずか三人であった。そのうちの一人がブラジル民主運動（ＭＤＢ）のカリェイロス議員である。政治が一気にリシャッフルされた一八年選挙の結果を前にした、ベテラン政治家の反省の弁である。

ソーシャル・メディアが広く普及し、情報が（マスメディアなどの）仲介者抜きに人々の間で直接、激しく行き交うデジタル時代、その威力とそこに流れる国民の新たな要求を見落としていたとの見解である。「時代の要請は再創造であり、新局面からの再出発にある」とも述べている。

その再創造・再出発を担うのが、まずは、ボルソナーロ新大統領だ。政権発足二週目、首都ブラジリアからは、従来の不定期開催から定期開催に変更すると称する閣議の映像が早速流され、新しい政治スタイルの到来を予感させた。政策面でも、ブラジルの製造業にとって〝虎の子〟といえる世界一、二位を争うコミューター・プレイン（中小型航空機）のメーカーであるエンブラエル社への米ボーイング社の過半数出資が認可され[*3]、マーケットの好感を呼んだ。サンパウロ証券市場（通称BOVESPA、正式名はB3）は、一月一〇日、新政権へのご祝儀相場も加わり、終値で史上最高値の九万三八〇五ポイントをつけた。

さらに治安悪化を念頭に銃所持制限の緩和措置[*4]、先住民保護区設定業務を国立インディオ財団（FUNAI）から農務省へ移管、国連への移民協定脱退通告など、選挙公約にそった新政策を矢継ぎ早に実行に移し始めている。人事面でも、政府のスリム化を理由に、政治任用（ポリティカル・アポインティ）ポストの大幅削減を表明し、この動きのなかで高官レベルにおけるＰＴ（労働者党）色の強い人材外しが目立つ。

今世紀に入って、政権がブラジル社会民主党（ＰＳＤＢ）・労働者党の中道左派から、中道右派（テメル政権）を経て、右派へと軸足を移したことが、はっきりと観察される。さらに、それだけではなく、ヴァルガス政権時代から続いた〝政治遺産〟の清算にも動き始めたようにみえる。すなわち一九三〇年代当時、近代化を急ぐジェトゥリオ・ヴァルガス大統領が、イタリアのファシズムを参考に、政治基盤強化のため採用した労使二系列の組合からなるコーポラティズム（組合協調主義）の幕引きである。この制度は、民政、軍政といった政治体制の変化にもかかわらず、その後も、少しずつ姿を変えながらも、ブラジル政治の〝土壌〟をなしてきたところがある。労働者党やそれに連なる労働組合の勢力後退をバックに、前述したように、テメル大統領の手でまず、ヴァルガス政権によってつくられた統合労働法が改正され（第1章3参照）、つづくボルソナーロ大統領のもと政権発足時の機構改革で労働省は解消され、さらに労働裁判所の廃止も政策の俎上に上り始めた。

こうした姿勢にマーケットの好感は続くとしても、時間が経つにつれ、新政権が打ち出す急激な変化について行けず、懸念を深める国民が増えてくることも想定される。分裂の要素を多分にはらむブラジル社会にとって、新政権に対する安心材料のひとつとして受け止められたのは、新大統領が当選後示した八八年憲法遵守の基本スタンスである。

1988年憲法を手に：ボルソナーロ大統領（左／2018年11月6日）とギマランエス制憲議会議長（右／1988年10月5日発布時）
出所：Poder360　2018年11月8日付け（写真左：Sérgio Lima、右：Agência Brasil）

選挙終了直後の一八年一一月初旬、まだ下院議員として議会に登院した時のことである。議長に乞われて行った短いスピーチのなかで、憲法の小冊子を右手に持ち（写真左）、「地形学上、北の方角は三つある。メルカトール法の地図上の北と、実際の北、それに地場上の北である。これに対し、民主主義の北はたったひとつ。われらが憲法である」と述べている。

この日の会議が、八八年憲法制定三〇周年を記念する両院議員総会であったこともあり、民主憲法発布当時の熱気を議場に思い起こさせるシーンとなった。しかし、それだけではなく、この発言には次のような背景がある。

選挙戦終盤、ボルソナーロ候補のタカ派の姿勢と相まって、下院議員である三男エドアルドのインターネット上での不用意な発言、「最高裁の閉鎖には兵隊ひとりと伍長ひとりで事足りる」が生み出した独裁政権誕生への疑念が渦巻く時期でもあったのである。ボルソナーロ選出大統領は、この議会でのスピーチと相前後して、最高裁長官、両院議長を表敬し、大統領就任後は、国政の運営に当たり三権間の意思疎通を重視する姿勢を表明している。

憲法遵守が基本スタンスとはいえ、第4章1で述べたように、一八年一〇月までですでに九九回、憲法が修正されていることを、記憶に留めておく必要がある。政策上のニーズがあれば十分に変え得る制度となっている。新政権の意向どおりに修正が進むのか、国民の新しいニーズをどう反映させていけるのか、このカギを握るのは、政権発足から一か月後、二月一日にスタートした新議会である。

歴代の政権は、議会を手なずけようと、政党間で連立を組んだり、議員が希望するポストを提供したり、予算措置を講じたりしてきた。「連合大統領制」(第4章2参照)といった言葉が生みだされた背景でもある。小党乱立と述べた方が適切なほど、多党化がさらに進んだ新議会に対し、ボルソナーロ大統領は、「論功行賞的駆け引きはしない」「政策ごとに協議していく」と強調する。閣僚に組み入れた政治家が少数であったこと、政界から日ごろ遠い退役軍人を政府部内に多数登用している点は、こうした考えを反映しているのかもしれない。

史上最大の汚職事件・ラバジャットもあり、眠りから覚めたように活発化・能動化した司法、とりわけ最高裁の存在とその動向にも、チェック・アンド・バランス（抑制と均衡）の観点から引き続き目が離せない。ラバジャット裁判で名を馳せた連邦判事セルジオ・モロを、閣僚人事のなかでもいち早く法務相に任命した新大統領の思惑も、この辺りにありそうだ。この人事には、汚職捜査に手を抜かないとの姿勢を国民に示すと同時に、収監中のルーラ元大統領をはじめ、告発された政府高官、政治家、企業家らエリート層の刑執行をないがしろにしないとのメッセージ性も、当然含まれている。

機構改革で旧・公安省も統括することになったモロ法務相にとっては、汚職捜査の進展と同時に、治安悪化への対処も喫緊の課題となっている。新政権の実力を試すかしたかのように、一九年正月早々、北東部のセアラ州で州全域を巻き込んだ組織犯罪グループによる暴動事件が発生している。同州は、社会改革の面でモデルとされた時期もあったが、今回は、労働者党出身の知事の要請を受け、国家公安部隊を投入する事態となった。

国民の支持取り付けのためには、安心して生活できる生活環境のガバナンス（統治）が不可欠だ。そのために、司法出身のモロ法務相としては、警察および軍の即応力に加えて、市民の請願をベースに検察庁が一六年に議会に提案したものの、その後、棚ざらしにされてきた「汚職撲滅一〇の方策」（第1章2参照）を何としても成立させたいところだ。最高裁の主導のもとに設置された、治安対策立案のワーキンググループも動きだした。

新興国の雄として、国民の自信を再び取り戻せるのか。それを考えるうえで、連邦議員として二八年間政界に身を置きながら目立たない存在だったのに、彗星のように現れ誕生した、未知の部分が少なくない、ボルソナーロ大統領のキャラクターとそのリーダーシップが問われている。と同時に、アクターの多い現状を考えれば、三権間の調整能力もまた注目されるところだ。

さらに民主政権としての安定度を考えた場合、大統領空席の事態は避けなければならない。継承順位からみて、空席の場合、大統領ポストに就くのは軍出身の副大統領であるからだ。[*5] 民政復帰三〇年余り、国民による直接選挙で選ばれた（ボルソナーロ大統領以前の）四人の大統領のうち、任期を全うできたのは二人、というのがブラジル現代史の厳しい現実でもある。

2　中所得国からのステップアップ

「中所得国の罠」と「資源の呪い」

「中所得国の罠」と「資源の呪い」からの脱却。この二つはボルソナーロ政権が二〇二二年の独立二〇〇周年に向けて、取り組むべき課題である。

中所得国の罠という言葉が普及するきっかけとなったのは、世界銀行のレポート『東アジアのルネサンス（*An East Asian Renaissance*）』（Gill and Kharas 二〇〇七年）であるといわれている。このレポートには「（労働、土地、資本など）生産要素の蓄積に依拠した成長戦略は、限界生産力逓減の法則[*6]に基づき着実に悪い結果をもたらす。ラテンアメリカ諸国もこの『罠』から何十年も逃れられていない」とある。つまり、資本や労働力増加など生産要素の追加投入により達成できた経済成長は、長期的にみるといずれ頭打ちとなる。中所得国の多くがそうしたパターンから抜け出せず、一人当たりの所得も伸びないということだ。ちなみに世界銀行は、一人当たりの所得にもとづき、高所得国、中所得国（その中でも高低二つのグループにさらに分類）、低所得国の三つのカテゴリーに分類している。ブラジルは、一人当たりＧＮＩ（国民総所得）四一二六ドルから一万二七四五ドルの間の「上位中所得国」に入っている。

ブラジルを含む中所得国が置かれた状況は、実は米国トランプ大統領誕生のきっかけとなったラストベルト（Rust Belt）[*7]の白人中間層のポジションと類似している。「中所得国の罠」という言葉が生まれる前の二〇〇四年、当時カリフォルニア大学ロサンゼルス校（UCLA）の教授だったジオフレイ・ギャレット（Geoffrey Garrett）は、『フォーリン・アフェアーズ』（*Foreign Affairs*誌二〇〇四年一一／一二月号）への寄稿"Globalization's Missing Middle"の中で、グローバリゼーションは多くの利益をもたらした一方で〝ミドル〟は、社会のなかでも国際システムのなかでも「圧迫」されていると述べている。米国の一部の〝ミドル〟は、高所得者層に移行するための、より高いスキルの習得には至らず、他方で、平凡なスキルでこなせる仕事のポストは、低廉で豊富な労働者を抱えるメキシコなど他の国に流出していった。

ブラジルも先進技術開発競争を繰り広げる高所得国と、工業化を進める低所得国の追い上げの狭間で長く中所得国に留まっている。研究・開発能力、イノベーティブ（革新的）な産業の蓄積が先進国の水準まで届かず、他方、汎用製品については、アジアや中米あるいはパラグアイなど低廉な労働者を有する国々に対し、生産コスト面で劣後するというポジションにある。

高所得国に移行するためには、国内にも相応の基盤を作らなければならない。効率的な政府、社会階層面および地域間の適正な資源配分による社会・ビジネス環境の安定などだ。ここで「資源の呪い」という言葉に注目したい。「豊かな資源に恵まれている」という言葉はブラジル経済の魅力を表現する際によく使われる。豊かな資源は、その資源価格の上昇などで短期間に大きな富をもたらすことがある。しかし、九三年に自身の著書[*8]で「資源の呪い」という言葉を使ったランカスター大学のリチャード・アウティ教授は、資源輸出で得たマネーは容易に社会ニーズを満たせるが、他方で構造改革のモチベーションを奪い、長期的にみれば持続的・安定的な経済成長が阻害されるリスクを指摘している。既得利益を得た者が保身やさらなる利益を求めてレントシーキング（超過利潤追求）に走り、長期的に工業部門の競争力や経済成長の伸び悩みにつながるというわけだ。同教授はその後の九五年に別の論文でブラジルを資源の呪いに当てはまる国として挙げている[*9]。

「中所得国の罠」と「資源の呪い」という二つの言葉は、コーヒー、大豆そして深海の原油など豊かな資源を有しながら、なかなか高所得国へのステップアップができないブラジルが入り込んだ隘路を端的に表現している。

ステップアップのためのイノベーションとグローバル経済との連結

前述の『東アジアのルネサンス』では、アジア諸国が高所得国入りした理由として、比較優位に基づく特化（specialization）により成功した成長産業と、イノベーションの積み重ねが、物品貿易やマネー、サービス貿易の国際進出につながり、規模の経済の活用（海外への商圏拡大）につながったことを指摘している。また、前述のレポート“Globalization's Missing Middle”でギャレットは、グローバルマーケットにおいて、より高い発展段階に到達するために二つの選択肢を挙げている。まず一つは、先端産業やイノベーション・スキルが高く評価されるナレッジ・エコノミー（知識を基盤とした経済）で競争し、勝利すること、二つ目は、生産、流通コストを最大限抑制することで汎用技術を日常的に使う低賃金社会（low-wage economy）で競争して勝利することだ。

ブラジル人で世界銀行の元副総裁でもあるオタビアーノ・カヌートは、世界経済フォーラムへの寄稿記事[*10]のなかで、ブラジルにフォーカスし、「現状を打破するには、既存技術の輸入や模倣をベースとした産業に拠ることなく、自国で新たな価値を生むような産業を育成すること」の重要性に言及している。つまり、ギャレットが言うところの「ナレッジ・エコノミーで勝負する」ことが高所得国入りへのステップであるとの持論を展開している。イノベーション

（技術的に高度なモノに限らずプロセス・イノベーションなども含む）により、資本や労働などの投入要素の追加に依拠しない生産性の向上が獲得可能となる。新たな産業、輸出品目が創造され、それが国内の新たな産業集積と、人材の質の向上も含めた生産性の向上につながる。このサイクルを構築できるか否かが、高所得国入りできるか否かも左右するというわけである。

他方、このイノベーションとともに経済成長の両輪を形成するのが「グローバル経済との連結」すなわちモノ・ヒト・カネの海外との交換に際してその障壁を下げることである。ブラジルが九〇年代に貿易、投資の両面で開放政策を進めてきたことはすでに第5章で述べた。しかし、総輸出額に占める付加価値額で測った輸出額の割合をみると、世界でもサウジアラビア、コロンビア、インドネシアに次ぎブラジルは第四位（二〇一四年時点で八七・六％）となっている。[*11]この割合は国際分業が進んでいる国では低くなり、逆に一次産品の輸出依存度が高い国や、国内に製造業が集積していても、国際分業が進んでいない国では高い割合となる。ブラジルが世界第四位ということは、製品が、国内の〝閉ざされた〟サプライチェーンをベースに製造されていることを意味するわけだ。飛行機や乗用車など工業も集積しているなかでのこのブラジルの割合の高さは、国内産業保護のためのローカルコンテンツ・ポリシーや、高い通関コスト、不安定な物流などを背景としていると、カヌートは指摘する。[*12]確かに労働者党（ＰＴ）政権時に実施された自動車政策であるイノバール・アウト（Inovar Auto）は、ブラジル国内における部品・原材料調達や、国内での一定の製造工程義務付けにより、税制面で優遇措置を与えるなど、国際分業の進展を阻害する政策であった。また、インフラプロジェクトに関するファイナンスの五三％を占める国立経済社会開発銀行（ＢＮＤＥＳ）の融資条件にみられる現地調達率の設定も、関係企業が輸入財を使用することを抑制するものであった。

世界を見渡すとグローバル貿易の進展により、バリューチェーンの細分化が進展している。携帯電話のブランドは米国のものであっても、中身はアジアの部品が多く使われていたりするというのはよくある話だ。中間財や企業向けサービスの貿易額が完成品や最終消費者向けサービスの貿易額を超えている[*13]時代である。企業にとっては、グローバル最適調達戦略でもって生産、流通コストを抑えつつ、高品質のモノやサービスを展開するためのオペレーションをどう組み立てるかが勝負の分かれ目となっている。また、製造業におけるイノベーションは、もはや最終製品を組み立てる企業だけでは行えない。原材料、部品、システムが最終的にイノベーティブな製品やサービスの仕様に則したものになっている必要があり、それは国内のサプライチェーンだけで行えるものではなくなってきている。当然、ブラジルとしても、今後はこうした世界の流れに対応した制度設計と、国内産業および人的リソースの育成・拡大を意識する必要がある。

通商政策面でも、（周回遅れとなった）他地域とのＦＴＡ（自由貿易協定）交渉を加速させるだけでは十分ではない。今後、保護主義的な政策を撤廃し、海外の安価で優れた中間財の輸入・調達コストを低減させるための措置を〝ユニラテラル（自主的）に〟進める必要がある。ブラジルで具体的に求められるのは、輸入規制・関税率の撤廃、通関手続きのさらなる簡素化、迅速化、通関コストの大幅削減、財の州間移動に課される商品流通税の抜本改革などであろう。

ちなみに世界銀行が毎年発表している「Doing Business 2019」におけるブラジルの「国境貿易」の項目のランキングは、一九〇か国中一〇六位に沈んでいる。

成長サイクルに向けた国内の基盤整備のカギは不正の排除

ブラジルの持続的な経済成長のためのカギは、グローバル経済との連結だけではない。対外関係の変化に対応するための国内基盤整備が重要である。つまり、時代の流れに則した国内の制度改定と、透明性をもった行政のオペレーションが安定的になされることで、初めてグローバル経済との連結が活きてくるわけである。前述の『東アジアのルネサンス』は、グローバル市場との統合に関し、アジアの場合、都市化や所得分配面などの統合・融合のきっかけにもなったと分析している。国内の空間的、社会的調整がうまくいけば、より速い発展を指向する人材の蓄積、産業集積の形成につながり、それがグローバル市場における他国との競争においてプラスのフィードバックを与える。他方、調整がうまくいかなければ、国内の非効率性、社会不和、汚職などの拡大につながり、成長のためのリソース（資産）が浪費されてしまうということになる。

ブラジルの場合、こうした調整を行うために、当然、政府が旗振り役あるいは監視役としての役割を担うこととなろう。「資源の呪い」のみならず過去の産業・開発、労働、金融、政策などを背景とするレントシーキングは、当該資源ビジネスに関わる既得権益層に限らず、市民も含めた社会の隅々まで浸透している。為政者のみならず、被統治者側である国民が、能動的に自国のこのいわば〝文化〟を変えていくような雰囲気および仕組みを醸成できるかどうかが、グローバル時代に適応した国内基盤整備のカギとなる。ただし、実際はある程度の強制力をもった仕組みが必要だ。この意味では、第5章で紹介したような電子政府の完成度が上がってきていることに注目したい。行政事務を処理する側の〝ヒト〟の介在を最小限にし、透明性・正確性を高めることで社会課題ともいうべき社会全体の不正手続きの蔓延を最小化しようというものであり、この電子政府の取り組みの進展は、〝グッド・ガバナンス〟の実現を目指す上でも重要である。

“非伝統的”なボルソナーロ政権の改革アプローチ

「ブラジルコスト」とまで揶揄される国内の高コスト構造への抜本的な取り組みは、現在まで持ち越されている。前述の「Doing Business 2019」でビジネスのしやすさについての順位をみるとブラジルは一九〇か国中一〇九位である。項目別で順位が低いのは税制（一八四位）、建設許可（一七五位）、起業（一四〇位）などである。

実際に、日本貿易振興機構（ジェトロ）や日本機械輸出組合などが定期的に行っている進出日系企業向けアンケートでも、移転価格税制や通関コストなどの税制についての不満、また知的財産や基準認証プロセス、脆弱なインフラ、寡占化された長期融資、硬直的な労働法などがビジネス環境面での問題点として挙げられている。

テメル政権が低支持率に沈みながらも、巧みな議会調整により、歳出削減や労働法に関する改革を進めてきたことは第1章および第5章で記した。議会調整のやり方は既得権益層に配慮をみせつつ、結果的に既得権益を崩すアプローチであった。このように伝統的な手法で改革を進めたテメル前大統領とは異なり、ボルソナーロ大統領は、既得権益の否定とレントシーキング排除に向けて真正面から切り込む姿勢をみせている。社会保障改革は当然として、省庁の削減、連邦予算のゼロベース査定、企業などへのインセンティブ削減などは選挙戦における公約にすでに盛り込まれていた。

一九年一月二二日から二五日にかけて開催されたダボス会議で、就任後初の外遊に臨んだボルソナーロ大統領は、前述の「Doing Business」におけるランキングを任期中に五〇位以内に引き上げることを目標に掲げると発言するとともに、経済の自由化加速と人材育成の重要性に言及した。大統領に同行したパウロ・ゲデス経済相も、社会保障制度改革を主体とする財政均衡策の継続、そして民営化や規制緩和を通じた小さな政府を目指すことを強調した。

さらに政府はダボス会議の時期と合わせるように、発足後、「一〇〇日間の目標」と題し、各省庁が短期的に取り組む内容を発表した。この目標にボルソナーロ政権の方向性が色濃く反映されるとともに、「中所得国の罠」、「資源の呪い」を脱するための施策が含まれている。

まず、グローバル経済との連結に関しては、貿易円滑化措置やメルコスール（南米南部共同市場）の対外共通関税の削減、さらにはインバウンド増加のための施策などが盛り込まれた。関税削減など、〝ユニラテラル〟な政策が盛り込まれていることには留意しておきたい。ゲデス経済相は、チリ・モデルに則した改革を指向しているといわれるが、こうしたユニラテラルに自由化を進めるアプローチは、まさにチリにおいて一九七〇年代から八〇年代にかけて行われた政策と類似している。

成長に向けた国内の基盤整備についても、連邦政府の政治任用ポストの規定の策定や、汚職対策に関する制度の設置など、公約実現に力を入れるとともに、大学や公立校における科学教育強化などの人材育成策が盛り込まれている。こうした社会的に調和を図る政策に加え、空間的調和に資する政策（地域開発）として鉄道網の拡大、空港インフラへの投資拡大、北東部における土壌改善や水供給策などが着手されようとしている。

この「一〇〇の目標」の前文には、ＯＥＣＤ（経済開発協力機構）等のガイドラインに則して作成したとあることにも注目したい。ＯＥＣＤは、一八年二月に発表したレポート『ＯＥＣＤ経済報告―ブラジル』を通じ、現在のブラジルがもつ課題解決のための提言を行っている。

今回の「一〇〇の目標」で、ボルソナーロ政権がＯＥＣＤ入りを目指し、先進国基準に合わせた国内の改革を行おうとしている姿勢がより鮮明になった。今後、この方向性がミクロの政策にまで反映されるようになれば（例えば、移転価格税制について、ＯＥＣＤ基準に則した改正がなされるなどの実例が出てくれば）、ブラジル国内における民間セクターの戦略転換にもつながり、ブラジルを起点としたグローバル経済との連結が進むだろう。

公的サービスを補完し、イノベーションを加速させる民間アクターの出現

経済・社会の発展に向けた枠組みづくりは政府の役割だが、実際に実現に至るまでには民間セクターの活動の蓄積が必要である。企業が、技術開発などで新たな輸出品目を生み出したり、製造や物流プロセスに関するイノベーションによって、既存の品目の国際競争力が向上したり、競合国との類似品目との差別化に成功することで高所得国移行への道が開けてくる。その意味で、例えば労働者党政権時に実施されたイノバール・アウト（自動車産業革新計画）が、新たな自動車政策（ROTA2030）に置き換わったことによる自動車メーカーの戦略変化が注目される。イノバール・アウトは、原材料・部品の国際分業を阻むものであったが、ROTA2030は、燃費効率や構造性能・運転補助装備に関して義務的要求を設定し、当該条件を満たした車両に対して工業製品税（IPI）の減税を行う。さらに、企業の行う研究開発投資に対して税額控除を行い、国内調達不可能な自動車部品に対しては輸入関税免除を適用する。つまり、「より開かれた」振興策となっており、自動車分野の国際分業を意識したものとなっている。

民間セクターが果たせる役割は、上記のような貿易や産業分野に留まらない。今後注目すべきは、第5章でも紹介したが、社会課題解決を直接・間接的に解決できるようなビジネスモデルを創ったスタートアップである。

例えば、銀行審査をクリアできずに銀行口座を作れない層に対し、クレジットスコア以外の審査項目も含めた審査でネットバンキングを利用できるようにしたNubankは、低所得者層にクレジット供与の途を可能にするという新しいビジネスモデルで、金融格差の是正に貢献している。ちなみに、世界銀行のデータによるとブラジルにおける一七年時点の銀行口座の保有率を収入ベースの上位六割と四割の層で比較した場合、前者の口座保有率が七九％であるのに対し、後者の保有比率は五七％と低い。

また、Easyや99（ノビ・ノビ）などの配車アプリ企業は、現金を介さずにサービスを提供できるようにしたことで、乗客、乗員双方の安全性（例えば、強盗などの被害減少）を高めた。決済が会社単位でも可能なために、乗車賃を偽って会社経費をごまかそうとする従業員の不正を防ぐことにも貢献しているといわれている。

EdTech（教育関係のスタートアップ）のArco Platformは、一〇〇〇校以上の私立学校の教師と生徒に教材共有その他のプラットフォームを提供することで、教育の質向上、効率化に貢献している。教育ベンチャーのなかには、企業内教育向けのソリューションを提供するところも出てきており、学校教育のみならず、産業面の労働生産性向上に結び付くようなサービスを展開するところも現れている。

さらに医療サービスを提供するDr. Consulta（ドトール・コンスルタ）は、高度医療を提供するが高価な受診費用を要する私立病院と、無償ではあるが診察までに多くの時間を必要とする公立病院のちょうど中間領域を埋めるべく、病院・診療所の拡大を図っている。

こうしたスタートアップは、ボルソナーロ政権が、財政規律を重視する姿勢を示しているなか、治安や教育、医療面などにおいて細部まで行き届かない公的サービスを補完するという、いわば〝民間参加型公共サービス〟とでもいうべき存在となってきている。上記のようなスタートアップに関して注目すべきは、一七年以降、いわゆるエグジット（成果創出）段階に入ったことだ。つまり、事業モデルが成熟し、今後の事業拡大に向けた投資家の評価が高まり、米国の証券市場への上場の道、あるいは大企業への事業売却、米シリコンバレーのベンチャーキャピタルなどからの大規模資金調達の途が開けつつある。

このような、ブラジル国内の社会課題に対するソリューション（解決策）の提供とマネタイズ（資金調達）の両立に成功した企業の一部は、同様の社会課題をもつ国々への国際展開もし始めている。モノの輸出のみならず、サービス輸出の新たな担い手として、さらには国内における社会的包摂に資するアクターとしての顔ももつことで、これらの企業が、今後どのように展開するかについても注目しておきたいところだ。

3　現実主義的な中庸外交がカギに

ボルソナーロ外交の幕開けは、事前想定を覆すような形でスタートした。選挙運動中に示唆していた駐イスラエル大使館のエルサレム移転や、地球温暖化防止のパリ協定からの離脱、「自国第一主義」を掲げる米トランプ政権との親和性、さらにはイタリア、ハンガリーなど右派政権との接近から、大きく右旋回し地域外交はむしろお留守になると思われていたからだ。

ところが新政権として最初に大きな決断を迫られたのが、北の隣国・ベネズエラの命運を左右する地域外交であった。政権発足直後の二〇一九年一月一〇日、ベネズエラのマドゥロ政権が前年五月の大統領選勝利を受けて二期目就任を宣言した。これに対しブラジル政府は、大統領再任には正統性はなく承認しないとする立場を発表した。大統領選は主要野党が参加せず、国際機関など外部の選挙監視が入らない状態で行われたものであり、選挙結果は無効と判断したためである。続く二三日に野党指導者グアイド（Juan Guaidó）国会議長が暫定大統領就任を発表すると、ブラジル政府は即座に暫定政権を承認する立場を明らかにした。

ベネズエラ問題は二一世紀一〇年代に入って、米州全体を巻き込みかねない最優先外交事案になっている。一三年に病死したチャベス大統領の後を受けて誕生したマドゥロ政権のもとで、ベネズエラ経済は破綻状態にある。主要輸出産品である原油価格の下落によるマイナス成長が続き、一八年末にインフレ率は年間一七〇万パーセント、食糧や医薬品が不足し、貧困世帯率は九〇%近くに達するといわれている。マドゥロ大統領は一七年に制憲議会を設置し、一五年の議会選挙で勝利した野党が過半数を占める国会の立法権限を剥奪するなど、強権政治が続いている。反体制派による抗議運動が多発し、一四年には治安当局との衝突で多数の犠牲者を出す事態となった。

こうしたなかですでに三〇〇万人以上の国民がベネズエラを離れ、その多くはブラジルを含む周辺国に流入している。周辺のラテンアメリカ諸国はベネズエラの状況を深刻に受け止め、米州一四か国からなる「リマ・グループ[*14]」を発足させ、ベネズエラが平和的に民主主義に復帰することを促すべくマドゥロ政権に働きかけてきた。マドゥロ大統領の二期目就任が迫った一九年年明け早々の一月四日にリマ・グループの外相会合が招集され、同グループは野党議員によって構成されているベネズエラ国会を支持するとの立場を再度強調した（ただしメキシコのロペス・オブラドール政権は共同声明の採択には参加しなかった）。米国のトランプ大統領もマドゥロ政権には民主政権としての正統性はないとの立場から、ベネズエラに対する経済制裁を強化、その範囲はマドゥロ政権の資金源でもあるベネズエラ国営石油公社（ＰＤＶＳＡ）からの石油禁輸措置にも広がりつつある。これに対して、マドゥロ大統領が対米断交を表明するに至っている。本稿執筆の段階では、ベネズエラ国内外での武力行使の可能性すら否定できず、地域にとって〝火薬庫〟にもなりかねないリスクさえ内包する情勢である。

こうした事態にブラジル国内でもまた、ベネズエラ流民が最初にたどりつくロライマ州をはじめ北部地域の住民との衝突を回避し、かつ人道的見地に立ってベネズエラ流民を受け入れるべく、財源確保やシェルター建設など喫緊の対応に迫られている。流民数は二〇一七年以降一八万人以上にのぼっており、一八年三月に開始したベネズエラ避難民を収容する「シェルター作戦」（*Operação Acolhida*）は二〇年三月まで延長されることが決定された。ボルソナーロ政権発足後、最初の公式訪問首脳としてブラジリアを訪れたアルゼンチンのマクリ大統領との首脳会談でも、ベネズエラを巡る問題が重要議題に上がり、両国はベネズエラの民主主義復帰のために協力することを確認した。ちなみに首脳会談のもう一つの重要テーマは、新大統領が否定的だといわれていたメルコスール（南米南部共同市場）の取り扱いであった。経済統合体としてのメルコスールの役割を強化するために両国が今後とも協力することで一致している。膠着状態が続く欧州連合（ＥＵ）との、メルコスールの自由貿易協定（ＦＴＡ）交渉でも前進させることが確認された。

ボルソナーロ大統領はルーラ大統領から始まる一四年間の労働者党（PT）外交を左派イデオロギーによるものとみてきた。就任演説や大統領として初外遊となった世界経済フォーラム年次総会（通称ダボス会議、二〇一九年一月二二日から二五日にスイスのダボスで開催）でのスピーチでも、ブラジル外交はもはやイデオロギーに偏る（*viés ideológico*）ことはないと強調した。ルーラ、ルセフ両労働者党政権時代を意識した発言である。その証左としてか、右寄りで米国寄りの思想をもつといわれ、大使としての在外勤務経験のない外務省米加・米州事案担当局長アラウージョ（Ernesto Araújo）を外相に任命し、注目を集めた。アラウージョ外相本人も就任演説のなかで、「自分の使命はイタマラティを左派イデオロギーから解放することである」と述べている。

外相の任命を含むボルソナーロ外交の方向転換については、ブラジルの官僚機構のなかでも最もキャリア・システムが整っているブラジル外務省（通称イタマラティ）の大使経験者や外交専門家の間からも疑問が投げかけられていると報じられている。例えば、ルーベンス・バルボーザ元駐米大使は、大統領就任式にベネズエラやキューバの政府要人を招待しなかったことや、以下に述べる国連移民協定からの離脱通告を取り上げ、「ブラジル外交の最も優れた伝統を守っておらず、何ら望ましいことではなかった」と述べ、またリクペロ元外相も「平和主義、中庸、国際法の順守、内政不干渉やソフトパワーの追求は、ブラジル外交において不可欠な要素であった」と発言するなど、今後のボルソナーロ外交の展開に強い警戒感を表している。

ボルソナーロ政権発足直後のこと、ブラジル外務省が国連に対し、移民への対応に関する初の国際的枠組み「国連移民協定」（*Pacto Global para Migração Seguro, Ordenada e Regular*）から離脱すると通告、国内外を驚かすニュースとして流れた。ボルソナーロ大統領は協定離脱の理由として「移民を受け入れるかどうかはその国が決めることであり、受け入れ国の主権が尊重されるべきである。移民を受け入れないということではない」とその主旨を説明している。しかし、テメル前政権終了間際に調印したばかりの国際的な取り決めを一か月足らずで破棄するとの決断に、ジェトゥリオ・ヴァルガス大学の国際関係論教授スケプター（Matias Skeptor）が述べているように、「国連移民協定離脱」など支持者の人気取りになりやすい政策を続けると、そのうち「オウンゴール」が生まれる危険性があるとの指摘もある。

ブラジルの過去の外交路線を振り返ってみると、軍事政権時代のガイゼル政権が打ち出した「責任ある現実主義的な全方位外交」があり、その後は民主化を経て経済グローバル化の流れのなか、国際社会においてより積極的にプレゼンスを示すようになった。民政第四代のカルドーゾ政権の下で、民主主義や人権、核軍縮など地球規模の課題を話し合う多国間協議の場への参加が広がったのである。メルコスールを軸に南米外交を展開した背景にも、グローバル化する国際経済への参入の目的があった。続く第五代のルーラ政権でも外交関係の多角化がいっそう進み、ＢＲＩＣＳやＩＢＳＡなど新興国外交が進展した点は、すでに第6章でみたとおりである。

変化する国際環境のなかで、ブラジルはこれまで、平和主義や内政不干渉といった外交理念を基礎として、経済発展を推進すべく、現実主義的、プラグマティックで中庸な外交に取り組んできた。こうした外交路線は、政権のなかでモウロン副大統領をはじめ新政権の主要ポストを占める軍出身（退役軍人）の大臣（第1章の「ボルソナーロ新政権の始動」を参照）、とくにルーラ政権期にブラジルが積極的に関わった国連ハイチ安定化ミッション（ＭＩＮＵＳＴＡＨ）において司令官を務めた軍人たちにとっても、いわばブラジル外交の既定路線であるのではないか。

世界経済フォーラムでのボルソナーロ大統領のスピーチは七分足らずの短いものだったが、そのなかでブラジルの市場開放を強調し、ＯＥＣＤ（経済開発協力機構）が採用し促進した、国際的なグッド・プラクティスを取り入れ、ＷＴＯ（世界貿易機関）改革を支持することをアピールした。世界の経営者や各国首脳が集まるダボス会議で、従来の中庸な路線を覗かせたのである。

ボルソナーロ大統領は選挙戦中、ブラジルへの過度な中国資本の進出を批判する発言を行ってきた。「中国はブラジルの製品を買うのではなく『ブラジル』を買っている」と。その一方で、米国との関係強化を目指し、トランプ政権に追随すべく駐イスラエル大使館の移設やパリ協定からの離脱を繰り返し強調した。しかしながらブラジルの通商構造を考えれば、中国か米国かという二者択一的な外交は現実路線とはいえまい。二〇一八年のブラジルの貿易統計によると、ブラジルの総輸出額に占める主要相手は、中国二六・八%、EU一七・六%、南米一四・七%、米国一二・〇%である（商工サービス省ホームページより）。中国はブラジルにとって、最大の貿易相手国である。

米中貿易摩擦、米ロ軍拡の兆し、英国のEU離脱と激動が予想される二一世紀二〇年代に向けた国際情勢のなかで、想定外の形でスタートしたかにみえるボルソナーロ外交である。就任初年度の一九年には、ブラジルで中国、ロシア、インド、南アの首脳を交えたBRICS首脳会議が開催される。外交経験が浅いボルソナーロ大統領にとっては、首脳外交を重ねることによって、ブラジルの落ち着きどころをみつけていくのではないか。ダボス会議では早速、安倍首相と会談し、両国は今後も地球規模の課題解決に向け協力していくことで、意見の一致をみたと伝えられる。

【注】

＊1　「ひとまず」と記載するのは、制度上は連続二期の選出が許されているからである。

＊2　Calheiros, Renan, *Democracia Digital*, Brasília, Senado Federal, 2018, p.11.　実際に公刊されたのは一九年一月である。

＊3　両社が設立合意に至ったジョイント・ベンチャーの中核は、新しい商業機の開発・生産で、出資比率はボーイング八〇％、エンブラエル二〇％。軍用機および既生産機種はエンブラエルの単独事業として継続する。

＊4　銃所持規制緩和措置は、警察官・軍人など公安関係者の非番時の帯同、農村部および人口一〇万人当たり殺人件数一〇件超（二〇一六年現在）の都市部住民と商工業事業所の責任者の銃登録を認めるもの。

＊5　大統領外遊時も原則、副大統領が代行を務めるが、その場合はかなり形式的なものにとどまる。

＊6　一つの生産要素の投入量を増大させることに伴う生産量の増分（限界生産力）は、当該生産要素投入量の増加とともに減少するという経験則。

＊7　米国中西部から北東部に位置する地域の呼称。以前の鉄鋼、石炭、自動車などの主要産業が衰退し、〝錆〟

（ラスト）地帯と揶揄され、米国の発展から取り残された地域として、この地域の住民にメリットのある政策を公約に掲げるトランプ大統領の二〇一六年大統領選勝利の背景の一つに挙げられた。

＊8　「資源の呪いという命題（resource curse thesis）」（一九九三年）

＊9　一九九二年に「資源の呪い」という言葉で有名になったランカスター大学のリチャード・アウティ教授は一九九五年「Industrial Policy, Sectoral Maturation, and Postwar Economic Growth in Brazil: The Resource Curse Thesis」という論文においてブラジルを取り上げている。http://personnel.uapa.ru/courses/Brazil%20growth.pdf（二〇一九年一月二八日アクセス）

＊10　「How can Brazil escape the middle-income trap?」https://www.weforum.org/agenda/2014/02/can-brazil-escape-middle-income-trap/（二〇一九年一月二七日アクセス）

＊11　https://data.oecd.org/trade/domestic-value-added-in-gross-exports.htm

＊12　https://www.weforum.org/agenda/2014/11/why-brazil-should-embrace-global-value-chains/

＊13　UNCTAD (2013)「*World Investment Report, Global Value Chains: Investment and Trade for development*」. https://unctad.org/en/PublicationsLibrary/wir2013_en.pdf（二〇一九年一月二八日アクセス）

＊14　二〇一七年八月に発足した当初の参加国はアルゼンチン、ブラジル、カナダ、チリ、コロンビア、コスタリカ、グアテマラ、ホンジュラス、メキシコ、パナマ、パラグアイ、ペルーの一二か国であった。その後ガイアナとセントルシアが加盟し一四か国となった。

●参考文献

アンジェロ・イシ『ブラジルを知るための55章』（明石書店、二〇〇一年）。

加茂雄三他著『国際情勢ベーシックシリーズ　ラテンアメリカ』（第2版）（自由国民社、二〇〇五年）。

金七紀男『ブラジル史』（東洋書店、二〇〇九年）。

小池洋一『社会自由主義国家―ブラジルの「第三の道」』（新評論、二〇一四年）。

小池洋一・田村梨花編『抵抗と創造の森アマゾン―持続的な開発と民衆の運動』（現代企画室、二〇一七年）。

近田亮平編『躍動するブラジル―新しい変容と挑戦』（アジア経済研究所、二〇一三年）。

斉藤広志『ブラジルの政治―新しい大国への道』（サイマル出版会、一九七六年）。

斉藤広志『新しいブラジル―歴史と社会と日系人』（サイマル出版会、一九八三年）。

佐藤祐子『ブラジル民主主義の挑戦―参加型制度の実践と社会変容』（風響社、二〇一六年）。

ジェトロサンパウロセンター『ビジネスガイド　ブラジル』（ジェトロ、二〇〇二年）。

上智大学外国語学部ポルトガル語学科編『ポルトガル語圏世界への50のとびら』（上智大学出版、二〇一五年）。

鈴木孝憲『ブラジルの挑戦―世界の成長センターをめざして』(ジェトロ、二〇〇二年)。

鈴木孝憲『2020年のブラジル経済』(日本経済新聞出版社、二〇一〇年)。

田村梨花・三田千代子・拝野寿美子・渡会環共編『ブラジルの人と社会』(上智大学出版、二〇一七年)。

富野幹雄・住田育法共著『ブラジル―その歴史と経済』(啓文社、一九九〇年)。

富野幹雄・住田育法編『ブラジル学を学ぶ人のために』(世界思想社、二〇〇二年)。

西沢利栄・小池洋一『アマゾン―生態と開発』(岩波書店、一九九二年)。

西島章次・Eduardo K Tonooka『90年代ブラジルのマクロ経済の研究』(神戸大学経済経営研究所、二〇〇二年)。

西島章次・小池洋一編著『現代ラテンアメリカ経済論』(ミネルヴァ書房、二〇一一年)。

西島章次・浜口伸明『ブラジルにおける経済自由化の実証研究』(神戸大学経済経営研究所、二〇一一年)。

二宮康史『ブラジル経済の基礎知識』(第2版)(ジェトロ、二〇一一年)。

日本ブラジル交流史編集委員会『日本ブラジル交流史―日伯関係100年の回顧と展望』(水野一監修、日本ブラジル修好100周年記念事業組織委員会、一九九五年)。

ブラジル日本移民史料館・ブラジル日本移民百周年記念協会百年史編纂委員会編『目でみるブラジル日本移民の百年』(風響社、二〇〇八年)。

ブラジル日本商工会議所編『現代ブラジル事典』（新評論、二〇〇五年）。

ブラジル日本商工会議所編『新版現代ブラジル事典』（新評論、二〇一六年）。

堀坂浩太郎『ドキュメント　カントリー・リスク―金融危機世界を走る』（日本経済新聞社、一九八三年）。

堀坂浩太郎『転換期のブラジル―民主化と経済再建』（サイマル出版会、一九八七年）。

堀坂浩太郎編著『ブラジル新時代―変革の軌跡と労働者党政権の挑戦』（勁草書房、二〇〇四年）。

堀坂浩太郎『ブラジル　跳躍の軌跡』（岩波書店、二〇一二年）。

堀坂浩太郎・細野昭雄・長銀総合研究所編『ラテンアメリカ民営化論―先駆的経験と企業社会の変貌』（日本評論社、一九九八年）。

堀坂浩太郎・細野昭雄・古田島秀輔『ラテンアメリカ多国籍企業論―変革と脱民族化の試練』（日本評論社、二〇〇二年）。

ボリス・ファウスト（鈴木茂訳）『ブラジル史』（明石書店、二〇〇八年）。

本郷豊・細野昭雄『ブラジルの不毛の大地「セラード」開発の奇跡―日伯国際協力で表現した農業革命の記録』（ダイヤモンド社、二〇一二年）。

丸山浩明編『世界地誌シリーズ6　ブラジル』（朝倉書店、二〇一三年）。

三田千代子編著『グローバル化の中で生きるとは―日系ブラジル人のトランスナショナルな暮らし』

（上智大学出版、二〇一一年）。

矢谷通朗編訳『ブラジル連邦共和国憲法１９８８年』（経済協力シリーズ１５４）（アジア経済研究所、一九九一年）。

山田睦男編『概説ブラジル史』（有斐閣、一九八六年）。

和田昌親編著『ブラジルの流儀―なぜ「21世紀の主役」なのか』（中央公論新社、二〇一一年）。

（五十音順）

●ブラジル略史

	年	事　項
植民地時代	1500	ポルトガル第2次インド艦隊がブラジル「発見」
	1534	植民地の土地分与する世襲カピタニア制開始
	1549	初代総督着任、総督制開始
	1580	スペイン王がポルトガル王を兼務、同君連合に（～1640）
	1624	オランダが北東部を攻撃、この後、北東部をしばしば占拠（～1654）
	1693	南東部内陸ミナスジェライスで金発見
	1808	ポルトガル王室、ナポレオン軍を逃れリオに移転
	1810	英国と通商航海条約締結
	1819	スイス人の入植、欧州移民開始
帝政時代	1822	ポルトガルの摂政皇太子ドン・ペドロによる独立宣言（9/7）
	1824	欽定憲法発布
	1850	奴隷貿易禁止法公布
	1854	ブラジル最初の鉄道が開業
	1864	隣国パラグアイとの戦争勃発（～1870）
	1888	奴隷制廃止
旧共和政時代	1889	軍事クーデターにより帝政廃止、連邦共和制に移行（11/15）
	1891	最初の共和国憲法発布
	1908	日本から最初の移民船（笠戸丸）入港、日本人の計画移住開始
	1922	リオデジャネイロで若手士官の反乱
	1929	世界恐慌発生

ヴァルガス時代	1930	大統領選で政治混乱、軍の支援を受けヴァルガスが臨時大統領に就任
	1934	1934年憲法発布、移民制限
	1937	新国家体制樹立、ヴァルガス政権の独裁色強まる
	1942	ドイツ、イタリアに宣戦布告・対日断交
	1944	連合国軍としてイタリア戦線に派兵
	1945	ヴァルガス大統領辞任、選挙によるドゥトラ大統領選出
ポピュリズム時代	1946	1946年憲法発布
	1951	選挙によるヴァルガス第2期政権発足
	1954	ヴァルガス大統領自殺（8/24）
	1956	クビシェッキ政権発足、輸入代替工業化加速
	1960	新首都ブラジリアに遷都（4/21）
軍事政権時代	1964	軍事クーデター（3/31）により軍事政権発足
	1968	軍政令5号布告、軍政の権力一段と強化
	1973	「ブラジルの奇跡」絶頂期、第1次石油危機勃発
	1978	軍政令廃止、政治開放へ
	1979	軍政5代目フィゲイレド政権発足、二大政党制廃止し多党制へ
	1980	労働者党（PT）発足
	1982	対外債務危機発生、
	1983	国民による大統領の直接選挙を求めるジレッタス・ジャー運動始まる
	1985	間接選挙で文民野党のネーヴェス候補当選（1/15、病気で倒れ就任せず）

民主政権時代	1985	軍政終焉、文民政権へ移行（3/15）。副大統領から昇格サルネイ政権発足
	1987	中長期対外債務の支払い停止（2/20）
	1988	1988年憲法発布（10/5）
	1990	民政2代目コロル政権発足（3/15）、預金凍結のコロル計画実施
	1991	メルコスール（南米南部共同市場）結成、日系人のデカセギ現象顕著に
	1992	リオ環境サミット開催、コロル大統領が弾劾裁判受け辞任（12/30）
	1993	民政3代目フランコ政権下、国民投票で共和制・大統領制の継続確認
	1994	新通貨レアルを導入（7/1）
カルドーゾ政権	1995	民政4代目カルドーゾ政権発足（1/1）、メルコスール、関税同盟として発足
	1996	地方選挙で電子投票を試験運用開始、新教育法制定
	1997	アジア通貨危機、憲法修正で大統領の再選可能に
	1999	カルドーゾ政権第2期開始、変動相場制へ移行、インフレ目標開始
	2000	初の南米首脳会議開催（8/31）、財政責任法が成立
	2001	電力不足で大停電発生、第1次教育10か年計画開始
ルーラ政権	2003	民政5代目ルーラ政権発足（1/1）、ボルサ・ファミリア開始
	2004	ハイチへ国連平和維持部隊派遣、小泉首相がブラジルを訪問
	2005	IMF からの借款を完済、政治スキャンダル「メンサロン」が発生

	2006	原油増産、石油自給国となる
	2007	ルーラ政権第2期開始（1/1）、成長加速プログラム PAC1開始
	2008	日本人のブラジル移住100周年、　リーマンショック発生
	2009	ロシアで BRICs 初の首脳会議、ブラジルが北朝鮮と外交関係樹立、リオが 2016年オリンピック・パラリンピック開催地に決定
ルセフ政権	2011	民政6代目ルセフ政権発足、財政支援など内需振興策発表
	2012	リオ+20（国連持続可能な開発会議）開催
	2013	サッカー・コンフェデ杯開催、その前後から反政府デモ活発化
	2014	汚職事件ラバジャット発覚、サッカー・ワールドカップ開催（6−7月） 安倍首相中南米歴訪・サンパウロで対中南米外交指針発表（8/1）
	2015	ルセフ政権第2期開始、下院議長がルセフ大統領弾劾請求受理（12/2）
	2016	弾劾法廷設置でルセフ大統領停職、テメル副大統領が暫定大統領（5/12）
テメル政権	2016	ルセフ大統領弾劾で解任、テメル副大統領民政7代目大統領に昇格（8/31）、リオでオリンピック・パラリンピック開催（8−9月）
	2017	汚職捜査進展、統合労働法改正など経済政策プロ・ビジネスへ転換
	2018	ルーラ元大統領収賄判決で拘禁、治安悪化でリオ州に軍派遣、総選挙・ボルソナーロ候補大統領に選出（10/28）
	2019	民政8代目ボルソナーロ政権発足（1/1）

【執筆者紹介】

（肩書きは執筆時現在）

堀坂　浩太郎（ほりさか　こうたろう）
上智大学名誉教授
1968年国際基督教大学卒、1970年より83年まで日本経済新聞記者（この間1978〜82年は中南米特派員）、1983年から2010年まで上智大学講師、助教授、教授を歴任。現：ラテンアメリカ協会常務理事（ラテンアメリカ・カリブ研究所長）、海外日系人協会常務理事。
主な出版物：『ブラジル　跳躍の軌跡』（岩波新書、2012年）、『躍動するブラジル―新しい変容と挑戦』（近田亮平編、アジア経済研究所、2013年）
本書執筆担当：第１章、第４章、第９章、第Ⅳ部１

子安　昭子（こやす　あきこ）
上智大学外国語学部教授
1989年上智大学外国語学部ポルトガル語学科卒、94年に同大学大学院博士課程（国際関係論）満期退学。
神田外語大学国際言語文化学科准教授を経て2014年から現職。
主な出版物：『躍動するブラジル―新しい変容と挑戦』（近田亮平編、アジア経済研究所、2013年）、『ポルトガル語圏世界への50のとびら』（共著、上智大学出版、2015年）
本書執筆担当：第３章、第６章、第７章、第Ⅳ部３

竹下　幸治郎（たけした　こうじろう）
拓殖大学国際学部准教授、上智大学非常勤講師
1992年上智大学外国語学部ポルトガル語学科卒業後、日本貿易振興会（現日本貿易振興機構、ジェトロ）入会。サンパウロ事務所調査担当、サンティアゴ事務所長、企画部中南米事業主幹、海外調査部中南米課長等を経て2016年から海外調査部中南米主幹、19年３月退職。
主な出版物：『ビジネスガイド・ブラジル』（ジェトロ、2002年）、『ブラジル新時代』（勁草書房、2004年）、その他『ジェトロセンサー』、「通商弘報」、『ジェトロ貿易白書』、『投資白書』（いずれもジェトロ）の記事を執筆。
本書執筆担当：第２章、第５章、第８章、第Ⅳ部２

現代ブラジル論
――危機の実相と対応力

2019年4月1日　第1版第1刷発行

著　者：堀　坂　浩太郎
子　安　昭　子
竹　下　幸治郎

発行者：佐久間　勤
発　行：Sophia University Press
上智大学出版
〒102-8554　東京都千代田区紀尾井町7-1
URL：http://www.sophia.ac.jp/

制作・発売　㈱ぎょうせい
〒136-8575　東京都江東区新木場1-18-11
TEL　03-6892-6666　FAX 03-6892-6925
フリーコール　0120-953-431
〈検印省略〉　URL：https://gyosei.jp

印刷・製本　ぎょうせいデジタル㈱
ISBN978-4-324-10573-3
(5300282-00-000)
［略号：(上智) 現代ブラジル論］

Sophia University Press

上智大学は、その基本理念の一つとして、

「本学は、その特色を活かして、キリスト教とその文化を研究する機会を提供する。これと同時に、思想の多様性を認め、各種の思想の学問的研究を奨励する」と謳っている。

大学は、この学問的成果を学術書として発表する「独自の場」を保有することが望まれる。どのような学問的成果を世に発信しうるかは、その大学の学問的水準・評価と深く関わりを持つ。

上智大学は、(1) 高度な水準にある学術書、(2) キリスト教ヒューマニズムに関連する優れた作品、(3) 啓蒙的問題提起の書、(4) 学問研究への導入となる特色ある教科書等、個人の研究のみならず、共同の研究成果を刊行することによって、文化の創造に寄与し、大学の発展とその歴史に貢献する。

Sophia University Press

One of the fundamental ideals of Sophia University is "to embody the university's special characteristics by offering opportunities to study Christianity and Christian culture. At the same time, recognizing the diversity of thought, the university encourages academic research on a wide variety of world views."

The Sophia University Press was established to provide an independent base for the publication of scholarly research. The publications of our press are a guide to the level of research at Sophia, and one of the factors in the public evaluation of our activities.

Sophia University Press publishes books that (1) meet high academic standards ; (2) are related to our university's founding spirit of Christian humanism ; (3) are on important issues of interest to a broad general public ; and (4) textbooks and introductions to the various academic disciplines. We publish works by individual scholars as well as the results of collaborative research projects that contribute to general cultural development and the advancement of the university.

Brazil in Crisis and its Resilience

published by
Sophia University Press

production & sales agency : GYOSEI Corporation, Tokyo
ISBN978-4-324-10573-3
order : https://gyosei.jp